MACD
指标
实战操盘 详解

徐明远◎著

中国铁道出版社有限公司
CHINA RAILWAY PUBLISHING HOUSE CO., LTD.

内 容 简 介

本书主要介绍作者在多年的炒股经历中，筛选出 MACD 中各种各样的金叉，并提炼出对炒股获利助力作用较大的几种 MACD 金叉。

本书适合炒股多年却收益平淡的人，也适合作为培训教材。

图书在版编目（CIP）数据

MACD 指标实战操盘详解 / 徐明远著 . —北京：中国铁道出版社有限公司 , 2021.10
ISBN 978-7-113-27657-7

Ⅰ . ①M… Ⅱ . ①徐… Ⅲ . ①股票投资 – 基本知识 Ⅳ . ① F830.91

中国版本图书馆 CIP 数据核字 (2021) 第 153968 号

书　　　名	：MACD 指标实战操盘详解
	MACD ZHIBIAO SHIZHAN CAOPAN XIANGJIE
作　　　者	：徐明远

责任编辑：张亚慧	编辑部电话：(010) 51873035	邮箱：lampard@vip.163.com

编辑助理：张　明
封面设计：宿　萌
责任校对：孙　玫
责任印制：赵星辰

出版发行：中国铁道出版社有限公司（100054，北京市西城区右安门西街 8 号）
印　　刷：三河市兴达印务有限公司
版　　次：2021 年 10 月第 1 版　2021 年 10 月第 1 次印刷
开　　本：700 mm×1 000 mm　1/16　印张：14.5　字数：179 千
书　　号：ISBN 978-7-113-27657-7
定　　价：69.00 元

版权所有　侵权必究

凡购买铁道版图书，如有印制质量问题，请与本社读者服务部联系调换。电话：(010) 51873174
打击盗版举报电话：(010) 63549461

前　言

　　MACD指标是最著名的趋势性指标，其主要特点是稳健性。这种指标由于不过度灵敏的特性对短线而言固然有过于缓慢的缺点，但正因如此也决定其能在周期较长的行情中给出相对准确的趋势指向。由此，在长周期稳定的基础上，可在60分钟、30分钟及15分钟的短周期中运用操作，化长为短，成为几个交易日内做短线操作的极佳工具。指标背离原则是整个MACD指标运用的精髓所在，也是这个指标准确性较高的地方。

　　在股市中各种炒股的技术指标据说有上千种，我开始入市时用过一段时间的指标有KDJ、RSI、BOLL、MACD、CR、SAR。其中KDJ、RSI、BOLL用的时间比较长。而MACD我在炒股的前几年中不怎么用，由于入市时间不长、操作经验不多，而求胜心切，所以嫌它太慢。

　　后来，随着我的炒股技术不断提高，心态调整到比较稳定的状态，我炒股使用的技术指标有了较大的改变，主要使用的是MACD、KDJ和BBI三种。这其中MACD好比是主帅，KDJ和BBI仅仅起到参谋作用。

　　大家可能要问，MACD为什么原来不怎么使用，后来却跳到主帅的位置呢？这个问题很好回答，我个人从长期操作实践的对比使用中发现了它的优势并且逐渐信赖。

　　MACD是一个趋势指标。请不要忘记，我们炒股主要是炒趋势，炒上升趋势，尽量不做下降趋势，而MACD走势正好在这方面给我们指出比较明确和稳定的方向。在早期我的炒股阅历不深的情况下，只看眼前指标跳动的准确性，这就是我操作时选KDJ做主帅的原因。KDJ强调的是拐点，明明在一个上升趋势中，我们持股待涨就可以了，盯着KDJ来操作可能就不是这样了。在一个上升趋势中不知有多少个拐点，反应灵敏的KDJ不折不扣地跟着上蹿下跳，跟着这样的节奏频繁地买卖操作，哪能步步都做对，不免出错的概率就大，有时一旦下车可就上不了车了。而在下降趋势中，根据KDJ金叉的拐点一旦进去，往往会成为"空中接飞刀"。这是我在长时间的操作中，复盘打开我操作的股票看MACD技术指标时才恍然大悟的。我发现在这一波上升趋势或者下降趋势中，如果是按照MACD操作，远比按照KDJ操作轻松稳当得多，原因就是MACD对股价的小型波动不那么敏感。这也就是对股价走势MACD比KDJ反应要滞后的优点。相对KDJ而言，MACD指标的使用相对简单且出错概率较小。特别是在判断长期趋势中，长周期的MACD指标准确率更高，由此它深深地"说服"了我。

MACD指标不过度灵敏的特性对短线而言固然有过于缓慢的缺点，但我们可化长为短，尤其是利用指标与股价背离原则小而操作，获得的收益更加稳定。

作　者

2021年6月

目 录

第1章　MACD 指标概述　/　1

第1节　MACD 指标的组成部分 / 2

第2节　MACD 指标功能与使用 / 2

第3节　MACD 在 0 轴之下低位第一次金叉概述 / 5

第4节　MACD 指标的软肋 / 7

第5节　个股 MACD 在 0 轴之下与大盘 MACD 同日金叉 / 7

第6节　个股 MACD 在 0 轴之下金叉比大盘的 2015 年 7 月 17 日 MACD 金叉提前 1~3 天 / 14

第7节　个股 MACD 在 0 轴之下金叉比大盘 MACD 的 7 月 17 日晚 1~3 天 / 20

第8节　个股 MACD 比大盘的 MACD 第三次金叉提前 1~3 天金叉 / 30

第9节　个股 MACD 在 0 轴之下金叉比上证指数的 9 月 10 日 MACD 第三次金叉晚 1~3 天 / 35

第10节　创业板个股的 MACD 在 0 轴之下与创业板指数的 MACD 同日金叉 / 41

第11节　当个股 MACD 在 0 轴之下低位第一次金叉时, 发现该股之前的走势正好与大盘走势相反 / 48

第12节　个股的走势要参考自己操作的股票所在板块的指数走势才靠谱, 要门当户对才行 / 52

第13节　个股 MACD 在 0 轴之下第一次金叉, 大盘 MACD 在 0 轴之上 / 58

第2章　MACD 在 0 轴之下第二次金叉　/　67

第1节　有两波下跌, 金叉 B 点高于金叉 A 点, 股价底背离 / 69

第2节　案例: MACD 金叉 B 点高于金叉 A 点, 股价底背离 / 71

第 3 章　MACD 在 0 轴之下第三次金叉　/　87

第 4 章　MACD 在 0 轴附近金叉　/　91

 第 1 节　MACD 从高位回撤到 0 轴附近金叉，20 日均线、60 日均线和年线都是向上运行，周 MACD 金叉在 0 轴之上，后市上涨是大概率的走势　/　93

 第 2 节　个股 MACD 从高位回撤到 0 轴附近金叉时 20 日均线走平　/　103

 第 3 节　个股 MACD 从高位回撤到 0 轴附近金叉，20 日均线向下走，一般放弃跟踪　/　108

 第 4 节　股价要攻击 60 日均线，60 日均线是趋势的分水岭，是股价的生命线　/　115

 第 5 节　年线居中　/　125

 第 6 节　攻击年线　/　131

 第 7 节　放量长阴，经过回调整理，等待 MACD 回撤到 0 轴之上附近处金叉后出现买入机会　/　140

 第 8 节　MACD 在 0 轴之上附近处金叉后出现 MACD 似死非死走势，介入后获利的概率较大　/　147

第 5 章　MACD 在 0 轴之上第一次金叉　/　155

 第 1 节　日线 MACD 在 0 轴之上第一次金叉介入的条件　/　156

 第 2 节　MACD 在 0 轴之上第一次金叉失败案例　/　165

第 6 章　MACD 在 0 轴上第二次金叉的位置与第一次持平　/　179

第 7 章　MACD 背离　/　191

 第 1 节　顶背离　/　192

 第 2 节　底背离　/　195

第 8 章　10 日均线金叉 20 日均线可以买入的两种走势形态　/　201

 第 1 节　横盘——挖坑——10 日均线金叉 20 日均线买入　/　202

 第 2 节　双底形态与 MACD 成底背离，10 日均线金叉 20 日均线买入　/　219

第1章

MACD指标概述

第1节　MACD指标的组成部分

　　MACD指标中文称为平滑异同移动平均线，属于大势趋势类指标。它由变动较为平缓的DEA线，变动较为灵敏的DIF线，红色能量柱（多头），绿色能量柱（空头），0轴（多空分界线）五部分组成。它利用DIF线与DEA线交叉作为信号。把MACD指标所产生交叉信号的价位，作为制定相应的交易策略的依据来使用，效果较好。MACD的五个部分见下图：

　　（1）DIF（白线）；

　　（2）DEA（黄线）；

　　（3）红色柱状线；

　　（4）绿色柱状线；

　　（5）0轴。

　　（注：颜色为炒股软件显示的颜色。）

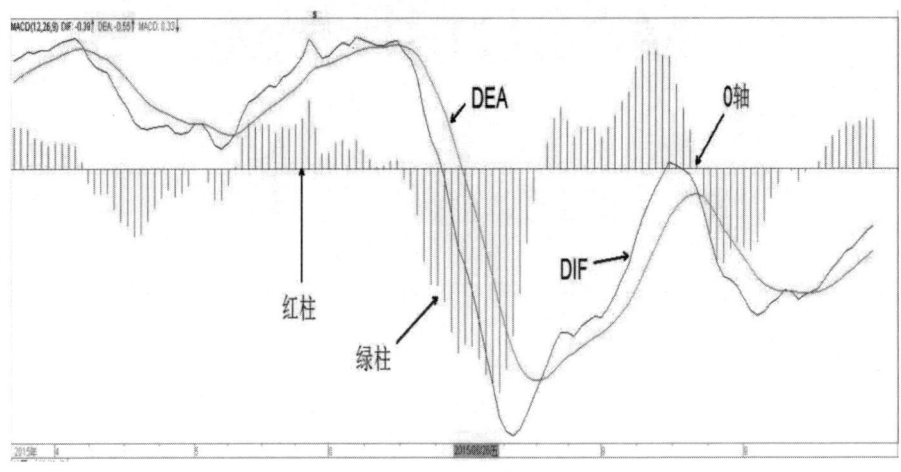

MACD五个部分示意图

第2节　MACD指标功能与使用

　　MACD指标五个部分的应用是十分广泛。不过，不客气地说，使用的人为数众多，但是能应用得当、防止亏损并获得较好收益的，那可是凤毛麟角。

在股市投资中，任何一种指标都不是万能的。MACD虽然是投资者喜欢的一种技术分析手段，但如何使用MACD指标，使投资收益达到最佳的境界仍需要投资者掌握它的属性。须知MACD有两大功能：

（1）发现股市的投资机会，也就是寻找买点；

（2）保护投资人的收益不受损失，也就是寻找卖点，且在寻找卖点方面的作用远超过它发现买点的功效。

当DIF和DEA在0轴的下方运行时，说明目前的大势属于空头市场，投资者应当以持币为主要策略。目前还没有建立做空机制，因此股市一旦进入空头市场，投资者最好的策略就是离场观望。可是当MACD这一功能告诉人们时，股市上又有多少人能够遵循这一规则？当然在空头市场中，也有一些股票的DIF和DEA不是在0轴之下而在0轴之上运行。你是否关注过这样走势的股票并进行操作了？如果这样做了，作者认为使用MACD的大方向是对的。请看下图：

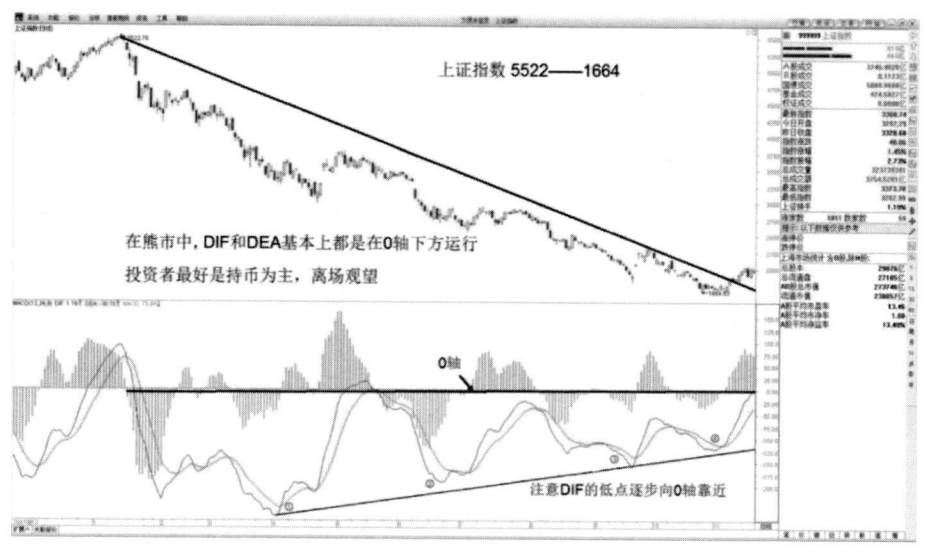

熊市中MACD基本上在0轴下方运行

MACD这五个部分可以单独应用，也可以综合运用。即便是单独使用也有几种情况之分，至于结合均线、K线等综合运用那形态就更复杂了。对于初学者来说千万不要求艺心切，需要一步一个脚印、稳扎稳打按部就班地来，从简单到复杂循序渐进。有了好的基本功打底，就不怕本事学不到手，否则一旦学夹生了，后面就变成一锅粥，那可就麻烦了，想理顺都难。下面便从各个方面通过具体案例逐一进行论述。

先说在0轴线下方MACD金叉的买入法。

MACD两条曲线在0轴下方金叉时一般先看作是反弹，但有时也会演变成一波强劲的上升行情，这种情况发生的概率较小。

MACD在0轴下方按金叉次数分为：一次金叉、二次金叉和三次金叉，在二次金叉中有相隔时间长和短之分。究竟在什么情况下，MACD在0轴下方金叉只预示小反弹？在什么情况下MACD在0轴下方金叉会走出一波强劲的上升行情呢？这要结合成交量及其他技术指标综合分析，尤其要结合周线KDJ状态进行分析。

如果MACD在0轴下方的金叉是在周线KDJ死叉形成了中期下跌趋势的情况下发生的，后市只能是下跌行情中的反弹。

如果日线MACD在0轴下方金叉是与周线KDJ共同金叉，发出的买入信号才是明确的买入信号。

如果日线MACD在0轴下方形成金叉时，周线KDJ已在超卖区域背离后发生了两次金叉，则后市可能走出一波有力的拉升行情。

周线KDJ的走势是判断日线MACD在0轴下方形成金叉后的升势是否有效的"过滤器"。

散户投资者在使用MACD指标时应该注意以下几点：

（1）MACD指标最主要的特点是稳健性高，可以在较长的时间内给出相对稳定的买卖信号。因此，中长线操作者可参照MACD指标进行具体操作。

（2）MACD指标的最大劣势是指标信号过于缓慢。日线级别中的MACD指标并不适用于短线操作。为了弥补这一劣势，短线投资者可以参照15分钟级别或者60分钟级别的MACD指标来进行判断。

（3）在中长期的上涨或者下跌行情中，投资者使用MACD指标会比较有效。但是在股价大幅震荡或者多空胶着的行情中，MACD指标对投资者并没有太大的参考价值。

第3节　MACD在0轴之下低位第一次金叉概述

当日线ＭＡＣＤ位于0轴的下方时，说明走势属于空头市场，投资者应当以持币为主要策略。这时的投资者应离场观望为好，以规避市场的风险，把牛市中赚到的利润稳稳地揣在腰包里。

当ＭＡＣＤ在0轴线下方出现金叉，实际意义有三种：可能是下跌行情的中继，或暂时的企稳，或有小幅反弹。所以一般只能看作有一次反弹短线买入机会。但这并不是说在0轴之下，ＭＡＣＤ在任何位置形成金叉都有买入机会。

在ＭＡＣＤ的0轴之下繁多的第一次金叉中，如果我们能把介入可获得3%~5%收益、概率达到90%以上的模式提炼出来，我们就可以用少量资金买入、短线操作、控制私欲、积少成多，达到复利操作的目的。这也是可以选择的短线复利的操作方式。当然有的股票卖完后还可能再涨，这就要求我们根据自己多次操作的经验逐步提高自己把握收益率的能力。

作者观点：MACD在0轴之下低位发生金叉，如果距上方的0轴还很远，此时可以少量买入，短线操作。

如何判断ＭＡＣＤ在0轴之下金叉的位置距0轴是"很远"呢，可以根据以下三个条件判定：

（1）股价前期向下调整幅度在50%以上，其中含有5个跌停板；

（2）ＭＡＣＤ金叉的位置是从0轴向下看，距0轴有2/3以上的空间即可，当然离0轴越远越好，给ＭＡＣＤ一个很大的做底背离的空间；

（3）个股的ＭＡＣＤ在0轴之下低位金叉，如果是与大盘同日金叉则更好，提前或者落后3日之内也不错。

上证指数在2015年7月17日出现ＭＡＣＤ在0轴之下低位第一次金叉。之前，大盘走势是向下调整32%，然后来个"V"字形反弹，到多空指标BBI之下后，基本上把前面做空后的多方反击能量耗尽。然后先调整两天收阴线，第三天低开高走收阳线，第四天大盘大涨，上涨了134个点。此时大盘ＭＡＣＤ在0轴之下第一次金叉，预示大盘指数有爬到多空指标BBI之上的愿望，见下图：

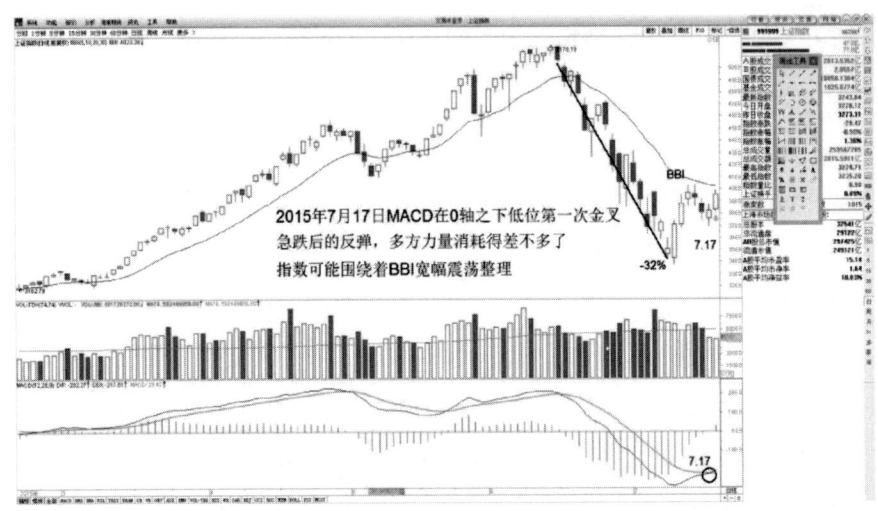

上证指数2015年7月17日走势图

上证指数在2015年7月17日之后的走势见下图:

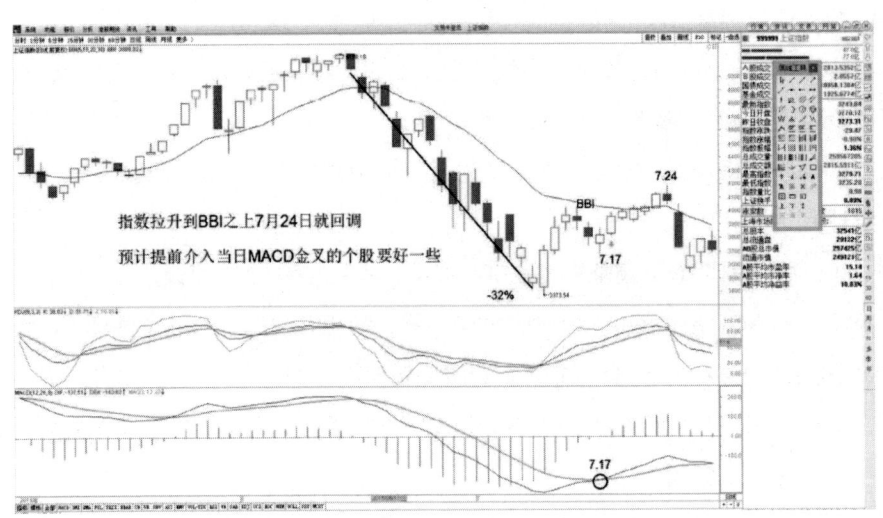

上证指数2015年7月17日后的走势图

为什么把大盘MACD在0轴之下第一次金叉前后走势说得这么详细呢?原因就是有些股票的MACD是在大盘金叉的前后出现在0轴之下低位第一次金叉的现象。个股在0轴之下的反弹本来就是弱势反弹,一般只做短线操作,个股介入时间尽量要抓住大盘走势的节拍,因此必须把大盘MACD在0轴之下金叉前后的走势争取搞得透彻一些。

第4节　MACD指标的软肋

（1）牛皮市中指标将失真。MACD虽然适于研判中期走势，但不适于短线操作。再者MACD可以被用来研判中期上涨或下跌行情的开始与结束，但对箱体的大幅振荡走势或股价几乎不动的盘面无参考价值。同理，MACD用于分析个股的走势时，较适用于狂跌的投机股，对于价格甚少变动的所谓"牛皮股"则不适用。总而言之，MACD的作用是从市场的转势点找出市场的超买超卖点。

（2）由于MACD是一项中、长线指标，买进点、卖出点和最低价、最高价之间的价差较大。当出现上下波动幅度小或盘整行情时，按照信号进场后随即又要出场，买卖之间可能没有利润，也许还要赔点价差或手续费。

其次，一两天内涨跌幅度特别大时，MACD来不及反应，因为MACD的移动相当平缓，比较行情的移动有一定的时间差。所以，一旦行情迅速大幅涨跌，MACD不会立即产生信号，此时MACD无法发生作用。

第5节　个股MACD在0轴之下与大盘MACD同日金叉

下面列举一些个股与大盘MACD同日在0轴之下低位第一次金叉的案例。我们认为这些股票是紧跟大盘走势，并且是同步的，当大盘MACD在0轴之下低位金叉后，虽然是弱势反弹，但不管反弹多少，总有一个"起爆"的行情，那么个股是否也跟随大盘有一个"起爆"的行情呢？因为我们炒短线就是要抓住这个"起爆"点，短线操作达到复利后就走人。请关注下面案例的走势，找出自己的结论。

请先看上证指数在2015年7月17日的情况，MACD在0轴之下低位出现第一次金叉，详情见前例。

再来看个股当日情况。

当日：例1，西藏城投（600773）MACD在0轴之下低位第一次金叉。该股之前股价从高位连续下跌了60%，其中含有6个跌停板。之后有3个涨停板"V"字形反弹到多空指标BBI之下，大盘7月16日、17日两天反弹收阳，该股这两天也是反弹收出阳线，所以该股这一段的走势与大盘走势相同。大盘后市有望爬到多空指标BBI之上，所以该股次日不论高开、低开，均可及时跟进，短线操作，该股的走势见下图：

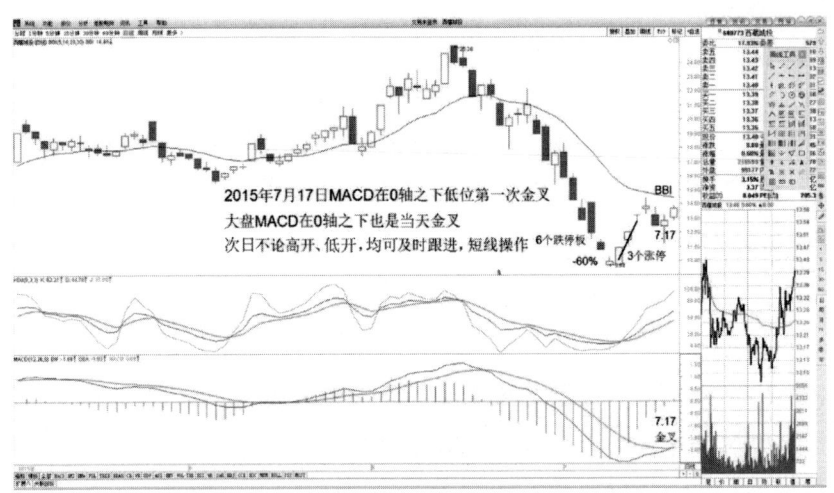

西藏城投（600773）2015年7月17日走势图

西藏城投（600773）后市走势以及具体操作过程见下图：

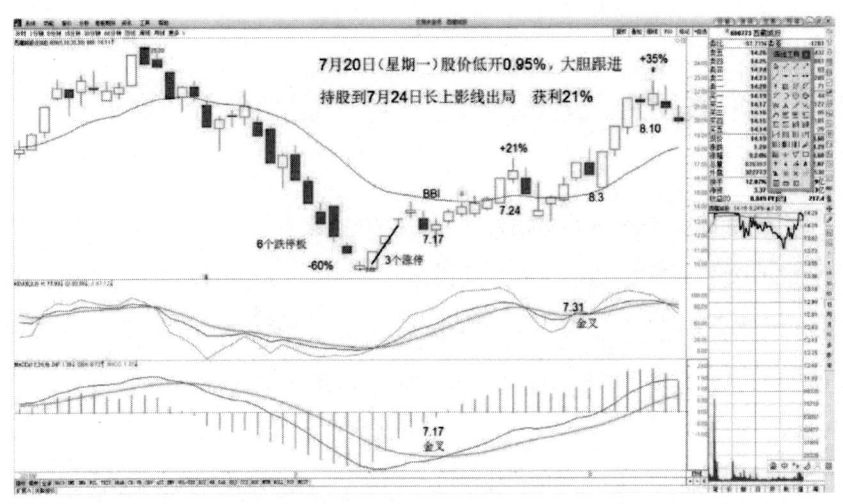

西藏城投（600773）2015年7月17日的后市图

7月20日（星期一）该股低开0.95%，大胆跟进。持股到7月23日涨停，到24日收一个长上影线出局，获利21%。

小结：因为我们是抓住该股的"起爆点"短线操作，一般见到长上影线，十字星都要走人，至于后市的波段操作在这里不是重点。

当日：例2，醋化股份（603968）2015年7月17日ＭＡＣＤ在0轴之下低位第一次金叉，是与大盘MACD同日金叉的。该股之前股价从高位连续下跌了56%，其中含有6个跌停板。之后有3个涨停板"V"字形反弹到多空指标BBI之下，大盘7月16日、17日两天反弹收阳，该股这两天也是反弹收出阳线，所以该股这一段的走势与大盘走势大致相同。大盘后市有望爬到多空指标BBI之上，所以该股次日不论高开、低开，均可及时跟进，短线操作，见下图：

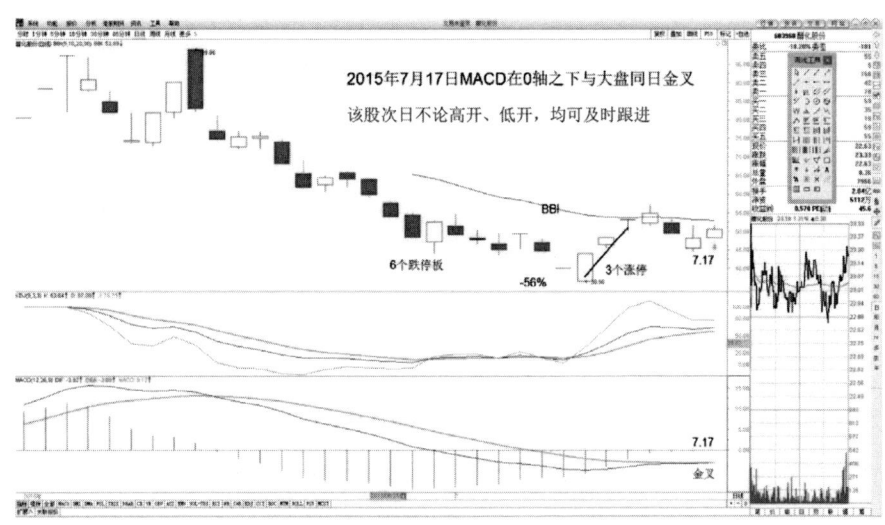

醋化股份（603968）2015年7月17日走势图

该股后市走势以及具体操作过程见下图：

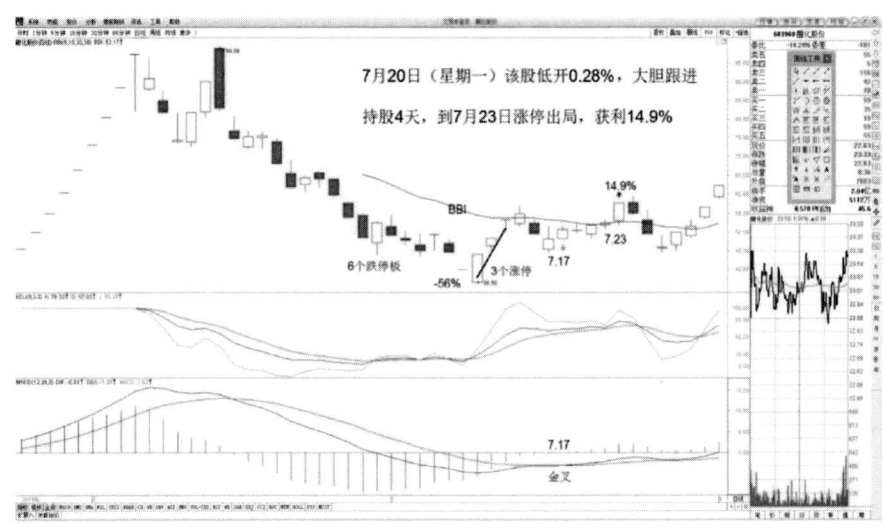

醋化股份（603968）2015年7月17日的后市图

7月20日（星期一）该股低开0.28%，大胆跟进。持股3天到7月22日，股价刚刚站到多空指标BBI上，但是收了一颗阳十字星，现在已经获利4.44%，是出局还是再坚持一天呢？这时应该考虑7月20日至22日J线的斜率，倾斜角度不大时，可以试探性谨慎持股到下一个交易日。也许下一个交易日股价高开高走，J线突然拐头向上，那可就得到了一个便宜；如果是低开低走，则立马出局，估计也不会赔本。

该股介入后，持股4天获利14.9%

小结：股票与大盘的MACD同日在0轴之下金叉，此时股价还在多空指标BBI之下，此后几天股价在BBI线附近徘徊，当股价刚刚站到BBI线上收十字星时，出局还是不出局？看一下KDJ的J线走势和倾斜角度，如果J线是向上走的，可以谨慎继续持股；如果J线是走平或者向下角度不大时，也可以谨慎再持股一天；如果J线是明显向下走，果断出局。当日线KDJ判断不准时，看60分钟的KDJ走势。

当日：例3，佳创视讯（300264）2015年7月17日MACD在0轴之下低位第一次金叉，是与大盘MACD同日金叉的。该股之前股价从高位连续下跌了64%，其中含有7个跌停板。之后有3个涨停板"V"字形反弹到多空指标BBI之下，大盘7月16日、17日两天反弹收阳，而该股7月16日收阴、17日收阳，所以该股这一段的走势与大盘走势也是大致相同。大盘后市有望爬到多空指标BBI之上，所以该股次日不论高开、低开，均可及时跟进，短线操作，见下图：

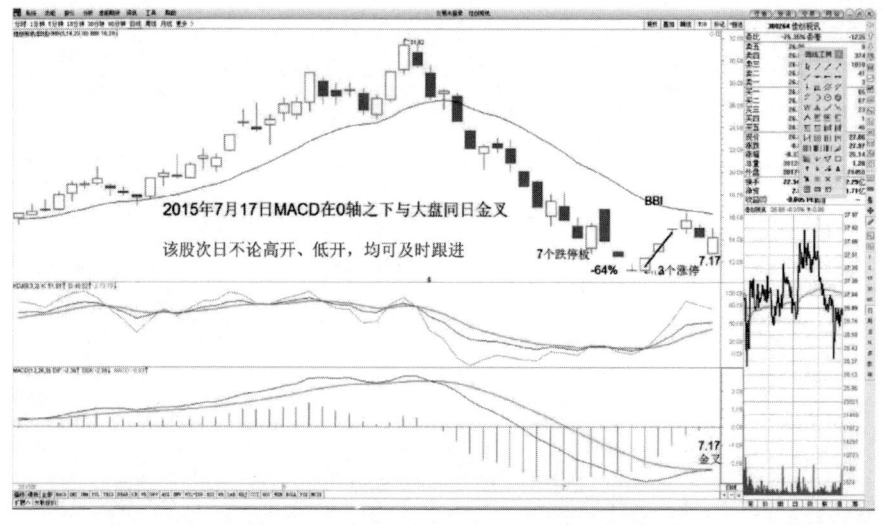

佳创视讯（300264）2015年7月17日趋势图

该股后市走势以及具体操作过程见下图：

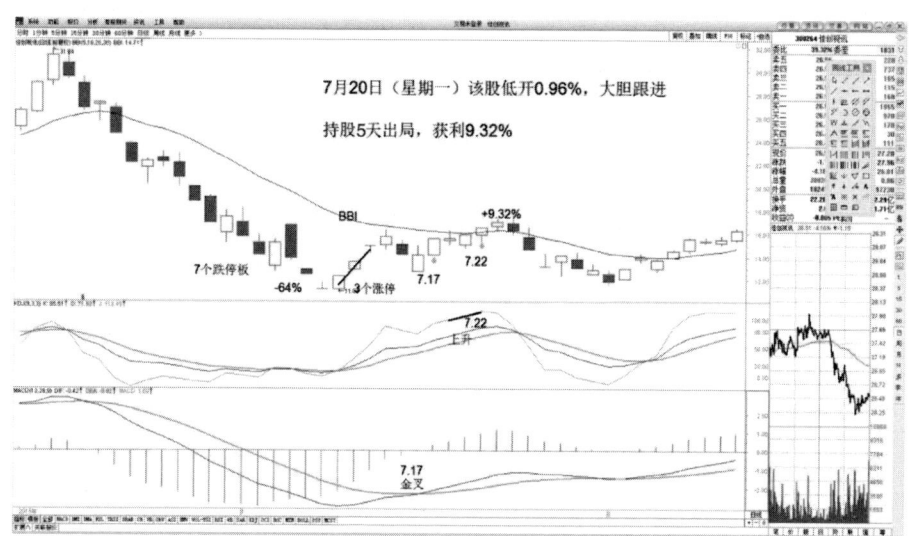

佳创视讯（300264）2015年7月17日的后市图

7月20日（星期一）该股低开0.96%，大胆跟进。持股4天到7月23日，这天股价上涨3.64%，收一根光头带有下影线的阳线，股价已经站到多空指标BBI之上，如果出局的话已经获利6.2%，短线操作应该满足。但是由于这是根光头阳线，总感觉上涨意犹未尽，是否敢再持股一天呢？作者给出的答案是可以的，不过要小心谨慎。原理是利用J线上涨的"惯性"，你看7月20日到22日这三天J线是走上升趋势，所以到7月23日还有一点"惯性"向上冲，也可以参考60分钟的KDJ走势，不过时间在盘中不会长，所以要小心谨慎把握时间。事实上多持股一天多获利3%之多。

小结：

在MACD金叉后次日介入，持股几天股价刚刚站到多空指标BBI线之上不远处，股价收一个光头阳线，获利虽然大于3%，是否还敢持股再坚持一天呢？此时看KDJ的J线是否是向上走的趋势，如果是，可以小心谨慎再持股一天。当天参考60分钟以下级别技术指标有走弱迹象，做好出局准备。

当日：例4，栋梁新材（002082，现万邦德）2015年7月17日MACD在0轴之下低位第一次金叉，是与大盘MACD同日金叉的。该股之前股价从高位连续下跌了57%，其中含有5个跌停板。之后有3个涨停板的"V"字形反弹到多空指标BBI之下，大盘7月16日、17日两天反弹收阳，该股这两天也是反弹收阳线，所以该股这一段的走势与大盘走势大致相同。大盘后市有望爬到多空指标BBI之上，所以该股次日不论高开、低开，及时跟进，短线操作，见下图：

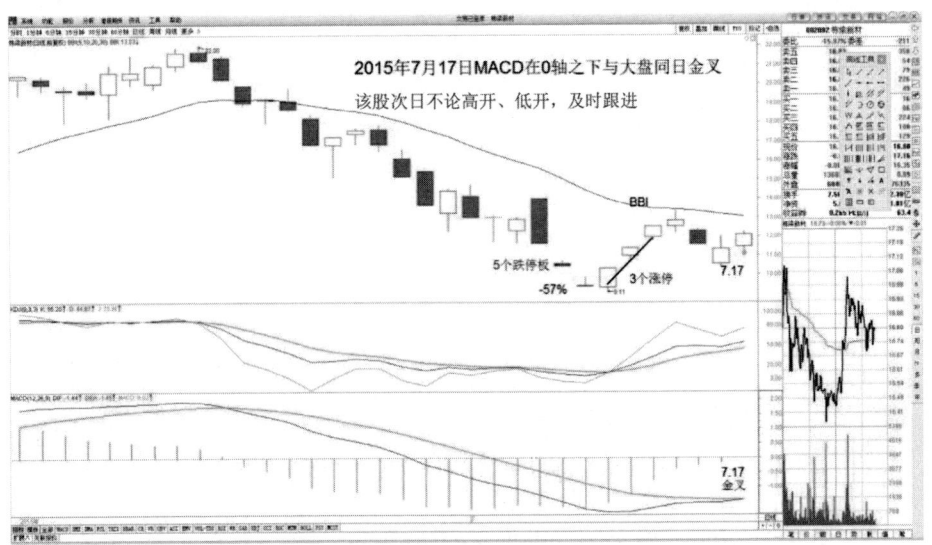

栋梁新材（002082）2015年7月17日走势图

该股后市走势以及具体操作过程见下图：

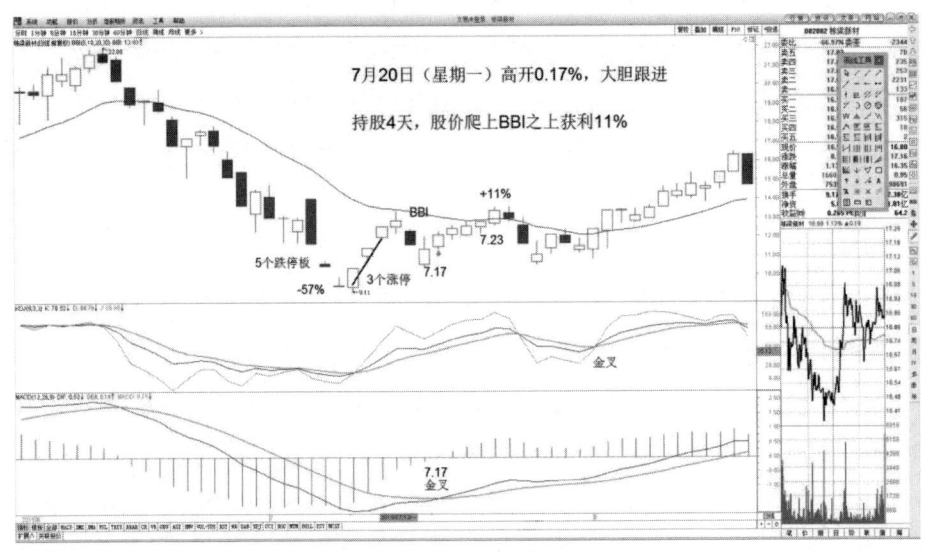

栋梁新材（002082）2015年7月17日的后市图

7月20日（星期一）该股高开0.17%，大胆跟进。持股到7月23日股价上涨4.78%，爬到BBI之上，获利11%出局。

小结：该股持股到7月23日为什么就出局了？是的，否则第二天就回调了。这里给出的解释如下：

（1）本来自己的操作理念就是抓"起爆点"短线操作，当股价爬到BBI之上就时刻准备出局。何况该股现在是连续收出6根阳线，收益超过自己预想的指标，出局是正确的；

（2）当时的J值是104.6，也是处于高位区，不支持继续持股。

当日：例5，海马汽车（000572）2015年7月17日MACD在0轴之下低位第一次金叉，是与大盘的MACD同日金叉的。该股之前股价从高位连续下跌了49%，其中含有5个跌停板。之后有3个涨停板"V"字形反弹到多空指标BBI之下，大盘7月16日、17日两天反弹收阳，该股这两天也是反弹收出阳线，所以该股这一段的走势与大盘走势大致相同。大盘后市有望爬到多空指标BBI之上，所以该股次日不论高开、低开，均可及时跟进，短线操作，见下图：

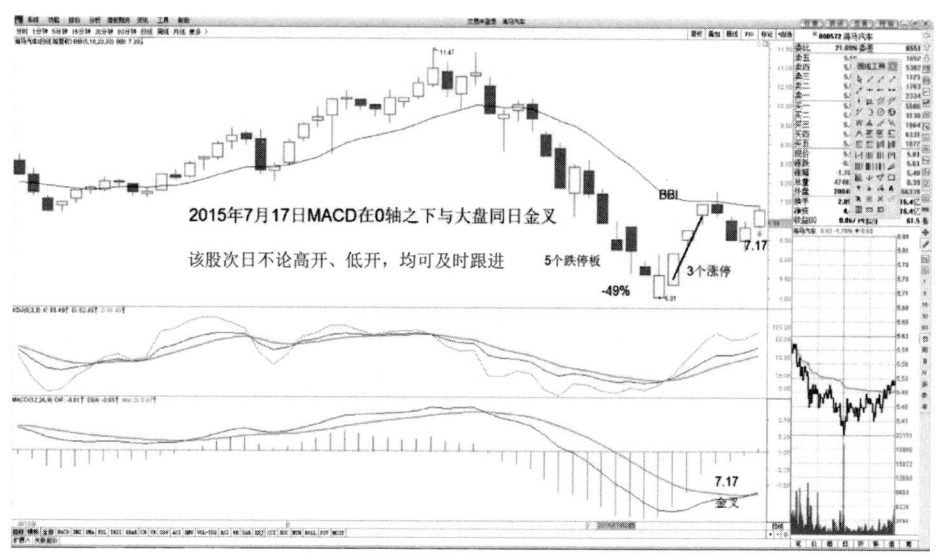

海马汽车（000572）2015年7月17日走势图

该股后市走势以及具体操作过程见下图：

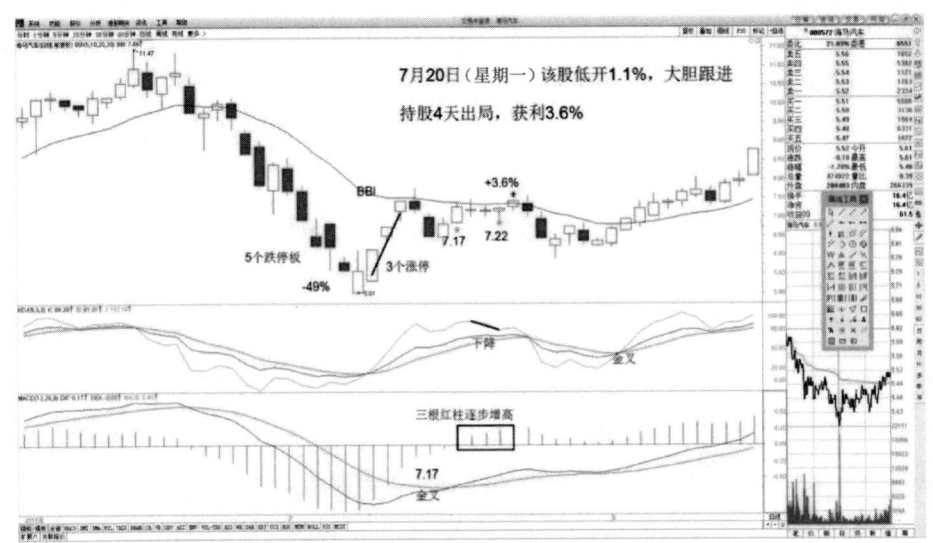

海马汽车（000572）2015年7月17日的后市图

7月20日（星期一）该股低开1.1%，大胆跟进。持股到7月22日，股价仍然没有爬到多空指标BBI之上，KDJ的J线出现下降趋势，应该是出局才对，是否还敢坚持持股一天等待股价爬到BBI之上呢？此时看MACD红柱三根线是一根比一根高，这是做多力量，可以利用做多力量的"惯性"小心谨慎再坚持持股一天，如发现苗头不对，立即出局。这一天股价上涨2.62%，爬到了多空指标BBI之上，出局！获利3.6%。

小结：当个股MACD与大盘MACD在0轴之下同日金叉时，为了抓"起爆点"，短线操作介入后，股价两三天之内还没有爬到多空指标BBI之上，此时的KDJ的J线向下走，而MACD中三天的红柱一根却比一根"高"，说明做多力量还是强点，可以不介意J线向下走的灵敏性，利用红柱逐步向上的惯性，小心谨慎再持股一天。

第6节　个股MACD在0轴之下金叉比大盘的2015年7月17日 MACD金叉提前1~3天

提前1天：例1，太阳能（000591）2015年7月16日MACD在0轴之下低位第一次金叉,当时估计比大盘的MACD提前1天金叉。该股之前股价从高位连续下跌66%,其中含有8个跌停板。之后有4个涨停板"V"字形反弹到BBI之下,大盘7月16日是低开高走,该股7月16日也是低开高走,因此说该股这一段的走势与大盘的走势大致相同,该股7月16日MACD在0轴之下低位金叉,如果该股能够与大盘保持同步,那么才能保证介入后的3%~5%的收益具有可靠性。何况该股周KDJ死叉但是J线已经拐头向上,这更增强了介入的信心,而大盘次日可能走出拉升行情,所以该股次日即便是高开也要及时跟进,见下图:

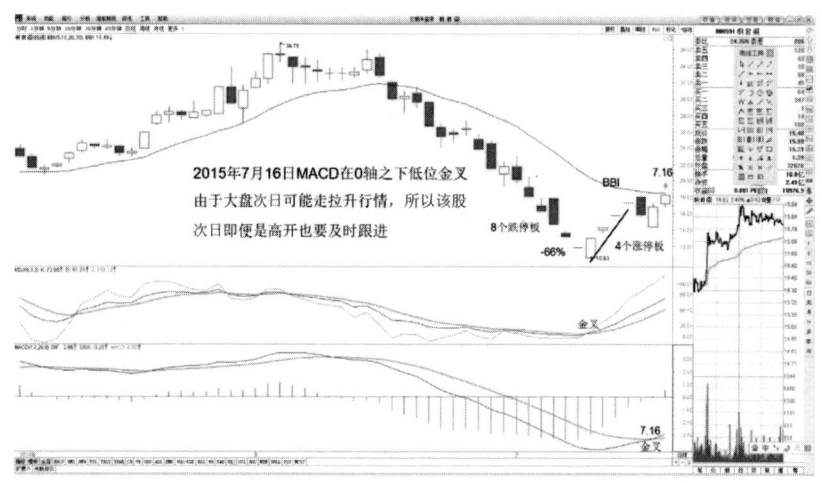

太阳能(000591)2015年7月16日走势图

该股后市走势以及具体的操作过程见下图:

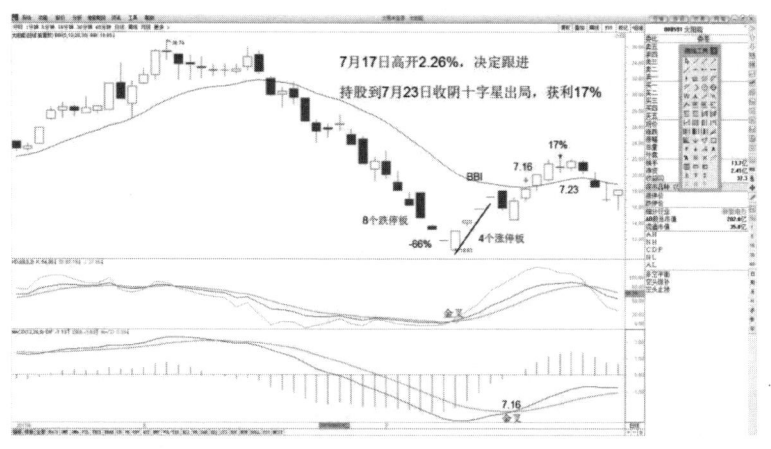

太阳能(000591)2015年7月16日的后市图

7月17日股价高开2.26%，因为ＭＡＣＤ是金叉，ＫＤＪ也是金叉状态，周ＫＤＪ死叉但是Ｊ线拐头向上，所以大胆跟进，持股到7月21日，股价爬到ＢＢＩ之上，收一颗阴十字星，出局，获利17%。

小结：

抓住大盘反弹的节拍，短线操作，该股介入4天获利17%算是幸运。

提前1天：例2，湖北能源（000883）2015年7月16日ＭＡＣＤ在0轴之下低位第一次金叉。估计比大盘的ＭＡＣＤ提前一天金叉。该股之前股价从高位连续下跌62%，其中含有6个跌停板。之后有4个涨停板"Ｖ"字形反弹到多空指标ＢＢＩ之下，大盘7月16日是低开高走，该股7月16日也是低开高走，因此说该股这一段的走势与大盘的走势大致相同。该股7月16日ＭＡＣＤ在0轴之下低位金叉，此后如果走势能够与大盘保持同步，那么能保证介入后的3%～5%的收益具有可靠性。何况该股周ＫＤＪ死叉Ｊ线拐头向上，这更增强了介入的信心，而大盘次日可能走出拉升行情，所以该股次日即便是高开也要及时跟进，见下图：

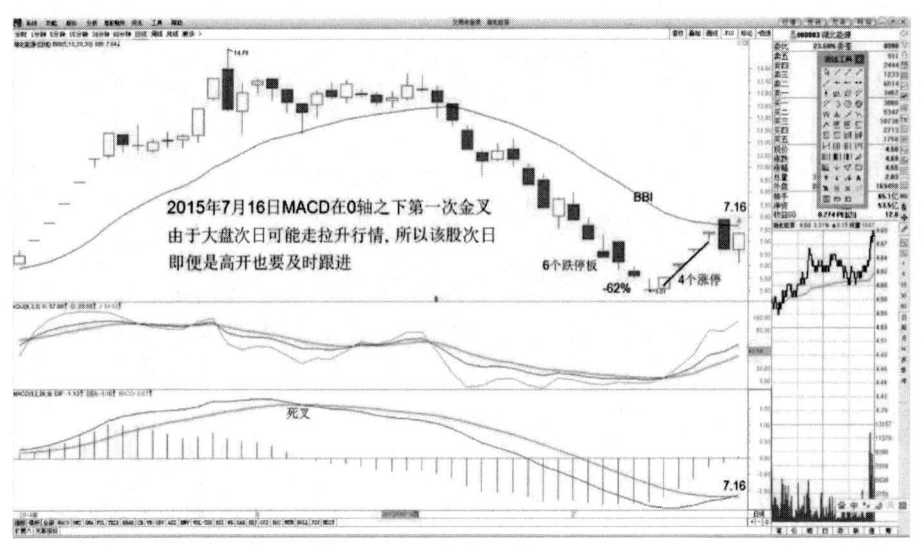

湖北能源（000883）2015年7月16日走势图

该股后市走势以及具体的操作过程见下图：

第1章 MACD指标概述

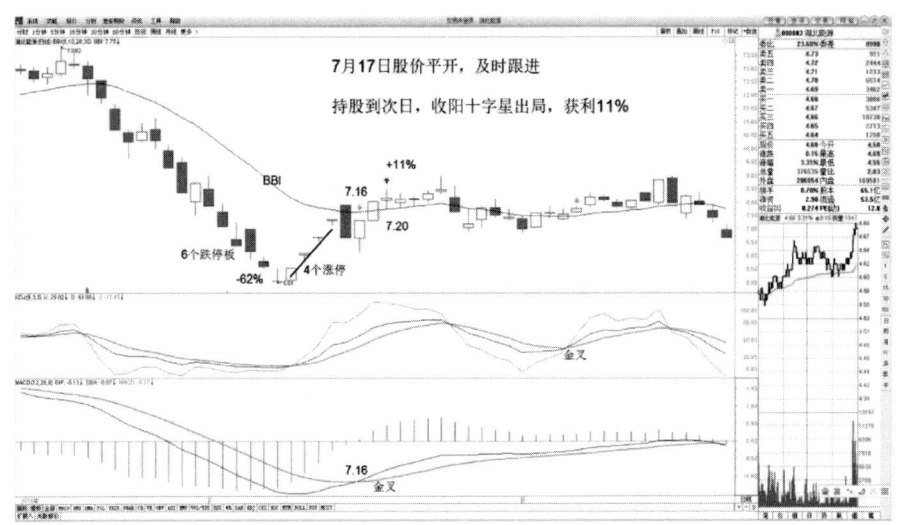

湖北能源（000883）2015年7月16日的后市图

7月17日平开，及时跟进，持股到次日，股价收一颗阳十字星，出局！获利11%。

小结：

该股含有6个跌停板，下跌62%，虽然积蓄多方力量，但是由于4个涨停板的V字形反弹基本耗尽多方力量，因为MACD在0轴之下的金叉反弹本来就是弱势反弹，况且我们事先也早有操作准备，短线操作，获利3%～5%走人，现在股价收出阳十字星，后市难测，获利11%为什么还不走？

提前2天：例3，慈文传媒（002343）2015年7月15日MACD在0轴之下低位第一次金叉。估计比大盘的MACD提前两天金叉。该股之前股价从高位连续下跌了49%，其中含有6个跌停板。之后有4个涨停板"V"字形反弹到多空指标BBI之上，从这一点上说，该股的反弹走势显得比大盘强势。

大盘7月15日是低开低走，而该股7月15日是高开低走，因此说该股这一段的走势与大盘的走势大致相同，大盘7月15日已经是调整两天收阴，估计明天大盘反弹的概率比较大，该股今天收根大阴线，因此该股次日不论低开、平开都要及时跟进，因为此后该股借助大盘MACD要金叉，希望能够爆发一轮拉升行情，见下图：

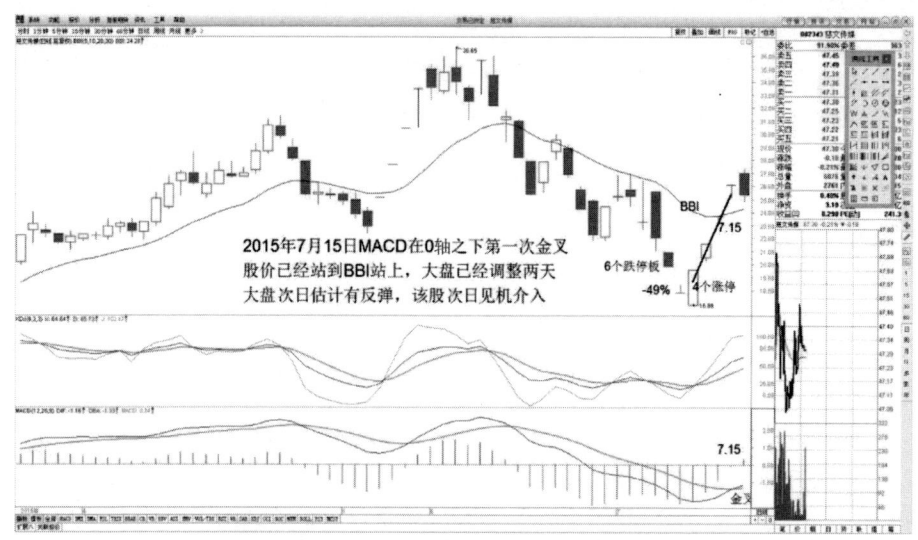

慈文传媒（002343）在2015年7月15日走势图

该股后市走势以及具体操作过程见下图：

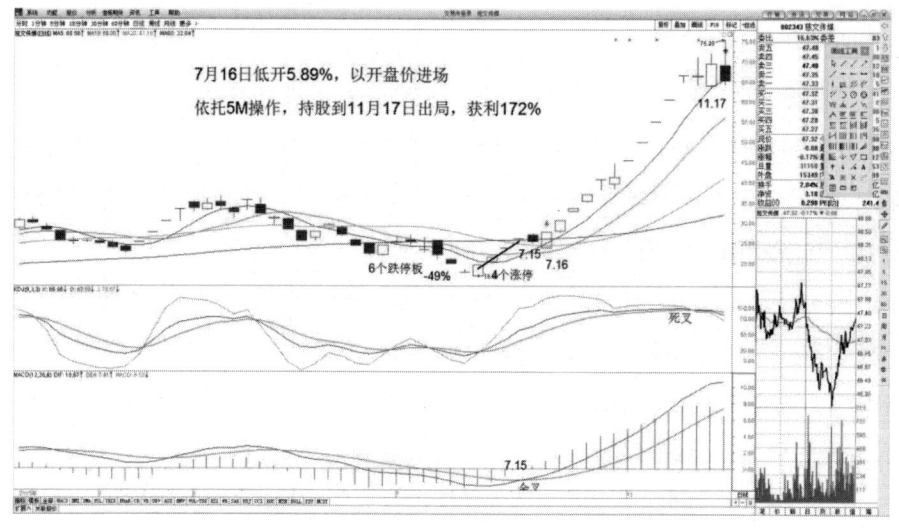

慈文传媒（002343）在2015年7月15日的后市图

7月16日该股低开5.89%，以开盘价大胆跟进。前面作者介绍好多股票都是依托多空指标BBI线操作，但是该股一字板上涨比较多，离开多空指标BBI线比较远，所以改为依托5M线操作比较现实，持股到11月17日，收一根长上影线的阴线，KDJ已经死叉向下，决定出局，获利172%。

小结：

该股MACD在0轴之下比大盘提前两天在低位第一次金叉，走势的形态上大致与大盘相同。我们认为该股是紧跟大盘走势的，该股周KDJ线几乎要金叉，尤其是该股MACD金叉时的股价在多空指标BBI之上，这是该股最大的亮点，抓住大盘走势的节拍进场，获得如此的收益并非偶然。

前3天：例4，浙报传媒（600633，现为浙数文化）2015年7月14日MACD在0轴之下低位第一次金叉，估计比大盘的MACD提前3天金叉。该股之前股价从高位连续下跌55%，其中含有4个跌停板。之后有3个涨停板"V"字形反弹到多空指标BBI之下。大盘7月14日是低开低走，收一颗阴十字星，该股7月14日是高开低走，也收出一颗阴十字星，因此说该股这一段的走势与大盘走势大致相同。该股7月14日MACD在0轴之下低位金叉，此后如果走势能够与大盘保持同步，就能保证介入后的3%～5%的收益具有可靠性。何况该股周KDJ死叉但J线拐头向上更增强了介入的信心，而大盘次日可能走调整行情，所以该股次日也随大盘走调整行情概率比较大，故应等待该股股价回调收阴见机介入，见下图：

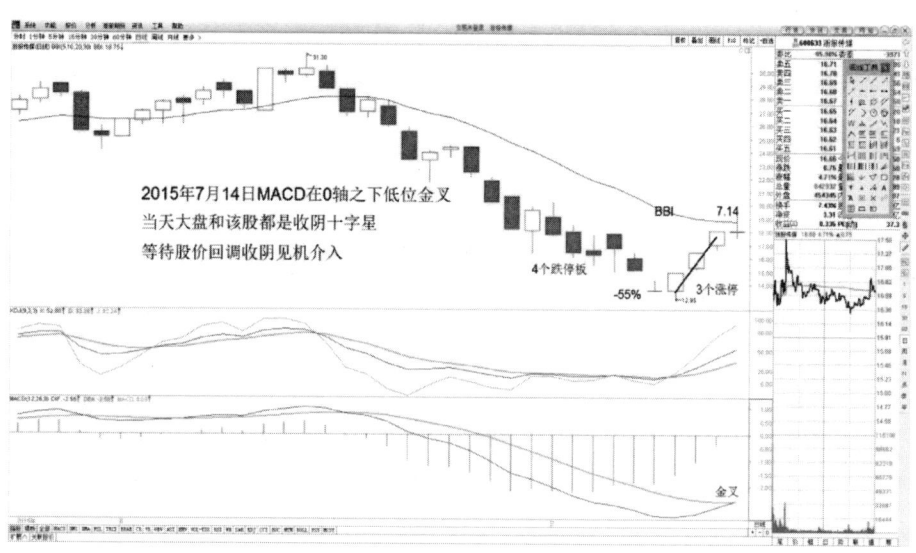

浙报传媒（600633）2015年7月14日走势图

该股后市走势以及具体操作过程见下图：

该股的操作策略已经事先确定，等待股价回调收阴见机介入。7月15日跌停，7月16日虽然平开，但是盘中出现下探6.23%低点，及时跟进。持股到7月23日股价已经爬到多空指标BBI之上，连续收出6根阳线，决定出局，获利17.5%。

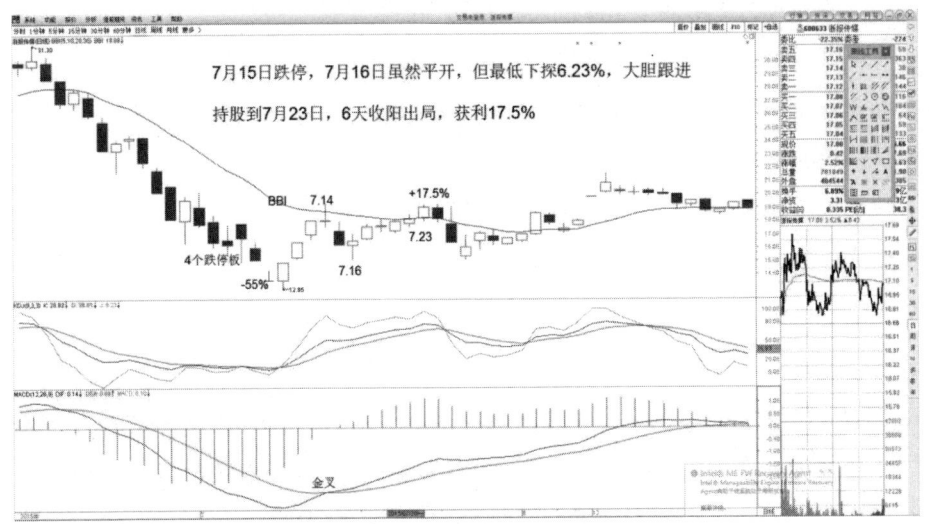

浙报传媒（600633）2015年7月14日的后市图

小结：

该股MACD在0轴之下低位第一次金叉，虽然提前大盘3天，但是仍然认为该股紧跟大盘走势，抓住大盘MACD金叉后的"爆破"力，及时介入，短线操作，获利便走。

第7节　个股MACD在0轴之下金叉比大盘MACD的7月17日晚1~3天

现在作者再列举一些个股的MACD在0轴之下金叉比大盘的MACD在0轴之下金叉晚1~3天的案例。我们认为这些股票当初可能也是紧跟大盘走势，并且态势大致上是相同的。如果大盘MACD在0轴之下低位金叉后，行情已经"起爆"了，那么个股的MACD在0轴之下金叉已经晚1~3天，是否个股的行情"起爆"已经错过大盘"起爆"的"劲"了？还是通过实际案例来验证，请看下面的案例。

晚1天：例1，南山铝业（600219）2015年7月20日（星期一）MACD在0轴之下低位比大盘MACD金叉（7月17日，星期五）晚一个交易日金叉。该股之前股价从高位连续下跌了45%，其中含有2个跌停板。之后有2个涨停板"V"字形反弹，最高点冲到多空指标BBI之上，后经回调收盘价仍然在BBI之下。大盘7月17日MACD在0轴之下低位金叉，股价收阳，该股这天也是收出阳线，所以该股这一段的走势形态与大盘大致相同。但是大盘7月20日收阳，而该股在这天却收阴十字星，预测大盘后市有爬到多空指标BBI之上的可能，所以对于该股，次日（7月21日）可见机低点介入，短线操作，见下图：

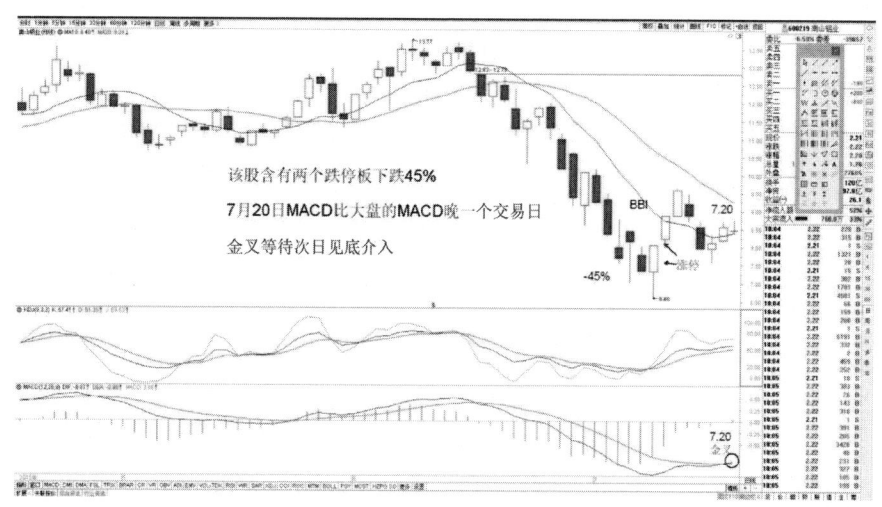

南山铝业（600219）2015年7月20日走势图

该股后市走势以及具体操作过程见下图：

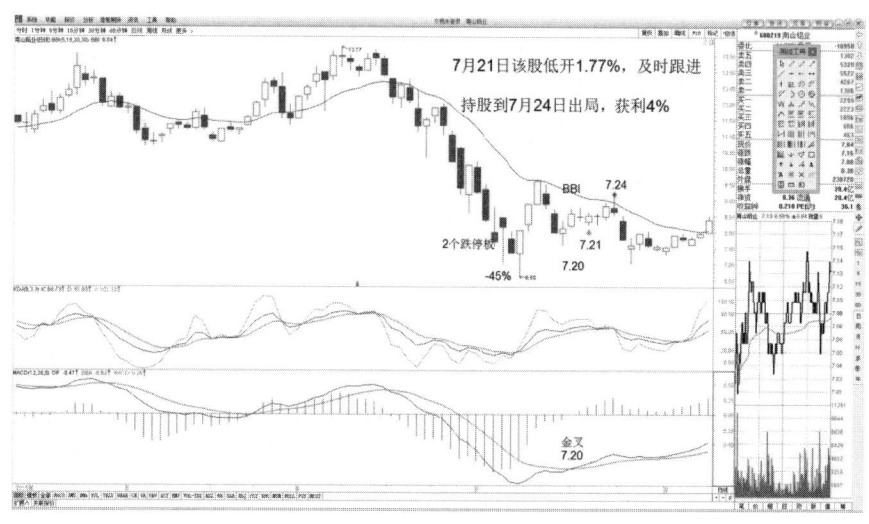

南山铝业（600219）2015年7月20日的后市图

7月21日该股低开1.77%，及时跟进。持股到7月23日，该股股价仍然在多空指标BBI线之下，可是大盘已经站到多空指标BBI线之上三天了，说明该股走势弱于大盘，所以7月24日该股股价在盘中冲到BBI之上，但是显得乏力，回撤时获利4%走人。

小结：

大盘ＭＡＣＤ金叉后反弹疲软，个股ＭＡＣＤ在0轴之下金叉仅落后大盘ＭＡＣＤ金叉一个交易日，此后走势又弱于大盘，抓住该股的股价在盘中瞬间越过多空指标BBI显得不稳时的契机，立马撤退走人，可谓不算失策。

晚1天：例2，广晟有色（600259）2015年7月20日ＭＡＣＤ在0轴之下低位金叉，比大盘ＭＡＣＤ晚一个交易日金叉。该股之前股价从高位连续下跌了52%，其中含有5个跌停板。之后用有3个涨停板的"V"字形反弹到多空指标BBI之下稍微远一点的地方回调。大盘7月17日ＭＡＣＤ金叉股价收阳，该股这天也是收出阳线，所以该股这一段的走势形态与大盘走势大致相同。大盘7月20日仍然收阳，但是该股这天收阴十字星，所以该股这一段的走势比起与大盘ＭＡＣＤ同日金叉的股票走势显得弱一点，预测大盘后市有爬到多空指标BBI之上的可能，所以对于该股，次日可见机低点介入，短线操作，见下图：

广晟有色（600259）2015年7月20日走势图

该股后市走势以及具体操作过程见下图：

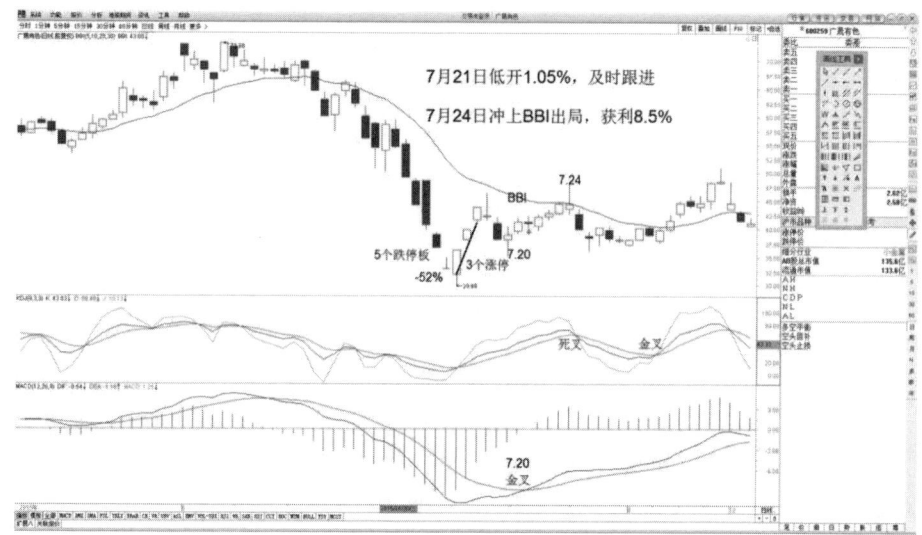

广晟有色（600259）2015年7月20日的后市图

7月21日该股低开1.05%，及时跟进。7月23日股价最高点冲过BBI线立即回落，收盘价紧靠BBI线，已经连续三天收阳，按照惯例股价明天还有最后一冲，有这个心理准备。到7月24日，该股股价果然一个猛冲到BBI线之上，然后立即盘中回落，说明该股走势弱于大盘，及时果断出局，获利8.5%。

小结：

大盘MACD金叉后反弹疲软，个股MACD在0轴之下金叉又是落后大盘MACD金叉一个交易日。此后走势又弱于大盘，7月24日低开高走，然后回落，获利不菲，达到8.5%，及时果断出局是对的。

晚1天：例3，同大股份（300321）2015年7月20日MACD在0轴之下低位金叉，比大盘MACD晚一个交易日金叉。该股之前股价从高位连续下跌了65%，其中含有8个跌停板。之后用3个涨停板的"V"字形反弹到多空指标BBI之下回调。大盘7月17日（星期五）、20日两天MACD金叉后收阳，该股这两天也是收出阳线。该股前一段的走势跌幅比较深，其中跌停板也比较多，该股的MACD虽然比大盘的金叉晚一个交易日，但是股价走势已经爬到指标BBI之上，显得强于大盘，有诱多嫌疑，况且KDJ的J值已经是116，尤其是7月20日股价在BBI的上方收一条长上影线，我不免对它后市走势存有疑虑，为了稳妥起见，采取观望为主的策略，见下图：

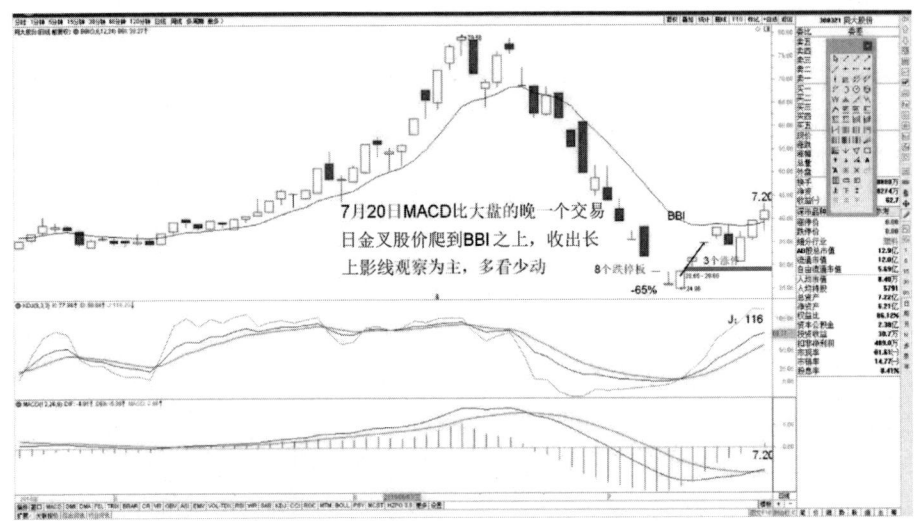

同大股份（300321）2015年7月20日走势图

该股后市走势见下图：

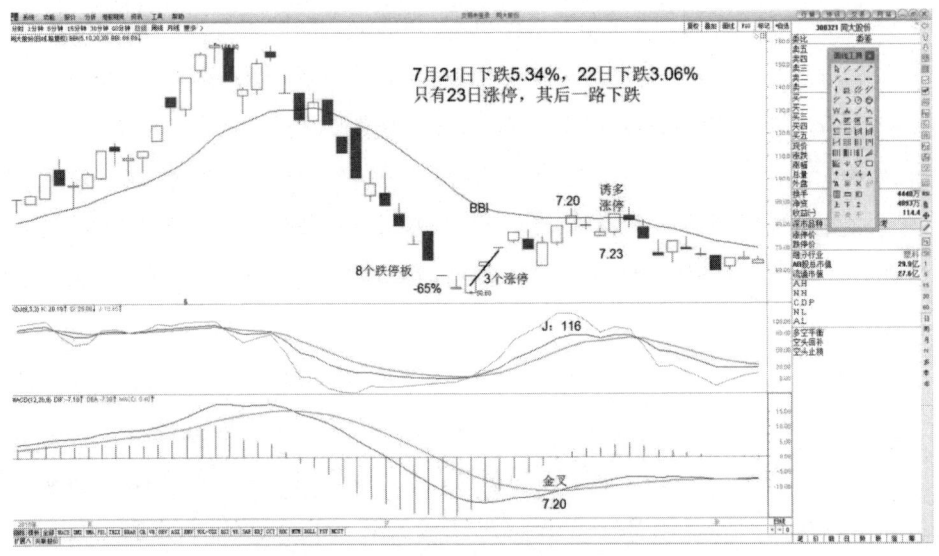

同大股份（300321）2015年7月20日的后市图

该股的后市走势果然与事先的预测差不多，走出感觉有疑虑的走势，千万要管住自己的手，多看少动，也是一种操作方法和心态。

小结：

大盘MACD金叉后反弹疲软，该股MACD在0轴之下低位金叉比大盘晚一个交易日，股价却比大盘提前爬到多空指标BBI之上，走势略强于大盘，同时7月20日股价在BBI之上收出长上影线，KDJ的J值过百，见到这样的走势最好是观望为主，多看少动。

晚2天：例4，瑞泰科技（002066）2015年7月21日MACD在0轴之下低位金叉，比大盘MACD晚2个交易日金叉。该股之前股价从高位连续下跌了62%，其中含有6个跌停板。之后用3个涨停板的"V"字形反弹到多空指标BBI之下回调，大盘7月16至21日连续收阳线，该股这4天也是连续收阳线，并且在7月21日放量上涨7.29%，股价一举越过多空指标BBI很多，而且上影线很短。该股前一段的走势跌幅比较深，其中跌停板也比较多，该股的MACD在0轴之下低位金叉虽然比大盘的金叉晚2个交易日，但是股价走势跟随大盘且略强于大盘，虽然此时的KDJ的J值已经达到113，但切记不要被KDJ短线随机指标干扰，次日可见机介入，见下图：

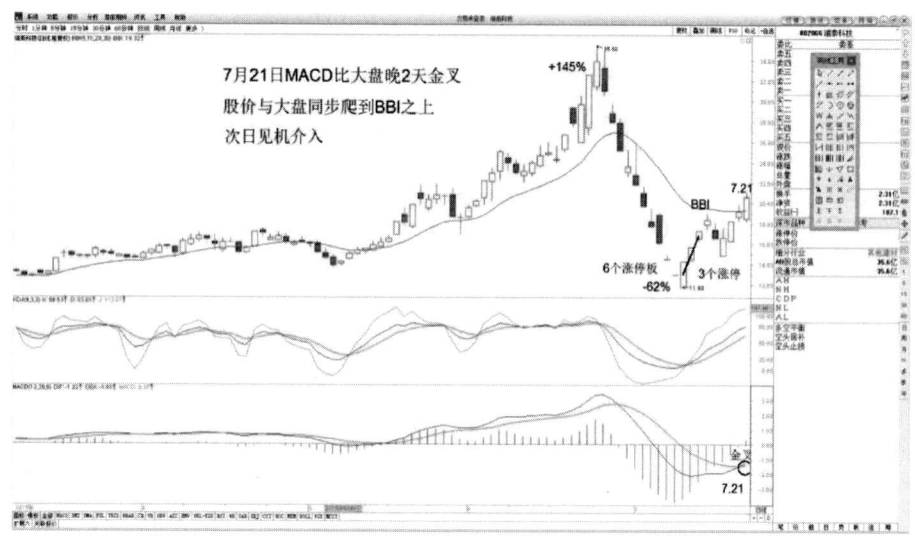

瑞泰科技（002066）2015年7月21日走势图

该股后市走势以及具体操作过程见下图：

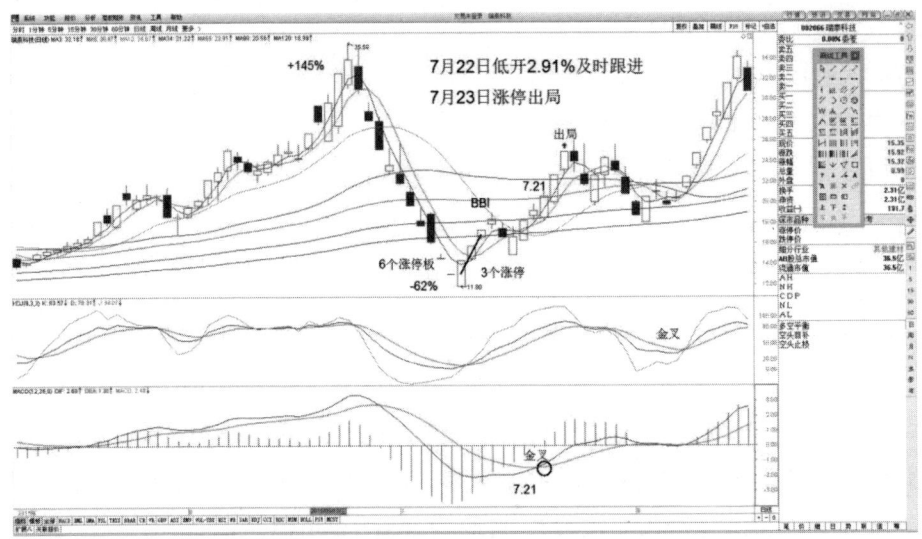

瑞泰科技（002066）2015年7月21日的后市图

7月22日低开2.91%，及时跟进，当天涨停，持股待涨；

7月23日涨停，涨幅已经过黄金分割的0.5位置，靠近0.618位置，J值在下降，出局，两天获利22%。

小结：

大盘MACD金叉后反弹疲软，该股MACD金叉虽然比大盘晚两个交易日，但是股价的走势紧紧地跟随大盘，并且略强于大盘，所以对于该股，可以在MACD金叉的次日果断介入。

晚2天：例5，山东金泰（600385，现*ST金泰）2015年7月21日MACD在0轴之下低位金叉，比大盘MACD金叉晚2个交易日。该股之前股价从高位连续下跌了67%，其中含有8个跌停板。之后用3个涨停板的"V"字形反弹到多空指标BBI之下回调，大盘7月16至21日连续4个交易日收阳线，该股这4天也是连续收阳线。7月21日K线的短上影线已经触及BBI线。该股前一段的走势跌幅比较深，其中跌停板也比较多，该股的MACD虽然比大盘金叉晚2个交易日，但是股价走势也是紧紧跟随大盘走势，虽然此时的J值已经是106，但不要被KDJ短线随机指标干扰，次日见机介入，见下图：

第1章 MACD指标概述

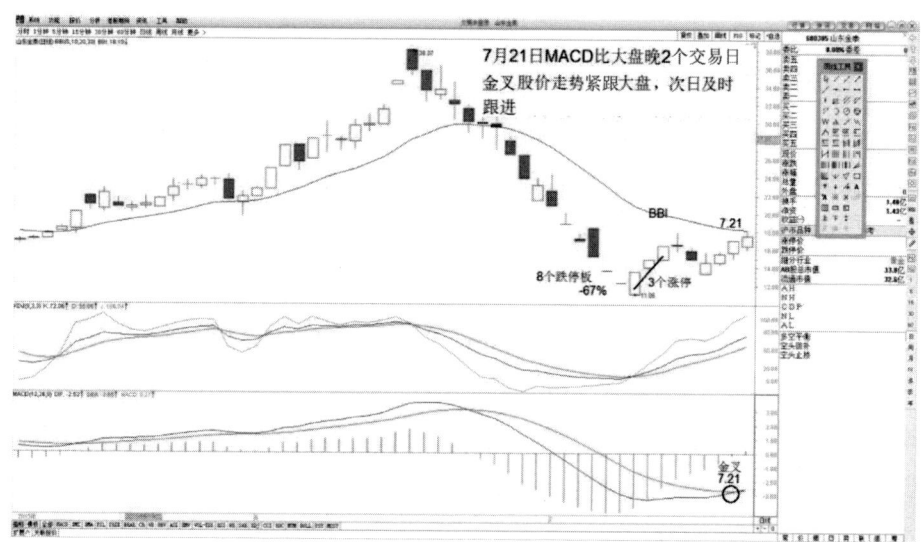

山东金泰（600385）2015年7月21日走势图

该股后市走势以及具体操作过程见下图：

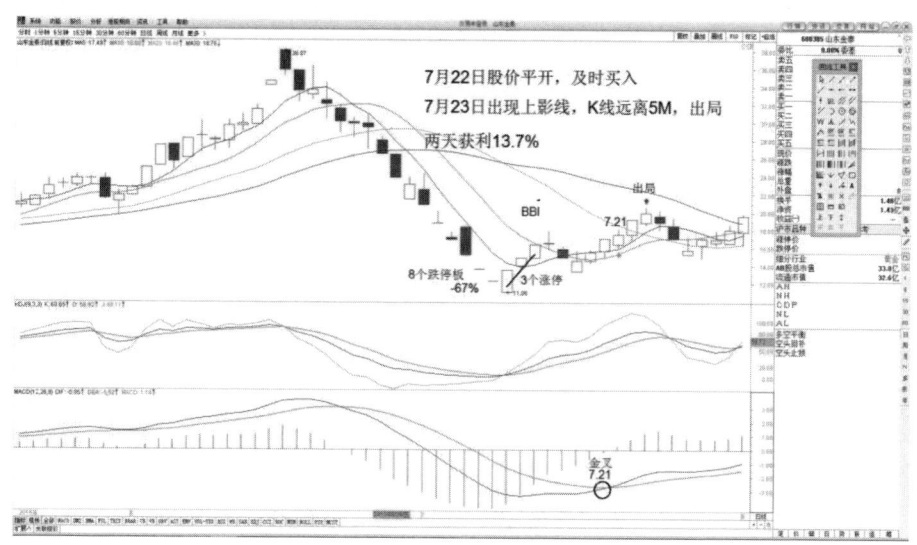

山东金泰（600385）2015年7月21日的后市图

7月22日该股平开，及时买入；

7月23日该股低开高走，虽然出现不太长的上影线，但是股价远离5日均线，决定出局，持股两天获利13.7%。

小结：

大盘MACD金叉后反弹疲软，该股MACD虽然比大盘晚金叉两个交易日，但是股价的走势是紧紧地跟随大盘，所以对于该股，可在MACD金叉的次日果断介入。因为是短线操作，所以股价远离5日均线出局是正确的。

晚3天：例6，龙宇燃油（603003）2015年7月22日MACD在0轴之下低位金叉，比大盘MACD的金叉晚了3个交易日。根据该股走势，虽然MACD在0轴之下低位金叉，但投资者也应判断是否含有短线介入的机会？我们首先看看大盘走势是否还支持对该股的短线介入，大盘自7月16日到现在已经收出5根阳线，到7月22日止已有3天攻击多空指标BBI显得乏力，即便是大盘明天冲上多空指标BBI线，估计也不会稳多久，而该股走势基本上与大盘同步，大盘不好当然会影响到该股，所以该股的走势后市不容乐观，令人担忧，看不准把握不好就不要操作，观察为主，大盘和该股的走势见下图：

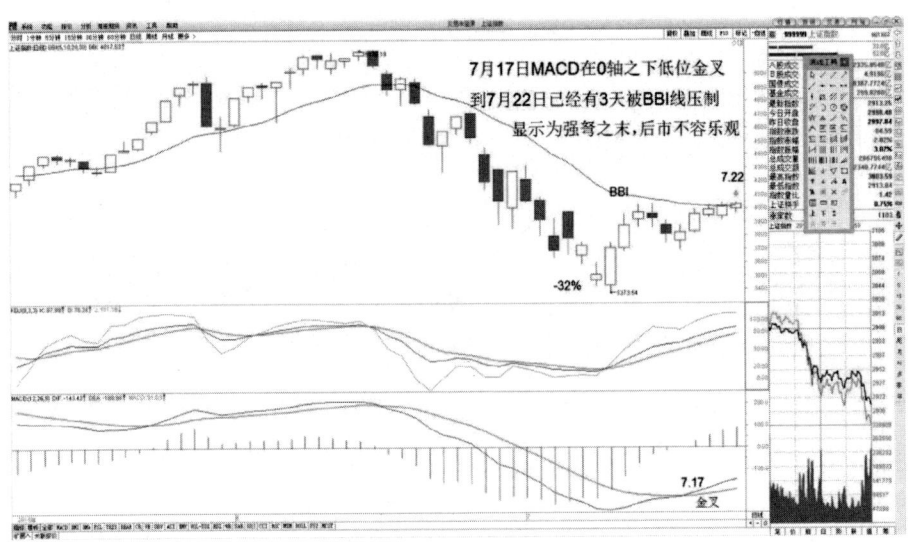

上证指数2015年7月22日走势图

第1章 MACD 指标概述

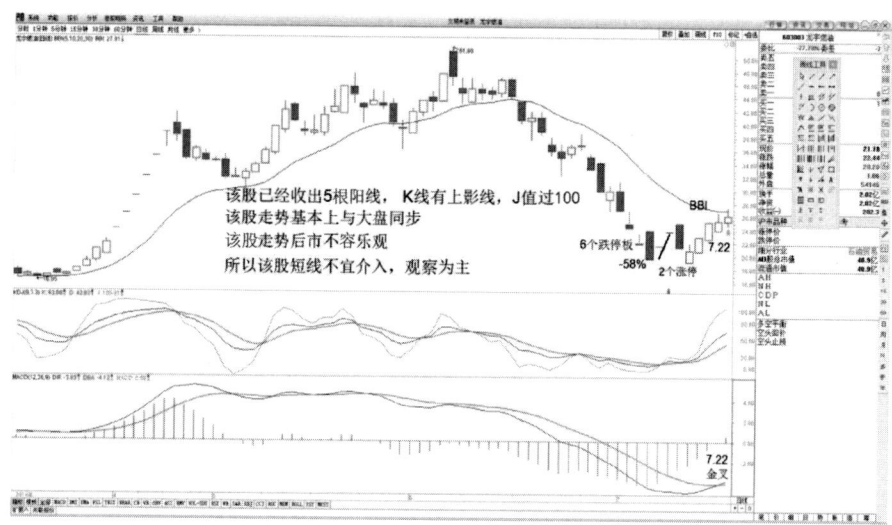

龙宇燃油（603003）2015年7月22日走势图

龙宇燃油后市走势见下图：

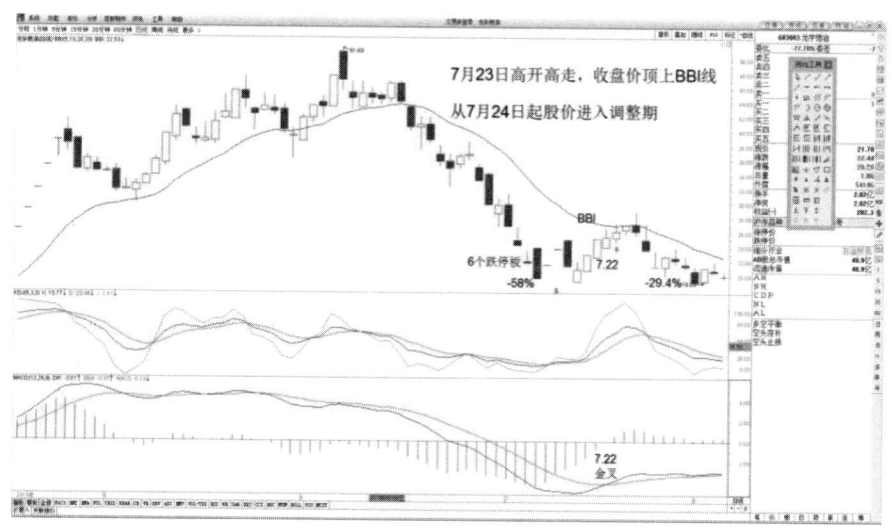

龙宇燃油（603003）2015年7月22日的后市图

小结：

大盘MACD金叉后反弹疲软，比大盘MACD在0轴之下低位金叉晚3个交易日的个股，尤其是在MACD金叉前后紧跟大盘走势的个股，大盘反弹已经到强弩之末时，此时个股MACD在0轴之下金叉，一般不提倡介入，观望为主，投资者应提高自己的防骗能力。

第8节 个股MACD比大盘的MACD第三次金叉提前1~3天金叉

前面列出的案例都是当个股ＭＡＣＤ在0轴之下低位第一次金叉时的前后走势及分析，而大盘ＭＡＣＤ在0轴之下也都是第一次金叉。现在研究，大盘ＭＡＣＤ在0轴之下第三次金叉，个股的金叉时间提前大盘1~3个交易日，或者是同日或者是晚1~3个交易日时，前面介绍的个股ＭＡＣＤ在0轴之下低位金叉短线介入操作手法是否还有效？或者收益情况能够好一些吗？

2015年9月10日，上证指数ＭＡＣＤ在0轴之下已经是第三次金叉了，第二次死叉只有一天马上又金叉了。从大盘走势看，前两次爬到多空指标BBI之上都没有站稳，这第三次大盘ＭＡＣＤ在0轴之下金叉后指数能否冲到BBI之上？考虑到前方的套牢盘还是比较大，从ＭＡＣＤ走势来看已经是底背离走势，即使爬上站不稳BBI线，下跌的空间也已经有限。这样9月10日前后个股ＭＡＣＤ在0轴之下金叉时短线介入风险就是很小了，见下图：

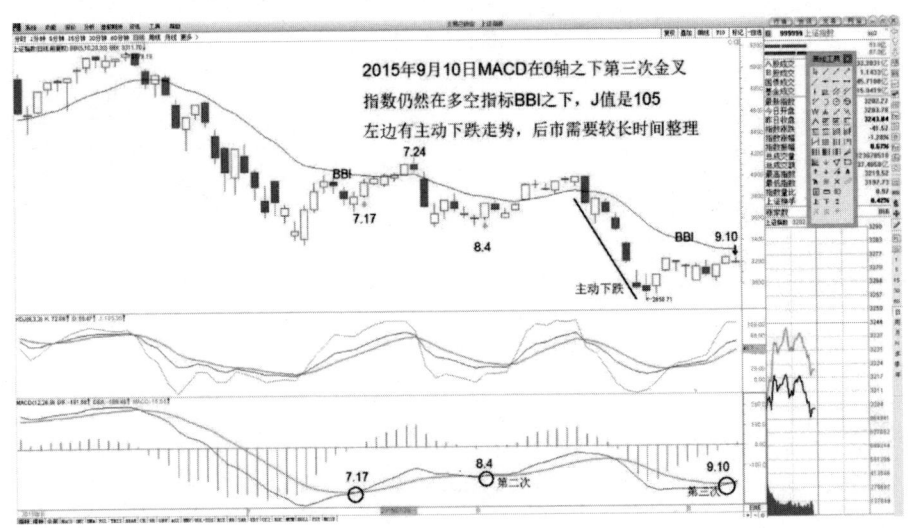

上证指数2015年9月10日走势图

从大盘在9月10日之后的走势来看，短线介入并不乐观。从9月10日向左看，有一个主动下跌走势，由于下跌比较急，空方力量没有得到充分释放，所以后市需要时间整理，达到多空双方平衡后，并且积蓄了大量的多方力量才能有所拉升，所以不能断言MACD在0轴之下第二次金叉后的反弹行情就比第一次好，第三次金叉就一定比第二次或者第一次好，有人把第三次金叉看成第三级火箭加速，认为是非常快的，但股票走势可不是绝对的。主要看形态，看技术指标，看套牢盘的大小，然后根据个股走势情况确定操作策略，大盘后市走势见下图：

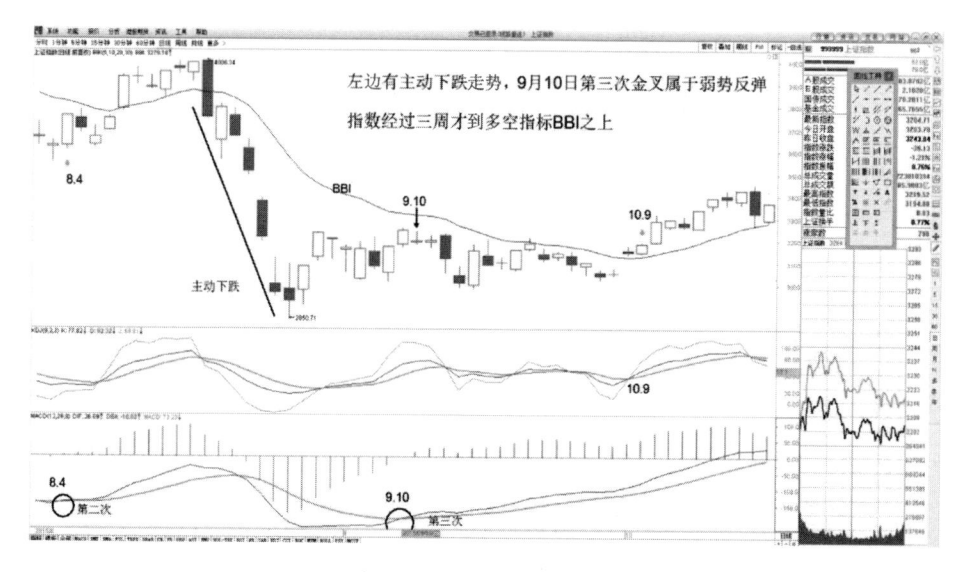

上证指数2015年9月10日的后市图

前1天：例1，电科院（300215）2015年9月9日MACD在0轴之下金叉，估计比大盘提前一天金叉。之前股价从高位连续有2个一字板和一个跌停板的下跌，经过横盘之后又有4个跌停板向下调整，累计跌幅56%，累计含有7个跌停板。之后该股在9月9日之前有连续四天收阳线，该股的走势与大盘走势大致相同，并且提前大盘一天MACD在0轴之下低位金叉，走势略强于大盘，但是股价仍然没有触及多空指标BBI线，这时一般不能次日介入，而是等待股价爬到BBI之上回调收阴时再寻求介入比较稳妥。大盘周KDJ死叉J线三次拐头向上几乎要成金叉状态，并且大盘在下跌的横盘中，有两次指数站到BBI之上，这些更增强了投资者介入该股进行短线操作的信心，该股走势见下图：

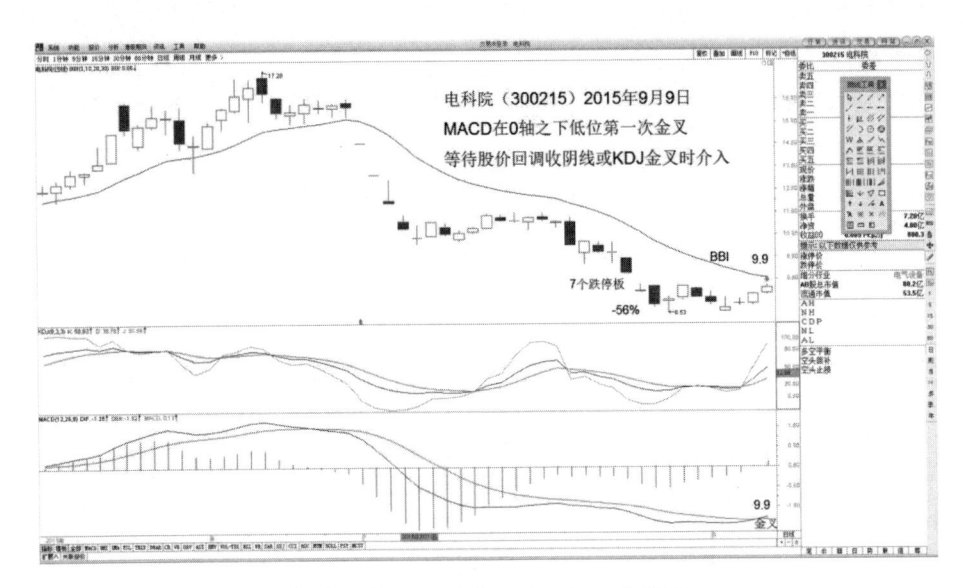

电科院(300215)2015年9月9日走势图

该股后市走势以及介入具体操作过程，见下图：

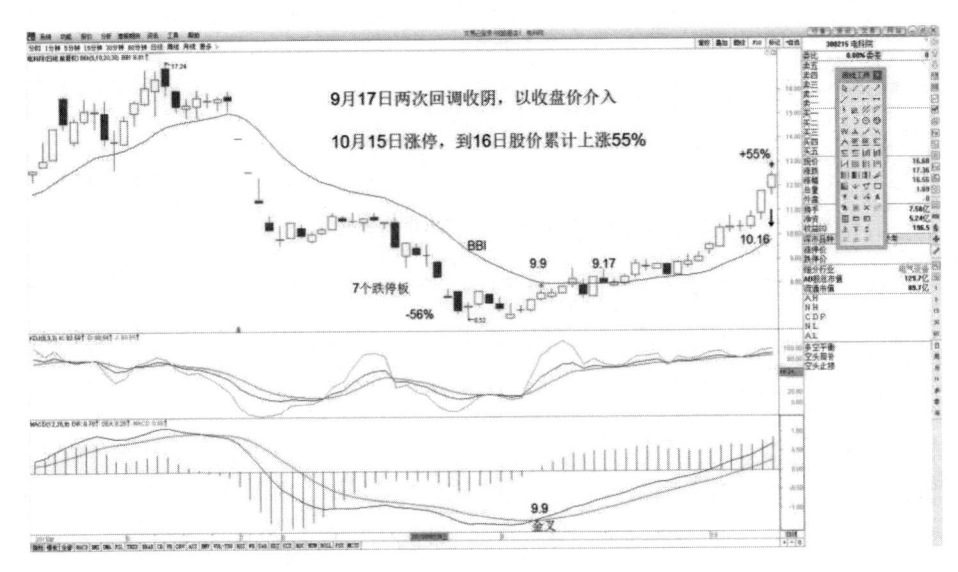

电科院(300215)2015年9月9日的后市图

9月17日是股价自9月9日后爬到多空指标BBI之上第二次回调收阴，而这次收阴股价却在BBI之上，预计股价再往下调整到BBI之下的概率很小，所以在9月17日以收盘价及时跟进。10月15日该股涨停，到10月16日股价累计上涨55%。

小结:

该股比大盘提前一天MACD在0轴之下低位金叉,该股的走势与大盘大致相同,略强于大盘,抓住股价在BBI之上回调收阴的契机,大胆跟进。

提前2天:例2,中国宝安(000009)2015年9月8日MACD在0轴之下低位第一次金叉。之前股价从高位经7个跌停板累计下跌62%,紧接着又有3个涨停板的拉升,拉开后又有3个跌停板致使股价累计下跌30%,后来经过两次反弹股价走势形成小双底形态,但是股价仍然在多空指标BBI之下,到了9月8日该股MACD在0轴之下低位金叉,目前股价距多空指标BBI线还是比较远,该股周J线明显向上走4周了,大盘背景好,所以等待股价冲击BBI回调收阴时见机介入,见下图:

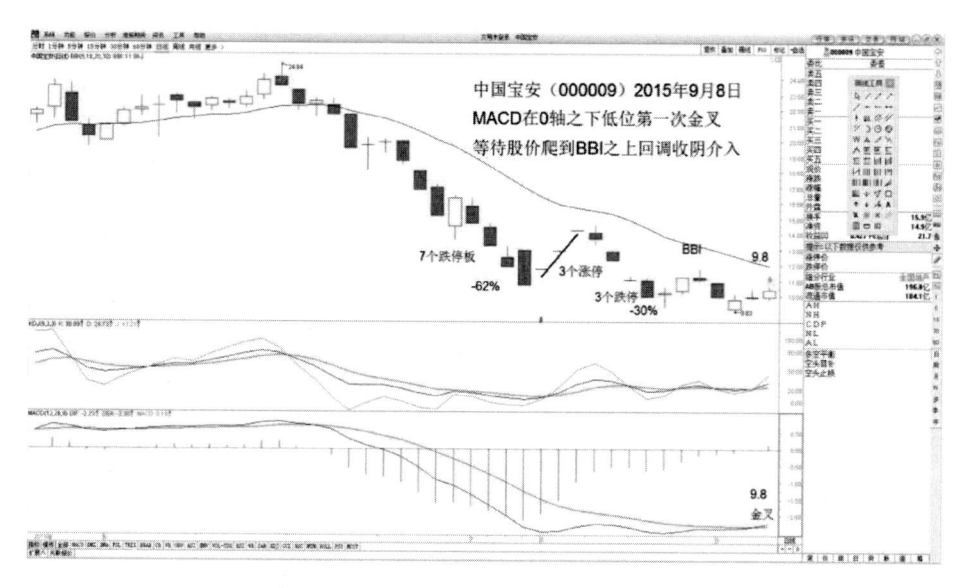

中国宝安(000009)2015年9月8日走势图

该股后市走势以及介入具体操作过程,见中国宝安(000009)2015年9月8日的后市图。

该股9月15日已是连续两天收阴,累计下跌19%,按照传统操作模式大胆以收盘价介入,持股5天股价在多空指标BBI附近收阴出局,获利17%。

该股第二种介入方法是:当股价爬到BBI之上,9月30日连续有两天收阴,当天收阴十字星,股价回调BBI之下不深,估计回调太深的可能性不大,所以以收盘价介入,以BBI为准绳,没有连续两天跌破BBI不出局,持股到10月27日获利66%。

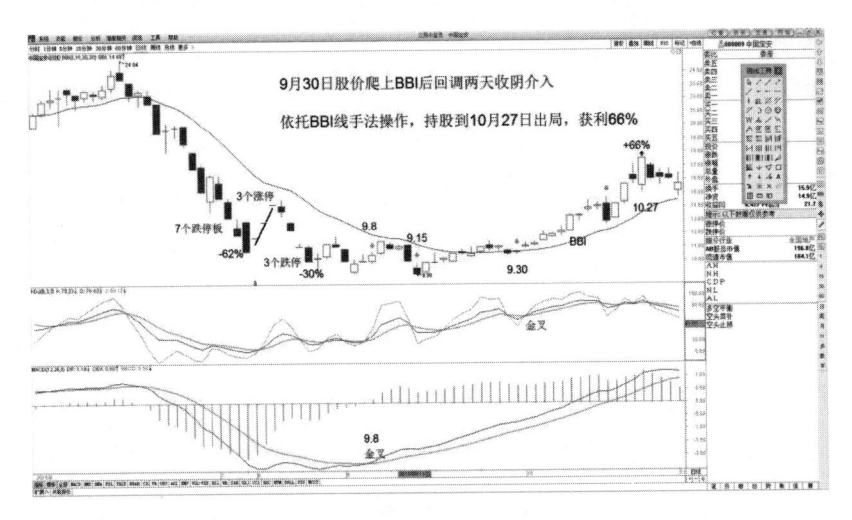

中国宝安（000009）2015年9月8日的后市图

小结：

该股比大盘9月10日提前两天MACD在0轴之下低位金叉，低位金叉是较弱的买入信号，由于该股走势与大盘走势大致相同，鉴于大盘MACD第三次金叉走势良好，投资者应大胆跟进。介入的点位灵活掌握，持股的方法依照BBI操作就好。

提前3天：例3，海天味业（603288）2015年9月7日MACD在0轴之下第一次金叉，估计要比大盘MACD在0轴之下第三次金叉提前3天。由于该股现在走势处于大箱体横盘中，还没有冲击箱顶，所以预计后市走势仍然很困难，次日低开介入，短线操作，见下图：

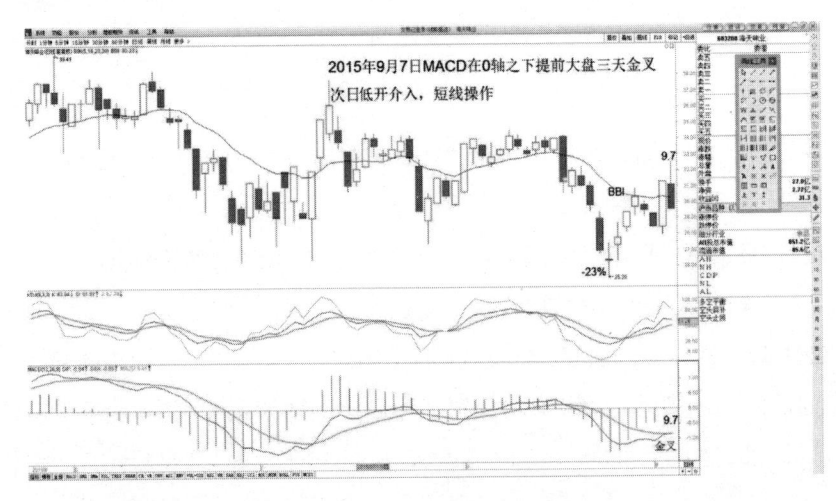

海天味业（603288）2015年9月7日走势图

该股后市走势以及介入具体操作过程，见下图：

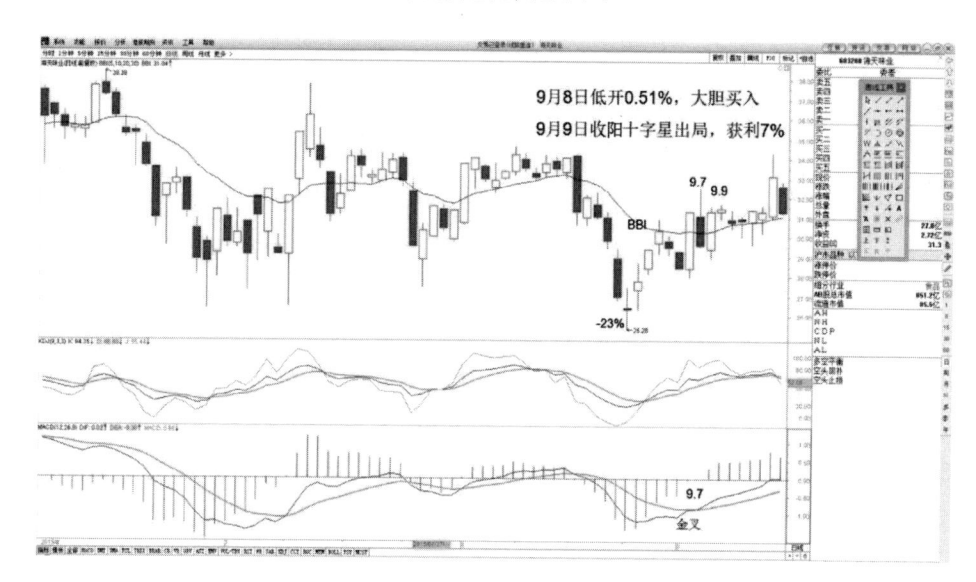

海天味业（603288）2015年9月7日的后市图

9月8日低开0.51%，大胆买入，9月9日上涨乏力，收一颗阳十字星出局，获利7%。

小结：

由于9月6日是涨停，9月7日回调5.59%并且留下长上影线，切记是短线行为，获利7%应该满足，落袋为安。

第9节　个股MACD在0轴之下金叉比上证指数的9月10日MACD第三次金叉晚1~3天

上证指数2015年9月10日MACD在0轴之下第三次金叉的前后走势以及分析在前一节已经进行了详细讲解，这里不再赘述。本节重点讲解个股情况为投资者进行操作分析。

晚1天：例1，百洋股份（002696）2015年9月11日在回调63%后，MACD在0轴之下低位第一次金叉，比大盘晚一天。该股前面的调整走势异常，在调整中，主力使用三个涨停板拉升股价，随之又使用三个跌停板使股价下跌，可谓手法刁钻，但不管主力随后怎么拉升和下跌调整，MACD在0轴之下低位的第一次金叉，也不可掩饰地告诉我们，即便是下跌的中继，下跌的空间也很小，暂时企稳，但启动反弹的可能性很大。由于9月11日的股价离多空指标BBI线还较远，所以等待股价回调收阴见机介入，见下图：

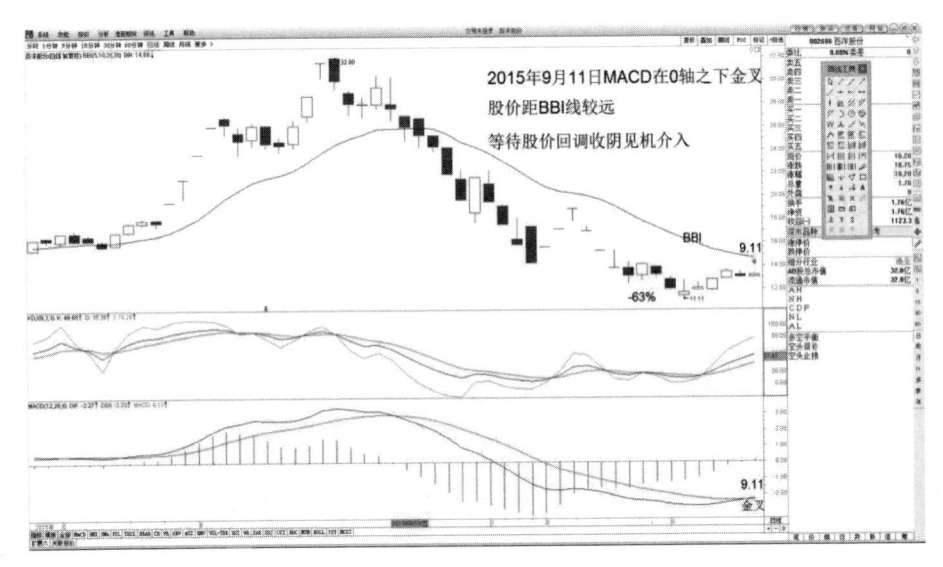

百洋股份（002696）2015年9月11日走势图

该股后市走势以及具体的操作过程见下图：

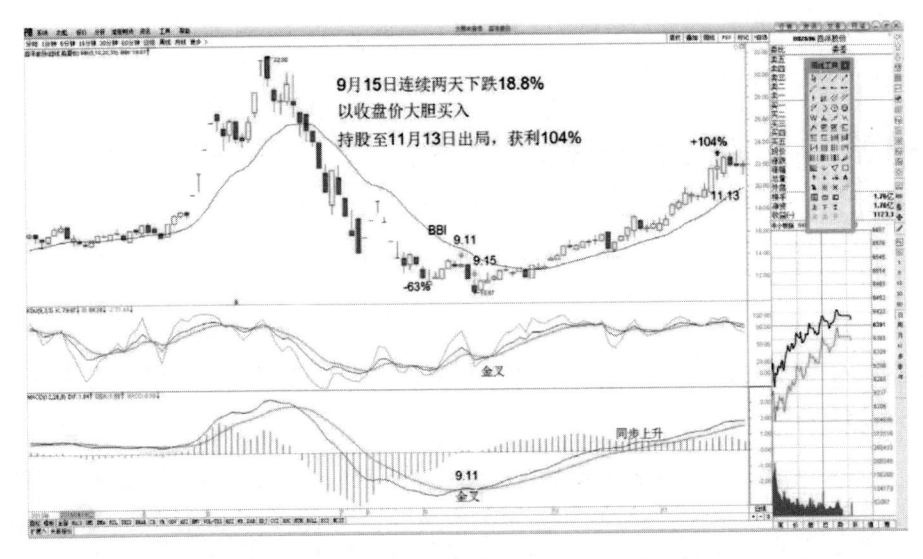

百洋股份（002696）2015年9月11日的后市图

9月14日跌停，9月15日下跌9.78%，按照原计划股价回调收阴以收盘价买入。

根据大盘及该股的走势，MACD与股价处于特别上升行情，所以持股到11月13日，由于前一个交易日是涨停，今天是收阳十字星，决定出局，获利104%。

小结：

个别主力操盘手法刁钻，古怪！比如它在下跌中采取三个涨停板，可是紧接着就是三个跌停板，诱多。这样操作后市总是有目的，多数是后市有一个惊心动魄的拉升。走势上，该股从单峰几乎是飞流直下地调整下来，主力洗盘手法刁钻，干净彻底，后来形成小双底形态，跟随大盘股价与MACD走同步上升模式，操作以BBI为准绳，获利颇丰。

晚1天：例2，万马股份（002276）2015年9月11日MACD在0轴之下比大盘晚一天金叉。该股之前的走势是从高位向下调整64%，其中含有6个跌停板，之后经过两次反弹股价走势形成小双底状态，由于9月11日的股价离多空指标BBI线还较远，所以等待股价回调收阴见机介入，见下图：

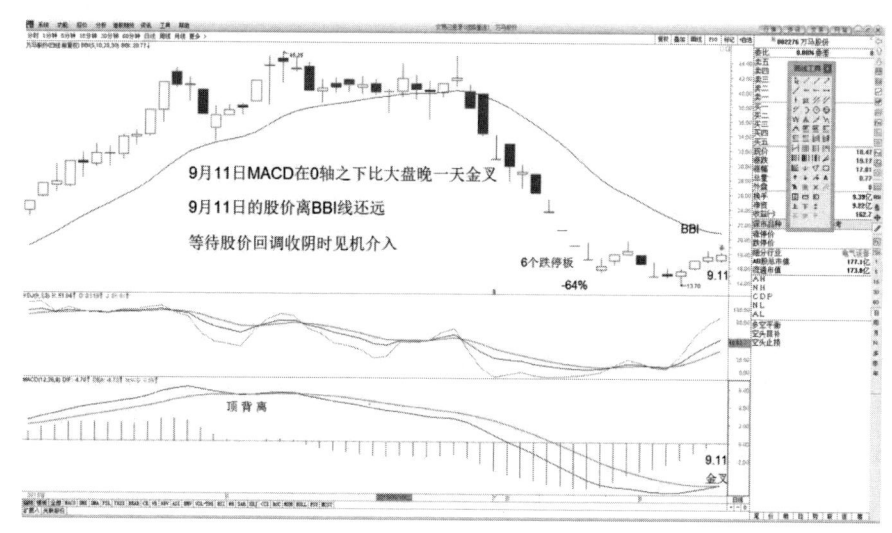

万马股份（002276）2015年9月11日走势图

该股后市走势以及具体的操作过程见万马股份（002276）2015年9月11日的后市图。

9月15日该股已经有两天跌停，以收盘价介入。之后股价与MACD处于同步上升走势，到了10月14日股价反弹到黄金分割位0.5位置，股价站上55M线，昨天股价涨停，今天收出长上影线的阳线，确定出局，获利95%。

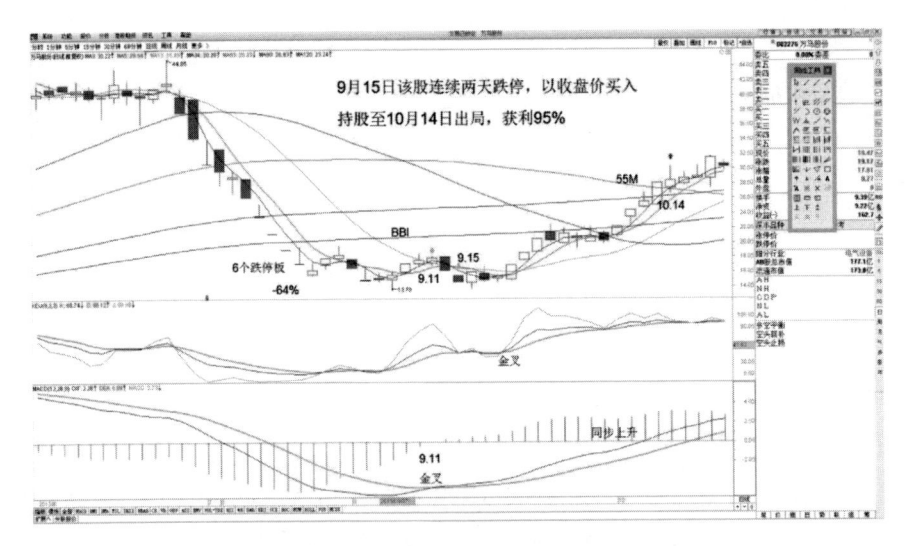

万马股份（002276）2015年9月11日的后市图

小结：

该股MACD金叉虽然比大盘晚一天，由于该股前期调整幅度深，又形成小三重底状态，大盘背景好，股价走势又与MACD同步，所以敢安心按照常规持股到55M处，也是黄金分割位的0.5位置，不算过分。

晚2天：例3，博信股份（600083，现ST博信）2015年9月14日MACD在0轴之下比大盘晚2个交易日金叉，但是股价跳空上涨到多空指标BBI之上的走势有诱多嫌疑，等待股价收阴或者KDJ金叉时介入，见下图：

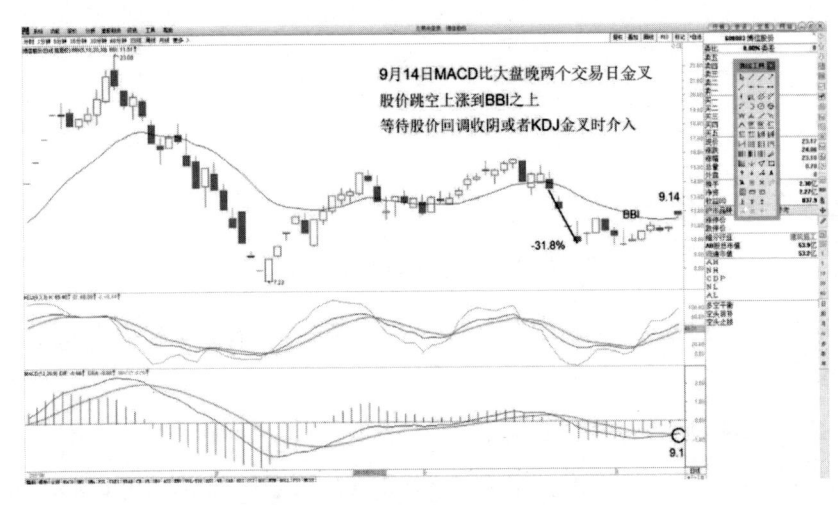

博信股份（600083）2015年9月14日走势图

该股后市走势以及具体的操作过程见下图：

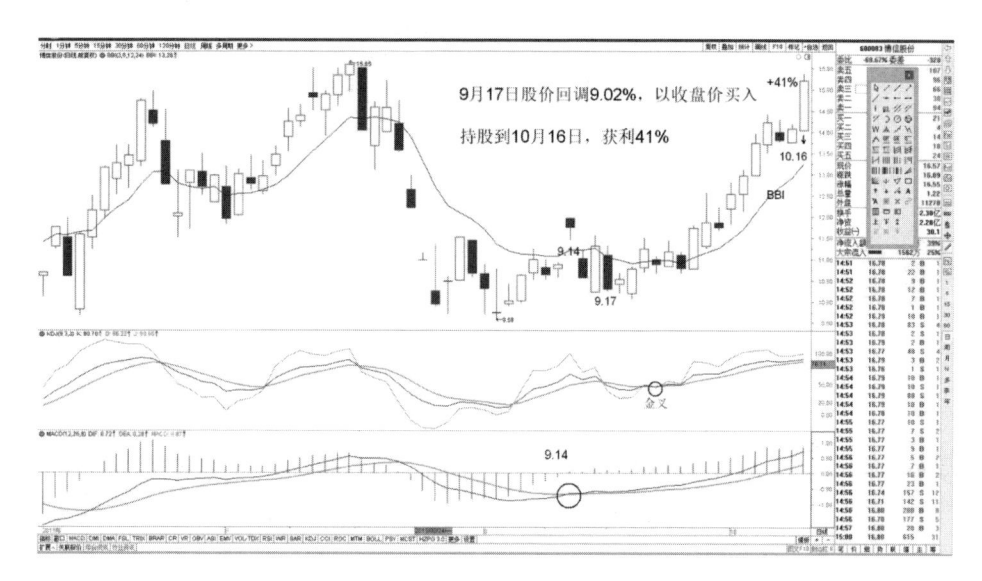

博信股份（600083）2015年9月14日的后市图

9月17日股价经过第二次回调累计回调9.02%，虽然KDJ没有金叉，股价调整显得不太稳还是可以介入的，此后股价上涨41%。

小结：

先说大盘2015年9月10日ＭＡＣＤ在0轴之下第三次金叉时情况，指数仍然在多空指标BBI之下，况且它的左边有一个主动向下急跌走势，多空双方没有得到一个平衡调整机会，所以在9月10日之后需要一个调整时间才能拉升，对个股而言ＭＡＣＤ比大盘晚几天金叉可能不是坏事，虽然博信股份（600083）在9月17日股价向下调整很深，但稳健投资者不妨等到KDJ金叉清晰时介入也不迟。

晚3天：例4，西藏药业（600211）在2015年9月15日比大盘晚3个交易日金叉。9月15日股价低开低走下跌6.27%，两天累计下跌8.16%，所以当天可以在收盘价介入，短线操作，该股股价冲到多空指标BBI之上就准备出局。

另一个买入方法是等待KDJ金叉时介入，由于调整比较充分，所以可以持股时间长一些，见下图：

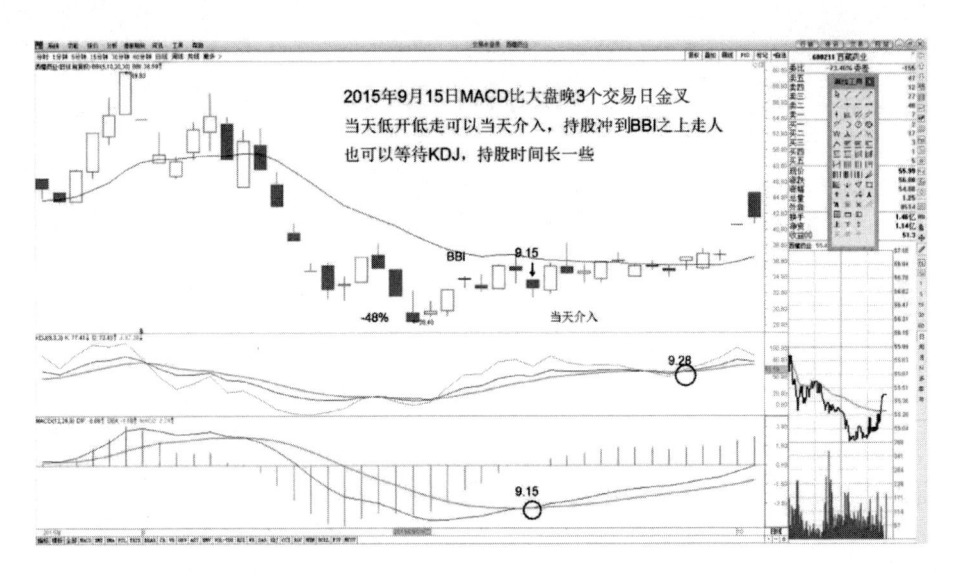

西藏药业(600211)在2015年9月15日的后市图

晚3天：例5，开开实业(600272)2015年9月15日比大盘晚3个交易日金叉。9月15日股价低开6.64%高走，上涨0.54%，并且股价冲到多空指标BBI之上然后回调收出一条长长的上影线，以当天的收盘价介入也可以，在盘中寻求低点介入也可以。9月16日涨停，9月17日冲高卖出，短线操作绝不恋战。

也可以等待KDJ金叉时买入，因为股价经过一段时间的整理，KDJ金叉短期买入信号出现，介入的可靠性比较强，见下图：

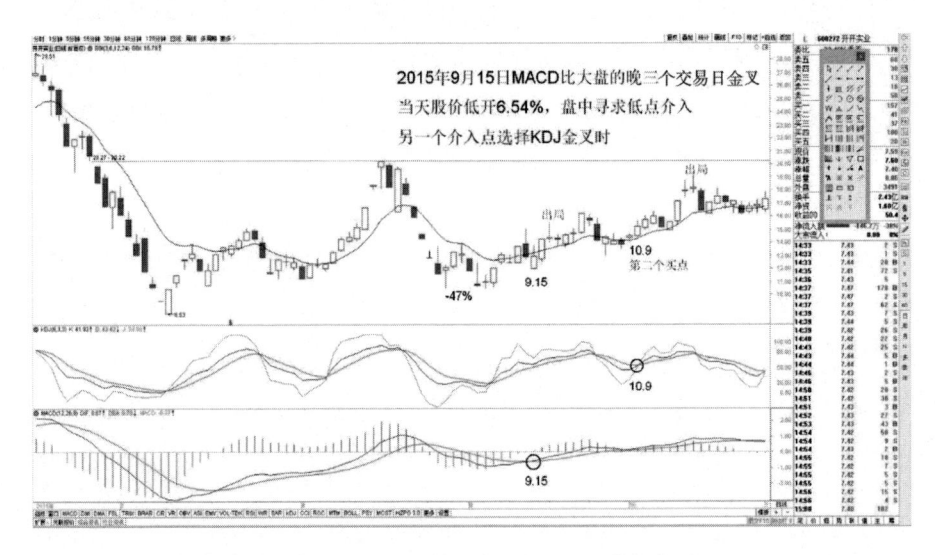

开开实业(600272)2015年9月15日的后市图

小结：

由于大盘9月10日MACD在0轴之下是第三次金叉，说明大盘在弱势区经过充分的调整，后市厚积薄发。当然，个股MACD在0轴之下虽然是第一次金叉，赶上有大盘在。0轴下有三次金叉这样好的背景，所以本来是短线操作的就变成中线持股。例如前面的案例"百洋股份"等收益都是过百。

大盘MACD在0轴之下第三次金叉的位置在底部，慢慢向上爬，股价处于整理过程中，所以当个股MACD晚于大盘3天金叉，除有短线机会外，还有等待KDJ金叉后的中短期机会。

第10节 创业板个股的MACD在0轴之下与创业板指数的MACD同日金叉

前面举出上证指数、深证成指的成分股和中小板的股票的MACD与上证指数MACD同日金叉的例子，例中个股随大盘走势都有一轮拉升行情。现在看一下创业板股票的MACD与创业板指数的MACD同日金叉的情况，看看这些股票后市走势如何？创业板指数2015年9月10日的后市见下图：

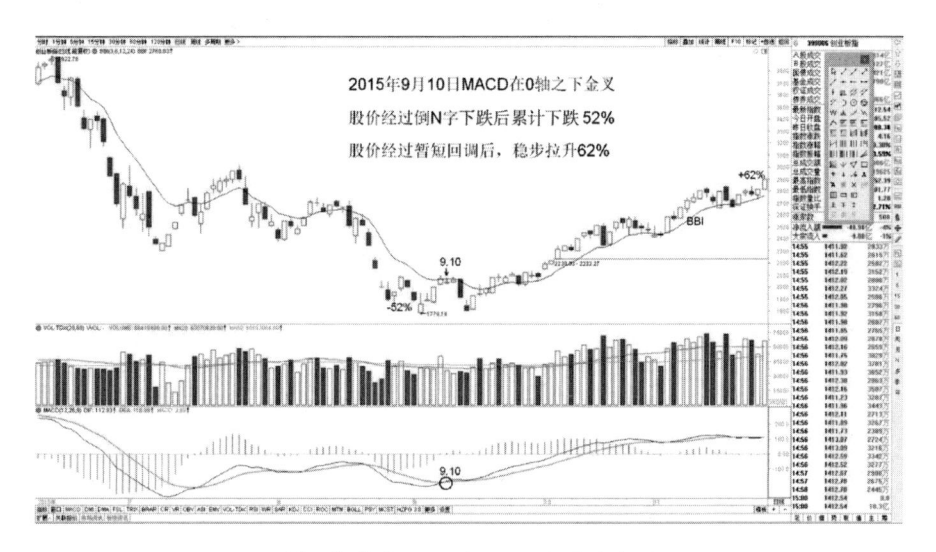

创业板指数2015年9月10日的后市图

创业板指数的MACD 2015年9月10日在0轴之下第三次金叉,之后经过两三天的短暂调整开始一波稳步拉升行情,涨幅达到62%。

为什么MACD第三次金叉之后,创业板指数能够稳步拉升,走势这么好?前两次MACD金叉后行情为什么就没有能够展开?细分析下,原因有好多,简单来说就是跌幅不够,时间不到。

第一次跌幅是40%,反弹26%。第二次MACD金叉后出现与股价顶背离走势。第三次指数向下调整30%,累计跌幅达52%。之后股价走出一个双底走势,所以这一次MACD在0轴之下金叉不但跌幅够而且走势形态好。并且此时上证指数的MACD也在0轴之下金叉,形成板块指数联动的背景,所以创业板指数这次走好是理所应当的。下面请看创业板个股的走势。

当日:例1,天源迪科(300047)2015年9月10日MACD在0轴之下低位与创业板指数的MACD同日金叉,之前股价从高位连续有4个一字板跌停,经过横盘之后又开始向下调整,累计跌幅71%,其中累计含有10个跌停板。之后股价反弹到多空指标BBI之下,MACD在低位金叉,由于该股的股价仍然在BBI之下,还是等待股价冲击BBI回调收阴或KDJ金叉时见机介入,见下图:

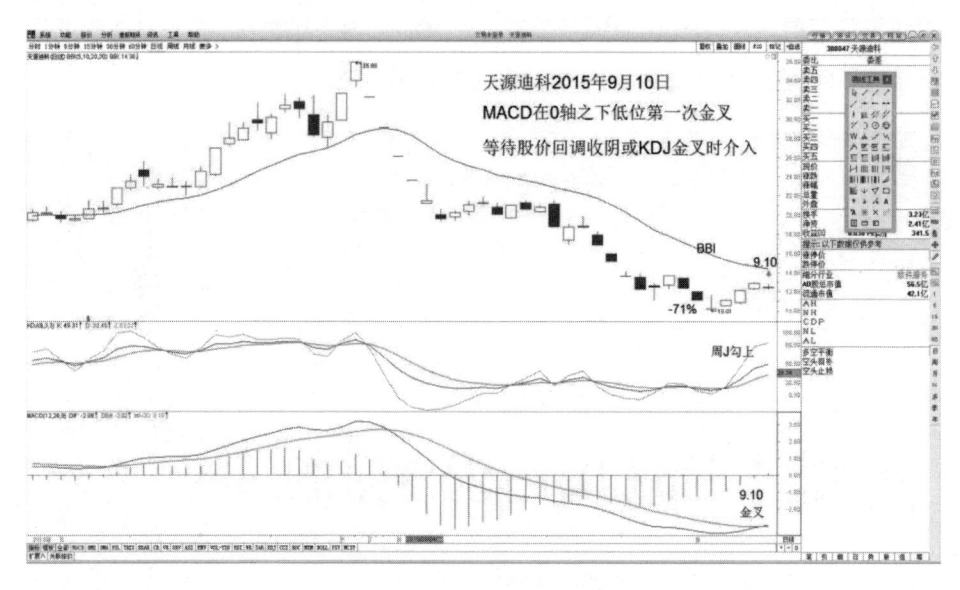

天源迪科(300047)2015年9月10日走势图

该股后市走势以及介入具体操作过程见下图:

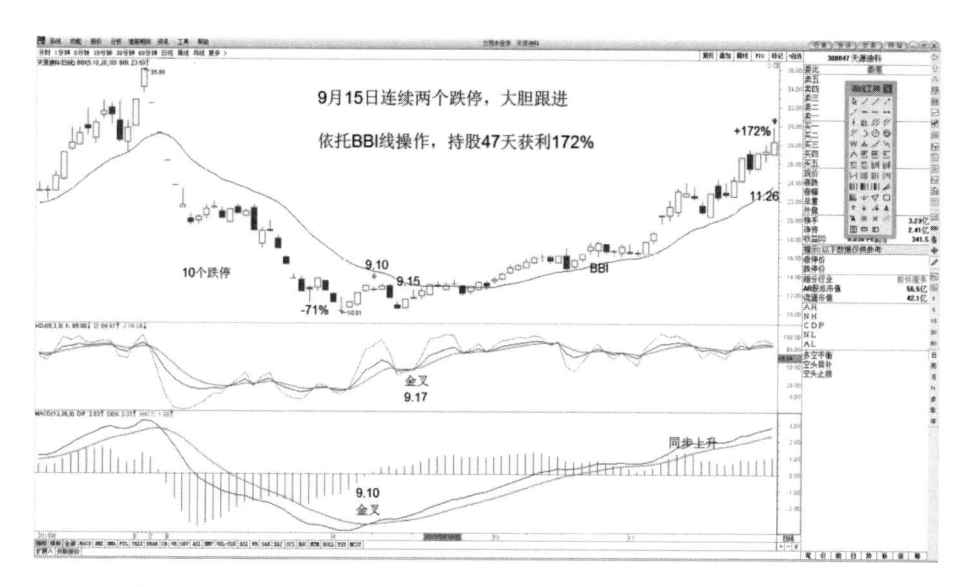

天源迪科（300047）2015年9月10日的后市图

创业板9月14日向下调整7.49%、15日向下调整5.7%，而该股这两天（14日、15日）是跌停板。可以看出该股与创业板指数走势同步，并且弱于创业板指数。现在该股回调收阴，9月15日大胆跟进。

依托BBI线持股操作，没有连续两天有效跌破BBI线不出局，持股到11月26日股价收出一条长上影线，同时发现红柱伸长乏力，也就是多方力量减弱，决定出局，获利172%。

小结：介入该股能够获得如此丰厚的利润因为抓住以下几点：

（1）该股跌幅比较深；

（2）该股走势与创业板指数大致相同；

（3）依据多空指标BBI线操作以逸待劳，收益可靠。

当日：例2，富瑞特装（300228）2015年9月10日MACD在0轴之下低位与创业板指数的MACD同日金叉。该股在金叉之前的走势与一般MACD低位金叉的股票走势有些不同，在虚浪拉升后的单头情况下股价就连续三天收阴回调，随后MACD在高位死叉，股价就开始了下跌——横盘——下跌的走势。而该股的主力采取一字板跌停的调整，这种洗盘手法久横必跌比较隐蔽，杀伤力比较大，最后含有8个跌停板累计下跌66%，跌回到上涨的起始点。该股MACD是与创业板指数同一天在0轴之下低位金叉，跌势比创业板指数还凶，所以期待该股后期必然会有一轮强有力的反弹行情。股价9月10日离多空指标BBI线还比较远，因此等待股价冲击BBI线回调收阴或KDJ金叉时，见机介入，见下图：

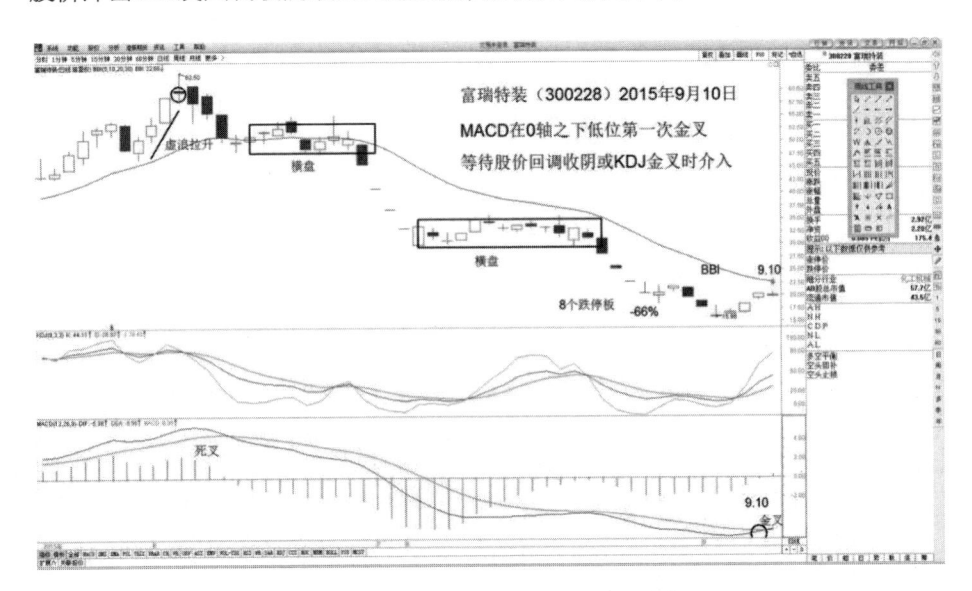

富瑞特装（300228）2015年9月10日走势图

该股后市走势以及具体的操作过程见下图：

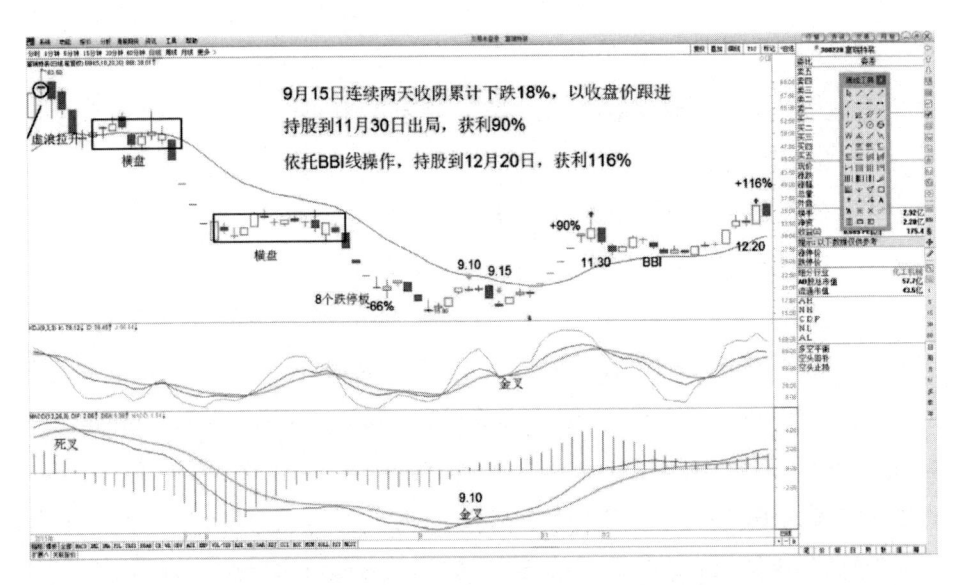

富瑞特装（300228）2015年9月10日的后市图

9月15日连续两天收阴,累计下跌18%,以收盘价介入,持股有两种方案:

第一种,股价连续上涨5个涨停板后,到11月30日收出长上影线出局,获利90%;

第二种,持股方案是依托BBI线操作,没有连续两天跌破BBI线不出局,持股到12月20日出局获利116%。

小结:

该股下跌操作手法非常规,杀伤力特大,由于MACD在0轴之下低位金叉与创业板指数是在同一天,该股周J线稳步向上,相信该股的主力不会放弃创业板指数MACD金叉时的起爆机会,等待股价回调后收阴或者KDJ金叉大胆跟进。

当日:例3,金明精机(300281)2015年9月10日MACD与创业板指数的MACD同日金叉,股价放量涨停并站到BBI之上。该股前期走势是从高点经过下跌、横盘、再下跌,最后跌幅达到69%,反弹后到MACD在0轴之下金叉,迎来一波五连阳的上涨。

虽然创业板指数背景好,但是该股已经五连阳累计反弹25%之多,等待股价回调收阴或者等待KDJ金叉时买入,见下图:

金明精机(300281)2015年9月10日走势图

该股的后市走势以及操作过程见下图:

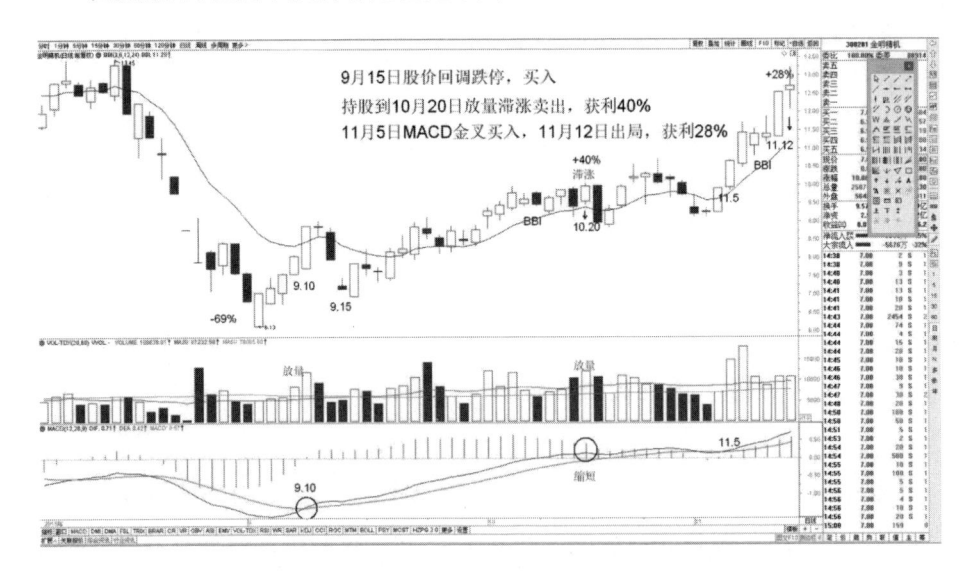

金明精机(300281)2015年9月10日的后市图

9月15日股价回调跌停,买入。

持股到10月20日放量发现滞涨,并且还发现MACD红柱逐步在缩短,说明上升动力在减弱,决定出局,获利40%。

11月5日MACD在0轴之上第一次金叉,股价已经站到多空指标BBI之上,决定买入,持股到11月12日,股价收出一颗阳十字星决定出局,获利28%。

小结:

股价调整69%比较充分,储备做多力量,MACD在0轴之下与创业板指数同日金叉,借助大背景利好,期待反弹时间和空间。

当日:例4,科融环境(300152)2015年9月10日MACD与创业板指数的MACD同日金叉,该股前期走势是从高点经过下跌、宽幅横盘、再下跌,最后跌幅达到61%,大量消耗空方力量,迎来一轮四连阳的27%的反弹。

虽然创业板指数背景好,但是该股已经四连阳的反弹,股价仍然没有爬到多空指标BBI之上,等待股价回调收阴或者等待KDJ金叉时买入,见下图:

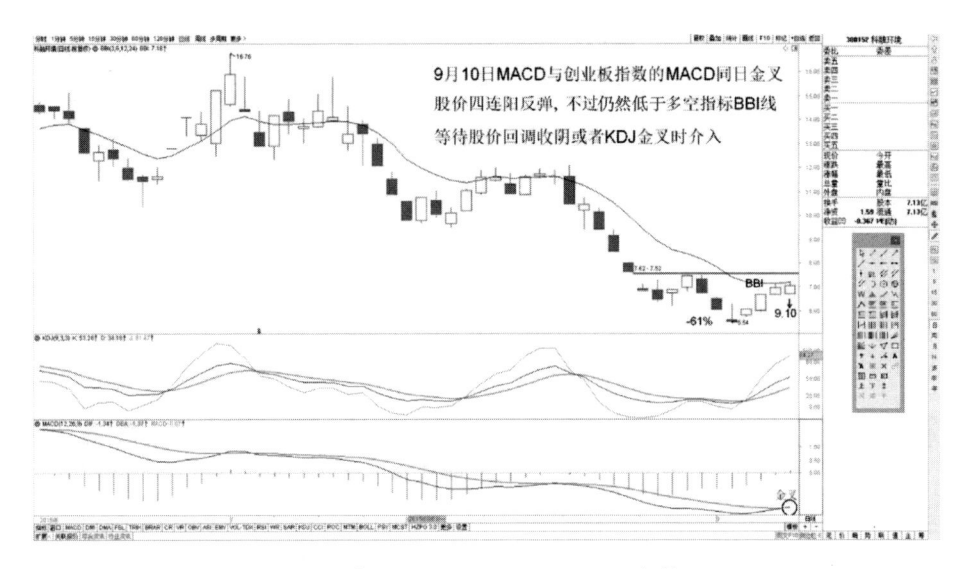

科融环境（300152）2015年9月10日走势图

该股的后市走势以及操作过程见下图：

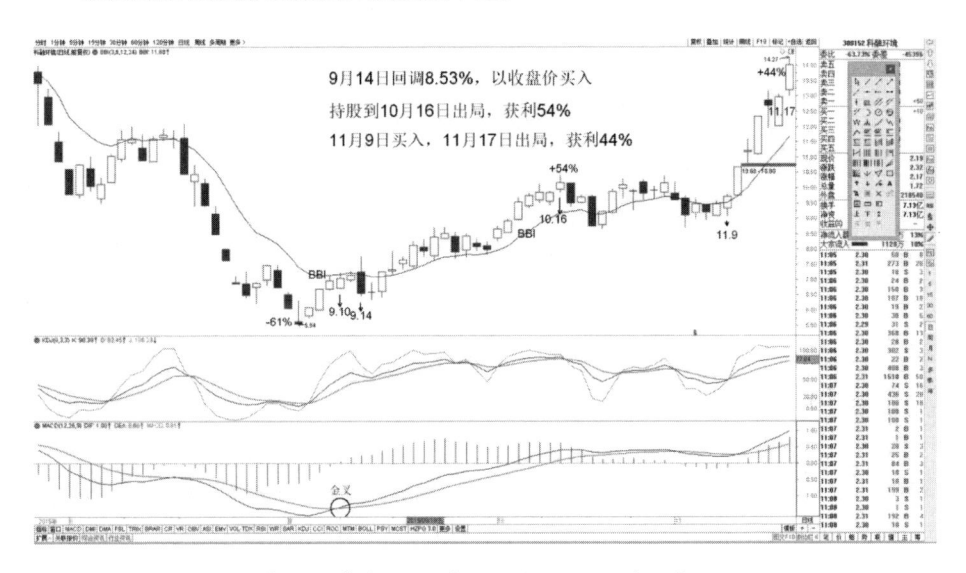

科融环境（300152）2015年9月10日的后市图

9月14日股价回调8.53%，以收盘价买入。

持股以多空指标BBI线为准绳，股价没有连续两天跌破BBI线不出局。到10月16日，股价虽然还在BBI线之上，但是股价已经连续7天收阳，出现小实体上影线阳线，决定出局，获利54%。

11月9日股价爬到多空指标BBI线之上，并且技术指标KDJ以及MACD先后金叉，决定以收盘价买入。持股到11月17日，股价已经连续几天收阳线决定出局，获利44%。

小结：

股价调整61%比较充分，储备做多力量，MACD在0轴之下与创业板指数的MACD同日金叉，借助大背景利好，期待反弹的时间和空间。

第11节　当个股MACD在0轴之下低位第一次金叉时，发现该股之前的走势正好与大盘走势相反

当个股MACD在0轴之下低位第一次金叉时，发现该股之前的走势正好与大盘走势相反，大盘一直在上涨个股却一直是在下跌。而大盘指数由高位回撤到0轴反弹时，该股却义无反顾地跟随大盘一起上涨，请看下面的案例。

首先看大盘走势图：

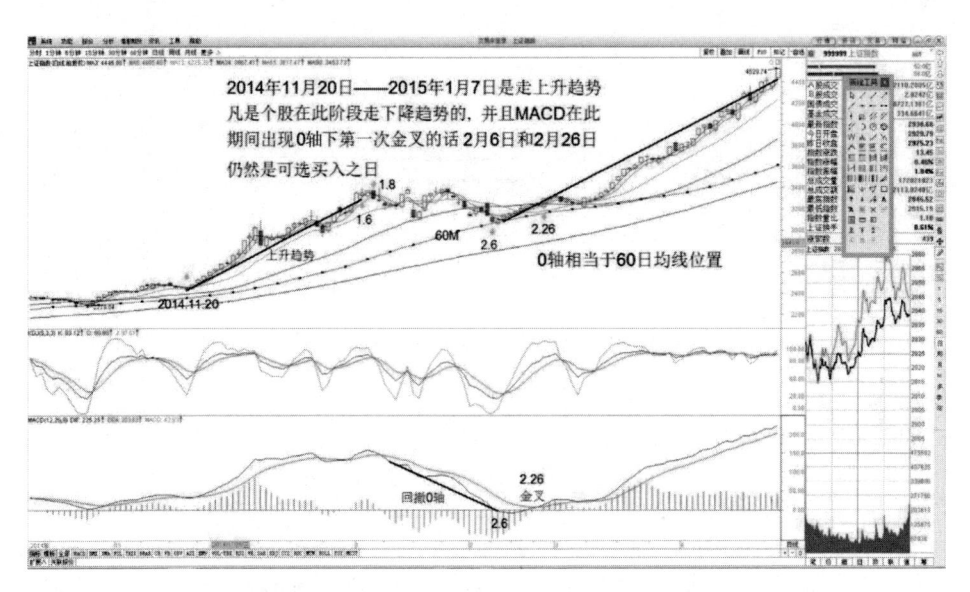

上证指数2014年11月20日——2015年4月27日走势图

例1，天目药业（600671，现ST天目）2015年1月6日MACD在0轴之下第一次

金叉，这也是该股从2014年11月3日MACD与股价同步下跌以来在0轴之下第一次金叉。同时，2014年11月20日—2015年1月6日期间大盘是走上升趋势的，而该股在此期间是逆着大盘走下跌趋势，由于该股在这一阶段把做空力量消耗殆尽，积蓄了大量的做多力量，所以后市可以期待跟随大盘一起走同步上升行情。

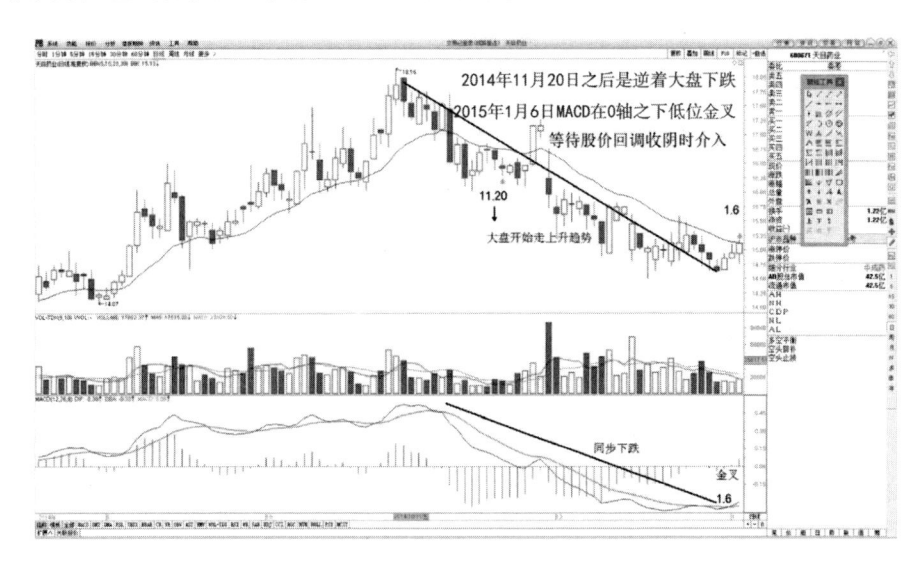

天目药业（600671）2015年1月6日走势图

该股后市走势以及操作过程见下图：

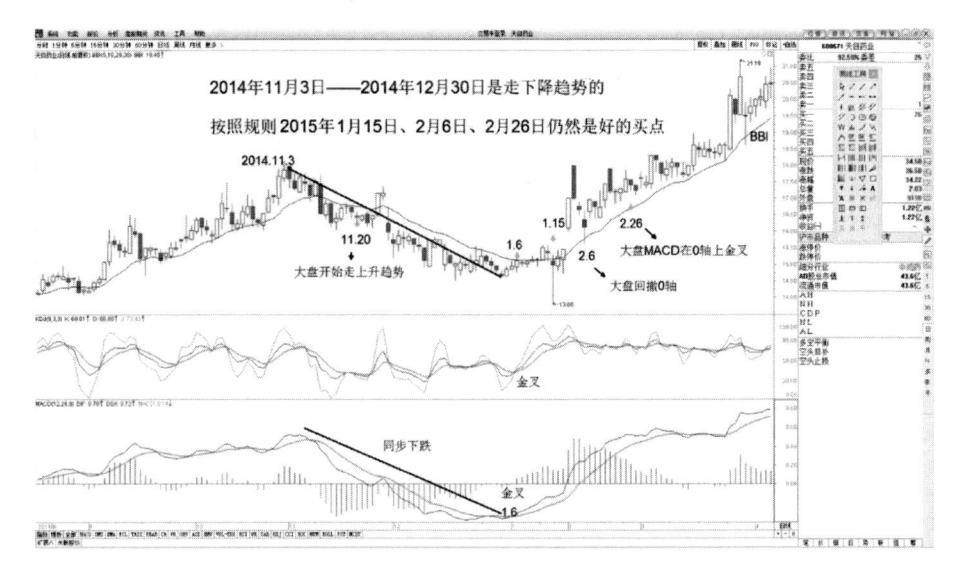

天目药业（600671）2015年1月6日的后市图

该股在1月15日股价从多空指标BBI之上回调收阴，此时可以开始介入，不过这一天回调瞬间的下影线太长，不宜把握，可以以收盘价介入。

2月6日是大盘MACD的快线下0轴，慢线还没有下0轴，并且绿柱缩短之日，也是该股股价回踩多空指标BBI之日，这一天是介入机会。

2月26日是大盘ＭＡＣＤ的快线上０轴与慢线金叉的日子，这天是稳健投资者求之不得的介入好机会。此后可以看到该股的走势与大盘保持同步上升。

小结：

在个股ＭＡＣＤ在０轴之下低位第一次金叉时，尽管之前的走势是逆着大盘而行，但等到大盘ＭＡＣＤ回撤到０轴反弹之时，个股由于前期积蓄了做多力量，后市不会放过跟随大盘走同步上升行情的机会，股价上涨106%。

例2，上港集团（600018）2016年6月29日ＭＡＣＤ在０轴之下低位第一次金叉，虽然上证指数在０轴之上股价与ＭＡＣＤ处于同步下跌走势，但是该股从6月13日一直处于横盘箱体震荡走势中，因此等待股价回调收阴时可以买入，见下图：

上港集团（600018）2016年6月29日走势图

第 1 章　MACD 指标概述

该股后市走势以及操作过程见下图：

上港集团（600018）2016年6月29日的后市图

7月1日连续两天回调收阴，以收盘价买入，此后股价上涨13.5%。

小结：

该股6月29日MACD在0轴之下第一次金叉，之前该股是横盘整理走势，而大盘是小幅反弹上升走势，该股与大盘走势有些不一致，此时抓住金叉后的调整大胆买入。

例3，金鹰股份（600232）2015年1月8日MACD在0轴之下低位第一次金叉，这也是该股从2014年12月3日MACD与股价同步下跌以来在0轴之下第一次金叉。可是该股自2014年12月3日至2015年1月7日一直是与大盘逆着走。2015年1月12日这天大盘MACD在高位死叉向下。那么该股后市走势中是否要等到大盘MACD回撤到0轴反弹时才有介入点呢？按照常理说应该是这样，但是具体问题也要具体分析。该股是否按照常理出牌？大盘一直上涨，它却一直下跌，这样它把空方力量消耗殆尽，积蓄了大量做多力量，能够耐心等待大盘MACD回撤0轴吗？尤其是该股在2015年1月7日—1月9日股价已经到了多空指标BBI之上，这说明多方已经表现出拉升股价的欲望和迹象。按理说1月12日股价回调收阴就是介入点，实际这天收盘价下跌1.88%，最低点是6.10元，振幅是5.02%，K线具有上下影线，明显是主力洗盘走势而不是出货行为，抓住这点蛛丝马迹投资者可大胆跟进。

但是令人意想不到的是，该股次日停牌5个月，6月15日复牌连续9个涨停板，也可以说是补涨，总算给事先买入者一个安慰，见下图：

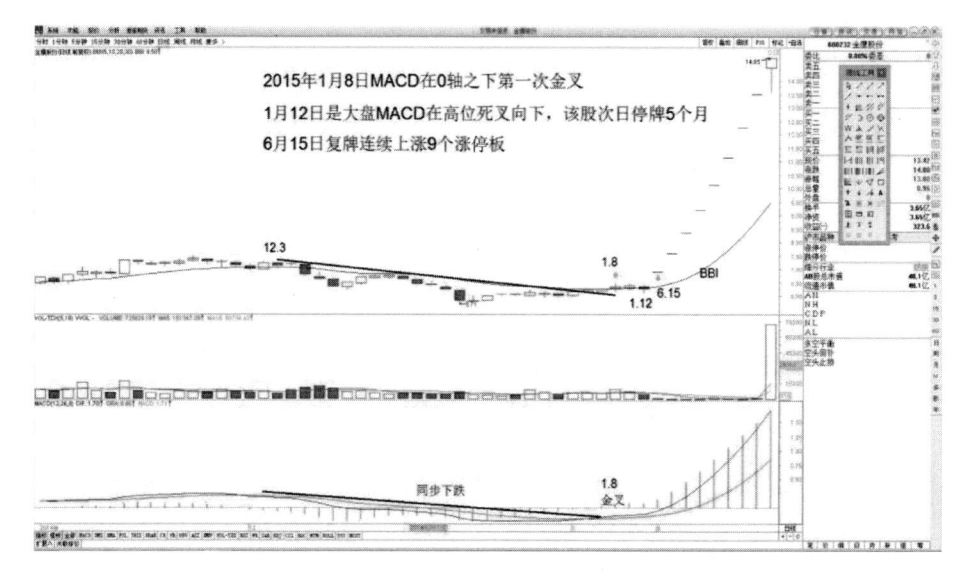

金鹰股份（600232）2015年1月8日走势图

小结：

凡是长期与大盘逆着走的股票，其中必有一些值得我们关注的地方，就看投资者的破译能力。

第12节　个股的走势要参考自己操作的股票所在板块的指数走势才靠谱，要门当户对才行

例1，雅本化学（300261）2015年1月7日ＭＡＣＤ在０轴之下第一次金叉，该股走势与上证指数走势相背，与创业板走势相符，随后随创业板走出一波独立行情，见下图：

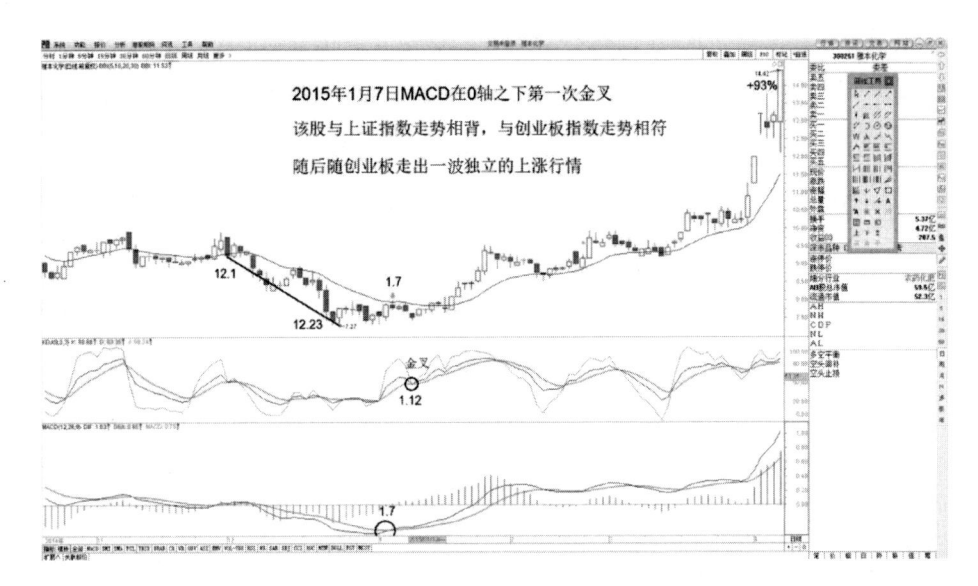

雅本化学（300261）2015年1月7日的后市图

从图中可以见到，在2015年1月7日MACD金叉之前的2014年11月21日—12月23日期间，该股的MACD与股价处于同步下跌走势。查看1月7日的股价仍然是在底部区域，还在多空指标BBI之下，对该股如何操作可以把上证指数走势作为参考，见下图：

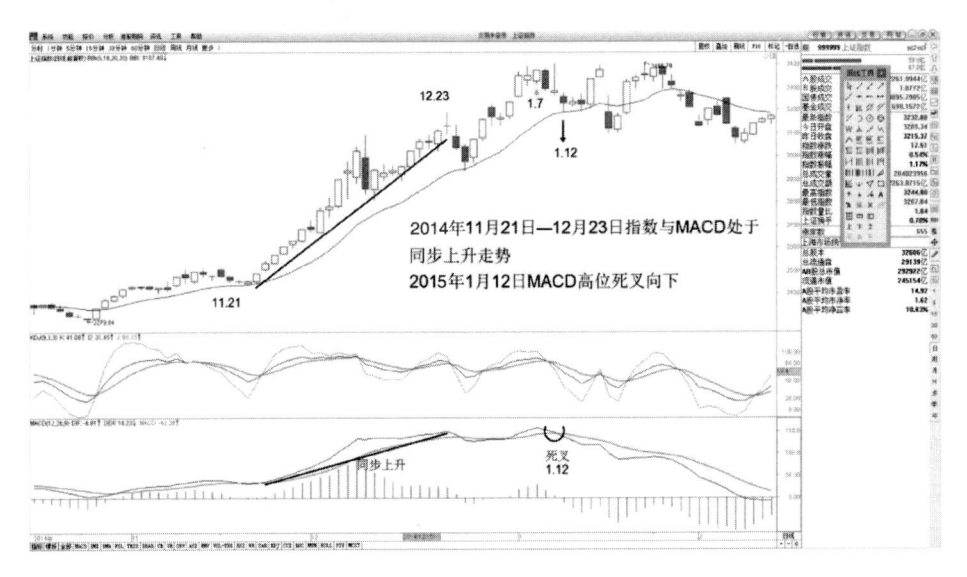

上证指数2014年11月21日—2015年1月12日的后市图

从上证指数的走势可以见到，2015年1月7日大盘的指数已经在高位，预计后市1月12日MACD在高位要死叉，因此不管从当前走势或者后市预测来看，雅本化学（300261）2015年1月7日MACD金叉后市不容乐观，但是不要忘记雅本化学（300261）是创业板的股票，应该参考创业板指数走势才更准确一些，见下图：

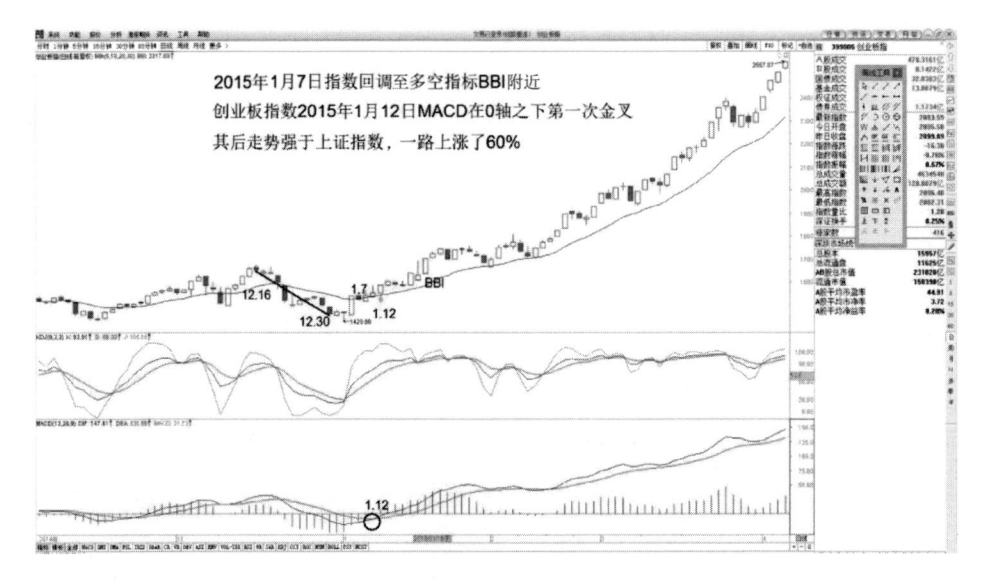

创业板指数2015年1月12日的后市图

从创业板指数走势与上证指数走势对比来看，两者走势是相背的，雅本化学（300261）走势完全符合创业板指数走势，2015年1月7日前有一段MACD也与指数是同步下跌走势。1月7日该股MACD提前创业板金叉，而创业板指数后市看好，所以对于雅本化学（300261）可以等待KDJ金叉时介入。

小结：

上证指数、深证综指、中小板和创业板四个板块走势不一定同步，有时相背，所以在自己所操作的股票MACD金叉时，一定要参考自己操作的股票所在板块的指数走势。不要只看上证指数走势，应该看个股雅本化学（300261）所在的创业板更靠谱一些。

例2，佳创视讯（300264）2015年1月13日MACD在0轴之下低位第一次金叉，股价还在多空指标BBI之下，股价从次高点向下调整34%，股价回到前五个月的低点位置，目前有个小双底形态。因为该股是创业板股票，不能参考上证指数高位MACD死叉走势，而要参考创业板MACD刚爬上0轴的走势，等待股价回调收阴或者KDJ金叉时，寻求介入机会，见下图：

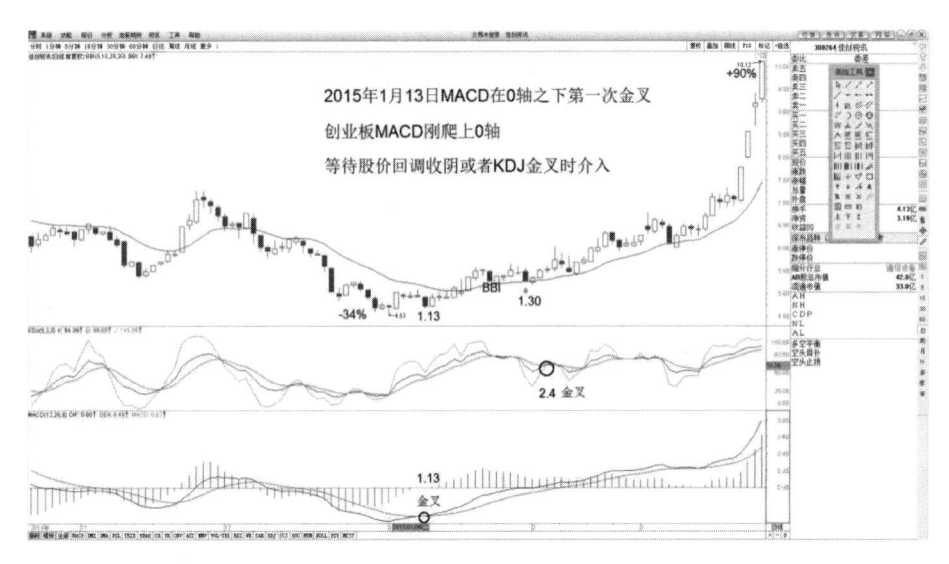

佳创视讯（300264）2015年1月13日MACD在0轴之下低位第一次金叉

该股后市走势以及具体的操作过程见下图：

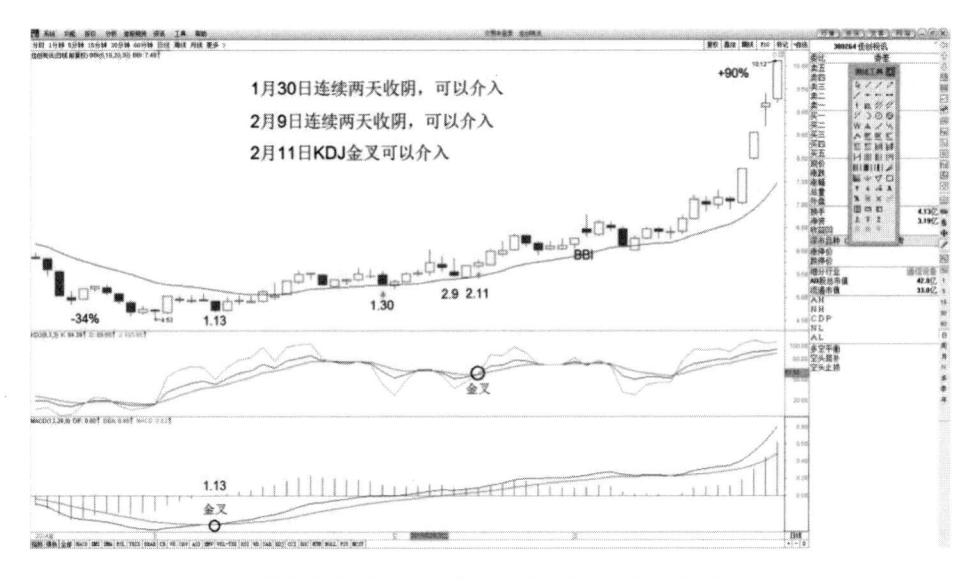

佳创视讯（300264）2015年1月13日的后市图

股价拉升过多空指标BBI线之后，到了1月30日连续两天收阴，差一分钱就触及多空指标BBI线，这一天可以选择买入一部分筹码，持股4天可以获利8.8%。

2月9日股价连续两天收阴，股价又回调到多空指标BBI附近，这一次介入要比1月30日胆子更大一些，买入的筹码要多一些。

2月9日和2月11日创业板以及该股是同步上升走势，表明多头要反攻了，可以重仓买入，持股时间可以长一些。

小结：

创业板的个股MACD在0轴之下低位第一次金叉，正赶上创业板MACD刚爬上0轴，还是按照以前的个股MACD在0轴之下低位第一次金叉的操作手法操作。此时不要介意上证指数走下跌走势。

例3，天桥起重（002523）2015年1月20日MACD在0轴之下第一次金叉，股价从高位用了一个辘轳把式的洗盘走势，向下只是调整19%，然后走了一个双底，股价站在多空指标BBI线之上。现在该股的KDJ和MACD处于双金叉状态，中小板指数与MACD处于同步上升走势。等待该股股价拉升过多空指标BBI线后回调确认，或者KDJ金叉时，寻求介入机会，见下图：

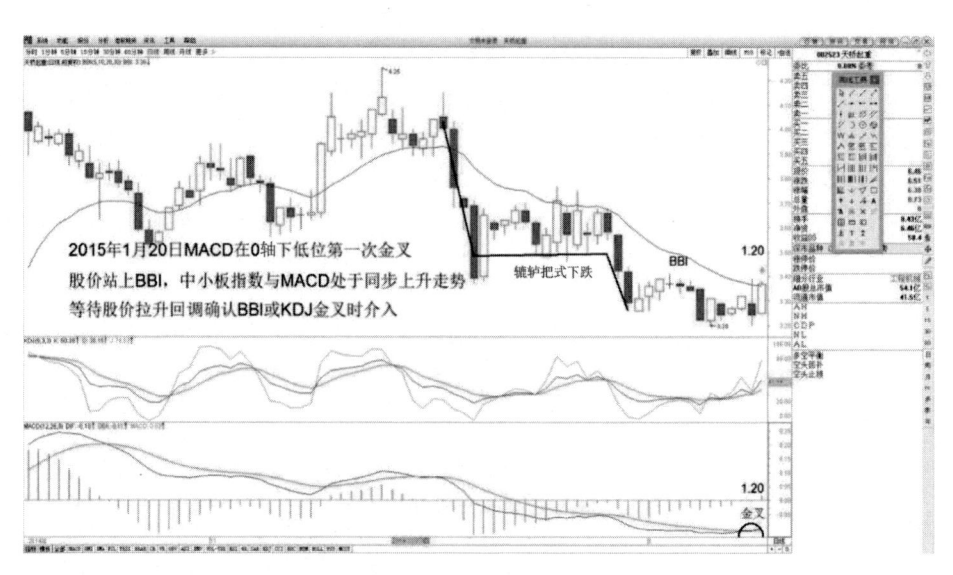

天桥起重（002523）2015年1月20日走势图

第 1 章　MACD 指标概述

中小板指数走势图：

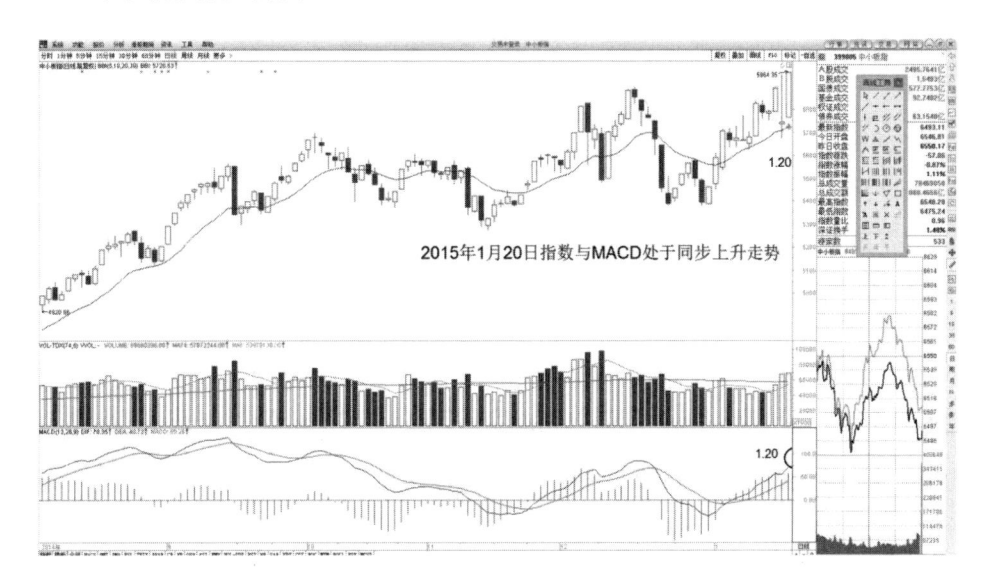

中小板指数2015年1月20日走势

天桥起重（002523）后市走势以及具体操作过程见下图：

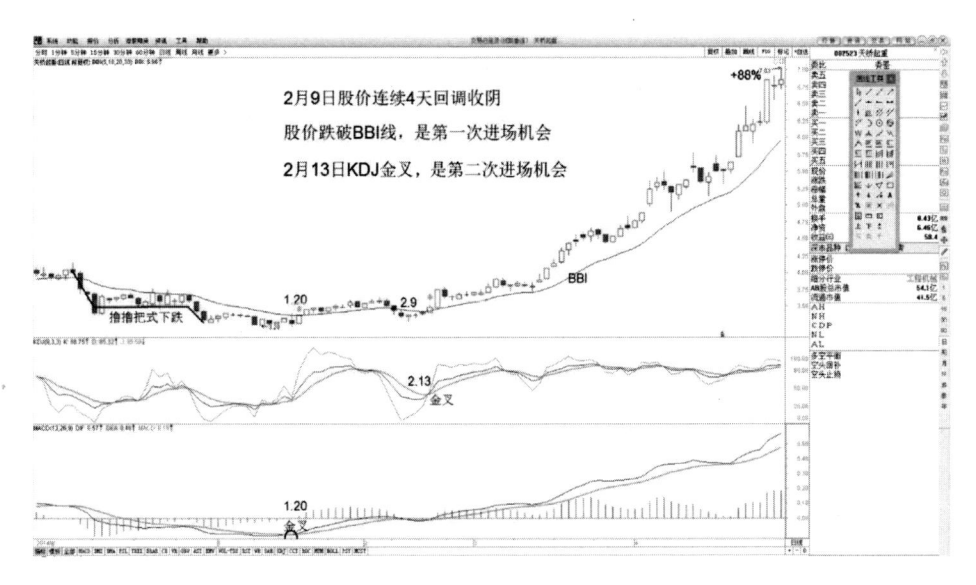

天桥起重（002523）2015年1月20日的后市图

该股股价从1月21日起就在多空指标BBI之上运行，到了2月4日只上涨了不到6%开始回调，到2月9日止连续4天收阴，股价跌破多空指标BBI线，该日

57

是第一次进场机会；如果犹豫胆小没有进场，过了4个交易日即2月13日KDJ金叉，股价重新站到多空指标BBI之上，这是第二次进场机会。此后股价上涨88%。

小结：

该股MACD在0轴之下低位第一次金叉，该股是中小板股，所以不能参考上证指数MACD在高位死叉向下的走势，而是参考中小板指数的MACD在0轴之上并且与指数是同步上升的走势，然后确定买卖点。

第13节　个股MACD在0轴之下第一次金叉，大盘MACD在0轴之上

前面研究的是，个股MACD在0轴之下低位第一次金叉，是在大盘MACD在0轴之下低位第一次、乃至第三次金叉的同时以及前后几天的情况。现在研究当个股MACD在0轴之下低位第一次金叉时，赶上大盘MACD在0轴之上的几种走势，该如何操作。

先看上证指数2015年2月26—5月4日的一段走势，见下图：

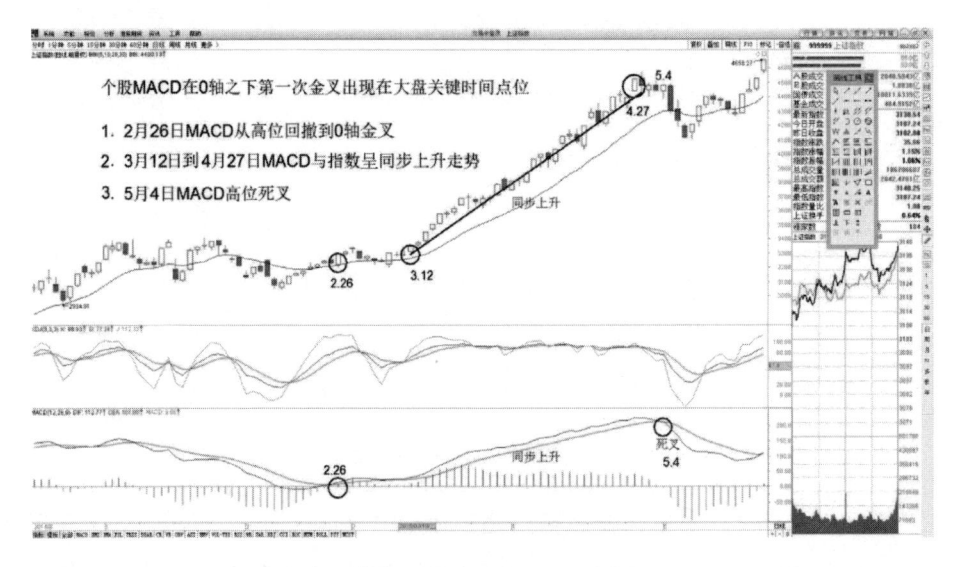

上证指数2015年2月26日—5月4日

从图中选出大盘几个关键的时间点位和走势,具体如下:

大盘2015年2月26日MACD触及0轴金叉向上;

大盘2015年3月12日到4月27日MACD在0轴之上与指数同步上升;

大盘2015年5月4日MACD在高位死叉向下。

然后看个股的MACD在0轴之下低位第一次金叉出现在上面的时间点位前后时该如何操作?

(1)个股在0轴之下第一次金叉,出现在大盘2015年2月26日MACD回撤到0轴金叉时的前后。

例1,中国石化(600028)2015年2月25日MACD在0轴之下第一次金叉,股价爬到多空指标BBI之上,而大盘的MACD从0轴之上的高位回调到0轴估计明天就能金叉,所以该股的操作是等待股价回调收阴,或者是等待KDJ金叉时介入,见下图:

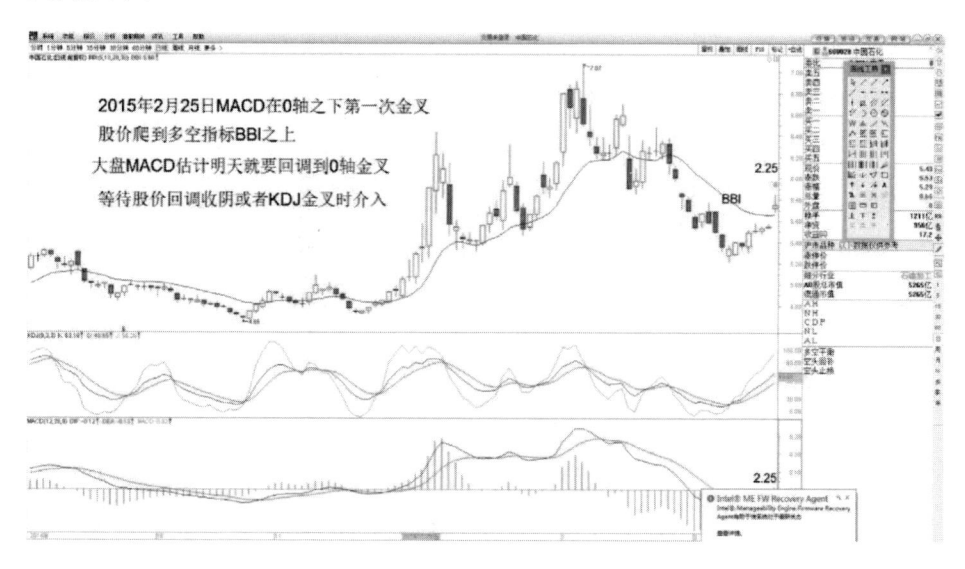

中国石化(600028)2015年2月25日走势图

该股后市走势以及具体的操作过程见下图:

3月3日连续两天收阴,股价累计下跌4.85%,可以轻仓买入。

3月12日KDJ金叉,可以继续加仓。

持股见到长上影线,或者股价背离3日均线或者5日均线出局。

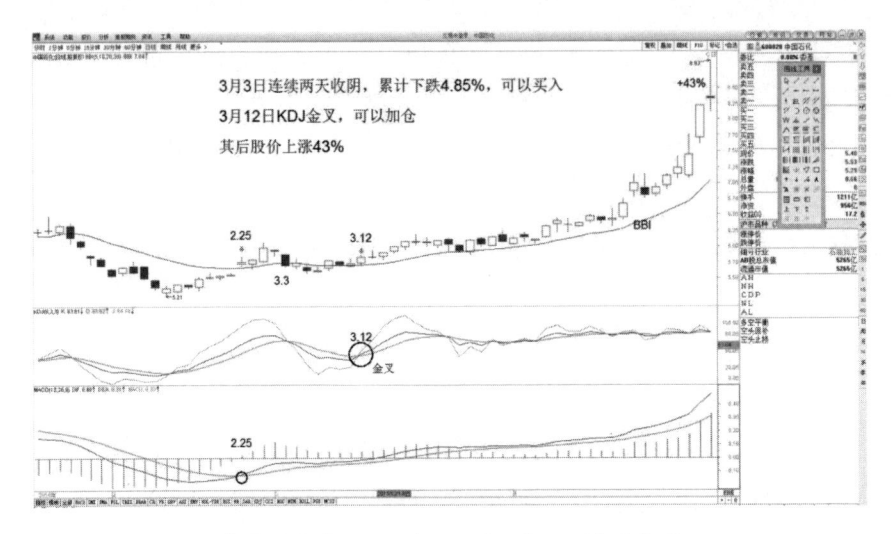

中国石化（600028）2015年2月25日的后市图

小结：

个股MACD在0轴之下或者0轴附近金叉，正好赶上大盘的MACD从高位回撤到0轴附近要金叉时，这是最好的获利介入机会。

例2，隆平高科（000998）2015年2月26日MACD在0轴之下第一次金叉，股价已经站到多空指标BBI之上两天，上证指数从高位回撤到0轴MACD也是当天金叉。由于该股属于深证成指的股票，深证成指MACD在0轴之上已经金叉两天，等待股价回调收阴或者KDJ金叉时介入，见下图：

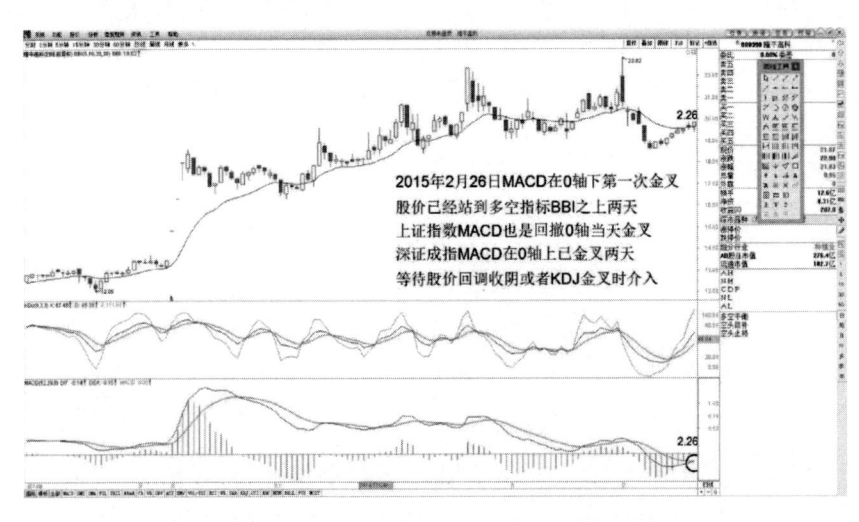

隆平高科（000998）2015年2月26日走势图

第 1 章　MACD 指标概述

该股后市走势以及具体的操作过程见下图：

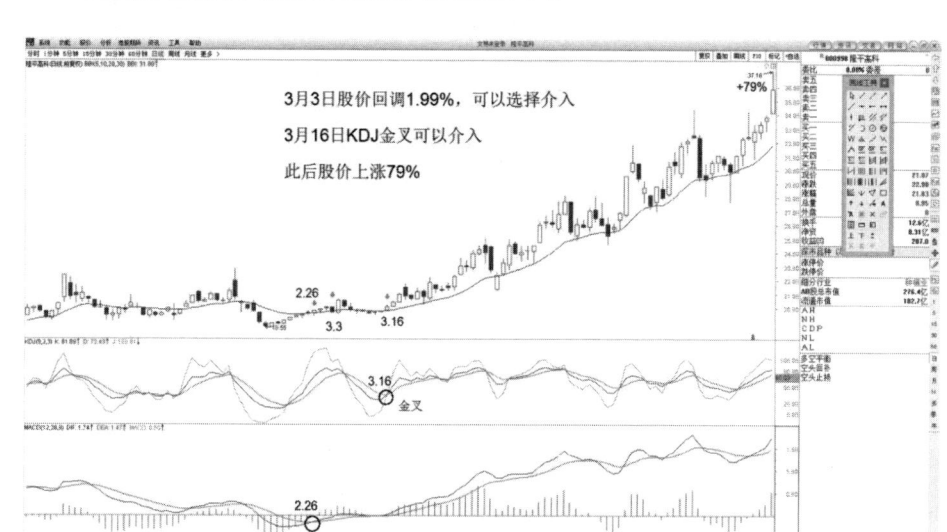

隆平高科（000998）2015年2月26日的后市图

3月3日股价回调1.99%，可以选择介入；

3月16日KDJ金叉，可以介入；

此后股价上涨79%。

小结：

股价在多空指标BBI之上回调收阴激进派可以介入，稳健派可以等待KDJ金叉时介入。

例3，碧水源（300070）2015年2月16日MACD在0轴下第一次金叉，股价已经站到多空指标BBI之上，虽然上证指数MACD在0轴之上还没有金叉，但是创业板的MACD在0轴之上早已金叉向上，等待股价回调收阴或者KDJ金叉时介入，见下图：

2月26日股价回调收阴，可以介入。

3月17日KDJ金叉大胆介入。

此后股价上涨70%。

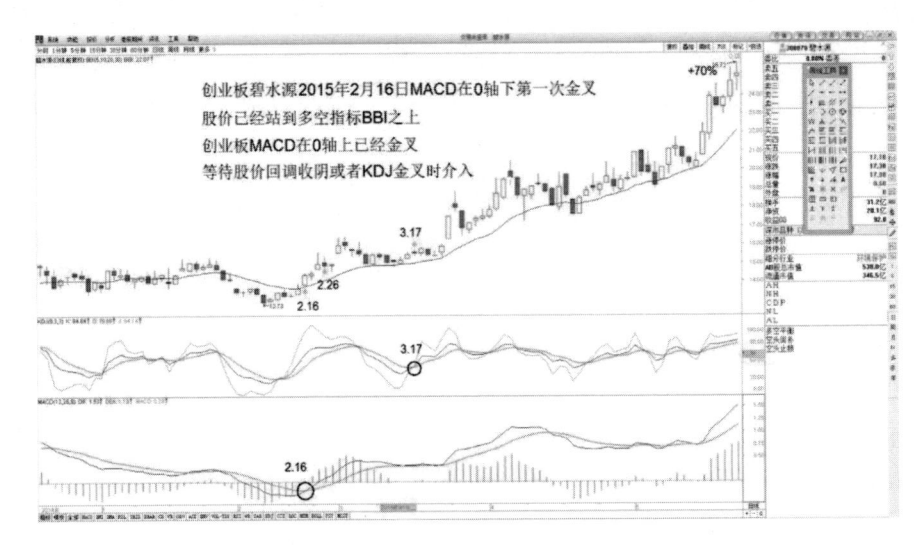

碧水源（300070）在2015年2月16日的后市图

小结：当时创业板走势强于大盘，即便是按照大盘走势操作该股票，也是等待股价回调收阴或者KDJ金叉时介入。

例4，云南能投（002053）2015年2月25日在0轴之下第一次金叉，股价已经站到多空指标BBI之上。如果此时上证指数的MACD在0轴之上的高位回撤到0轴附近还没有金叉，估计明天可能金叉。该股是中小板股票，中小板指数的MACD在0轴之上早已金叉开口向上，所以对于该股，投资者仍然可等待股价回调收阴或者KDJ金叉时介入，见下图：

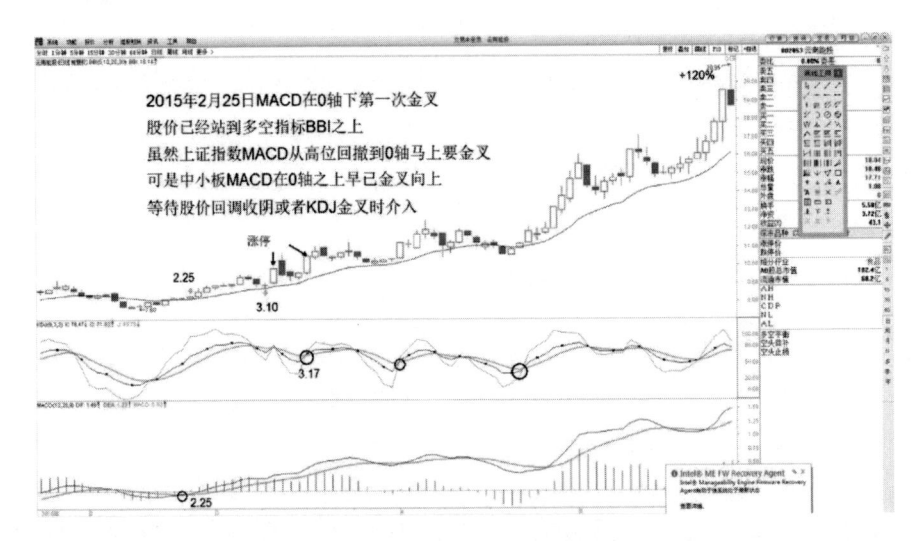

云南能投（002053）2015年2月25日的后市图

第1章 MACD指标概述

3月10日股价连续几天收阴下跌4.6%，盘整寻求低点介入；

3月17日KDJ金叉，可以买入，此后股价上涨120%。

综合小结：

当个股MACD在0轴之下第一次金叉时，不论个股是上证指数板块、深证成指板块还是中小板、创业板的股票，只要它所在板块的MACD是在0轴之上运行，该股的操作模式一律都是：等待股价回调收阴或者是KDJ金叉时介入，此时获利的概率相当大。这样的案例还有金牛化工（600722）、浙能电力（600023）、金花股份（600080）、新和成（002001），它们都出现类似的走势。

（2）大盘2015年3月12日—4月27日MACD在0轴之上与指数处于同步上升走势

大盘背景好，个股的MACD如果此时在0轴之下金叉该如何操作？请看以下案例。

例1，民生银行（600016）2015年3月12日MACD在0轴之下第一次金叉，股价站到多空指标BBI之上，上证指数MACD在0轴之上金叉，指数放量突破前高。在此大盘背景下，可等待该股股价回调收阴或者KDJ金叉时介入，此后股价上涨18%，见下图：

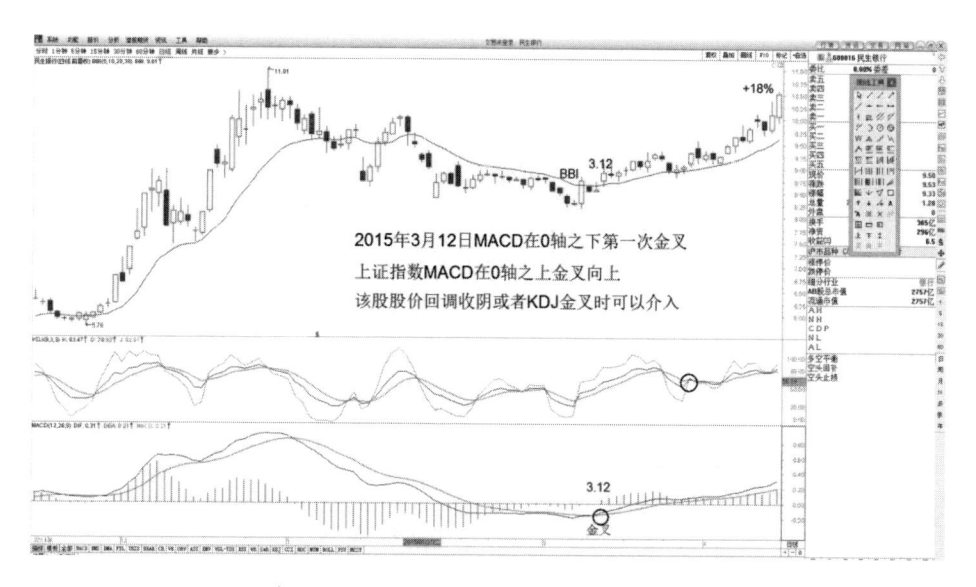

民生银行（600016）在2015年3月12日的后市图

63

例2，晶方科技（603005）2015年4月27日MACD在0轴之下第一次金叉，股价站到多空指标BBI之上，上证指数MACD在0轴之上金叉与指数同步上升已经有32个交易日，需要有短暂的调整，所以等待该股股价回调收阴或者KDJ金叉时介入，此后股价上涨28%，见下图：

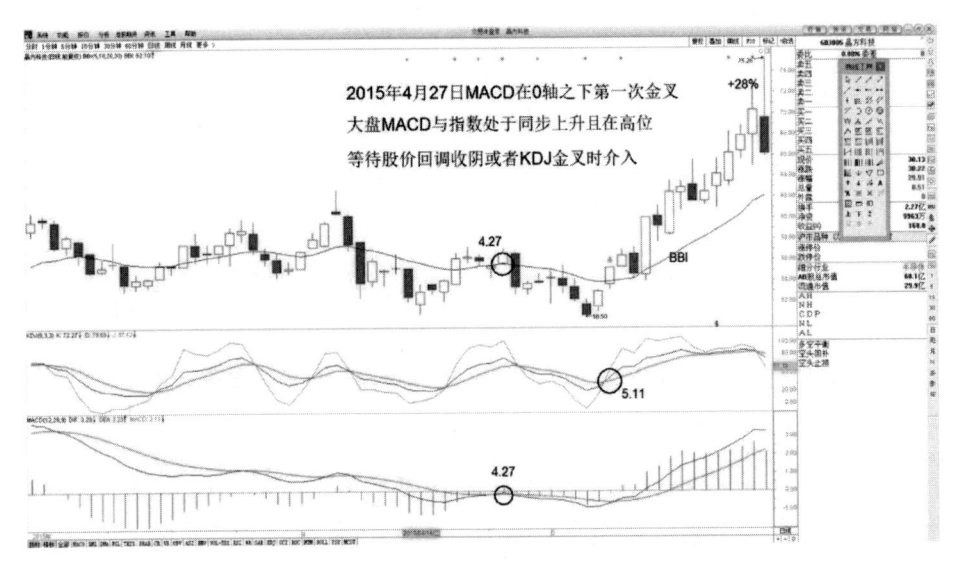

晶方科技（603005）2015年4月27日的后市图

小结：上证指数在2015年3月12日—4月27日共计32个交易日中，指数与MACD处于同步上升走势。在此时间段个股很少出现MACD在0轴之下第一次金叉的走势。如果发现有此种走势，一般抓住股价回调收阴的契机或者等待KDJ金叉时介入，获利会是大概率事件。炒股就是要跟随趋势，在上升趋势中要拿对股票、拿住股票，才是获得利润的法宝。

（3）大盘2015年5月4日MACD在高位死叉向下，其中5月4日是指数与MACD同步上升第一次死叉向下，此时指数与MACD没有发生相背离走势。

个股在此时MACD金叉，走势将会如何？请看下面案例。

例1，江苏舜天（600287）2015年5月4日MACD在0轴上一点的位置金叉，也就是快线下0轴两天，慢线没有下0轴，过两天在0轴之上附近位置金叉。此时正赶上上证指数MACD在高位死叉，处于这种情况该股该如何操作呢？

此时一定要冷静认真全面分析,然后做出比较明智的操作决定。首先看大盘5月4日的MACD高位死叉,在此之前指数与MACD处于同步上升走势,MACD高位死叉说明趋势需要调整,至于向下调整多大幅度这个无法确定。不过从拉升的角度来看,没有加速走势出现,现在还没有顶背离走势出现,既然如此,给短线调整时间,等待KDJ金叉时介入,见下图:

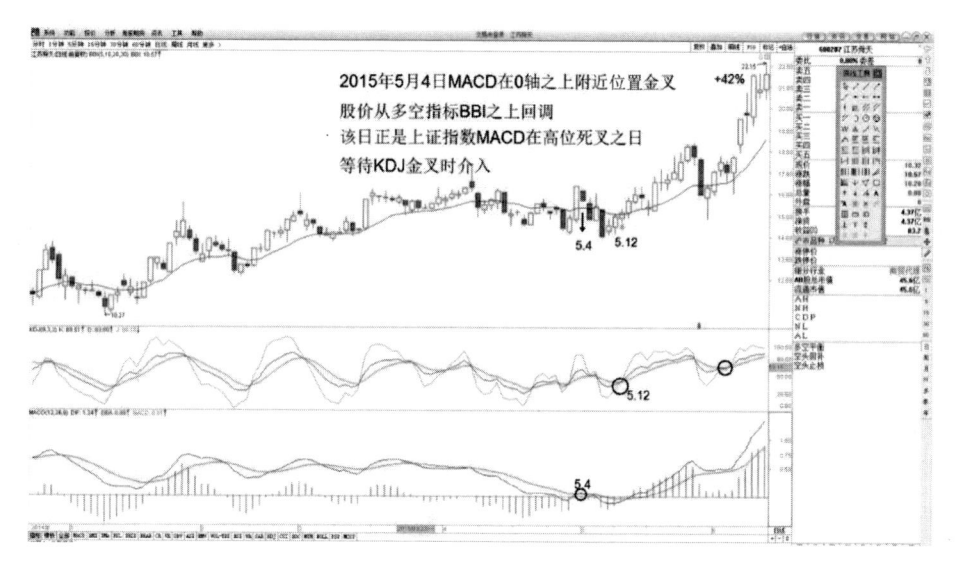

江苏舜天(600287)在2015年5月4日的后市图

5月12日KDJ金叉,按照预先计划买入。此后股价上涨42%。

小结:

综合分析以及介入点的选择是正确的。5月12日KDJ金叉时介入,借助大盘走顶背离行情,该股上涨42%。

例2,华策影视(300133)2015年5月4日MACD从高位回撤到0轴时,快线早已下0轴,慢线拒绝下0轴,随后快线上了0轴与慢线金叉。

如果参考上证指数走势,正好是当天MACD高位死叉,空头气氛比较浓厚,可是该股是创业板块的股票,参考创业板指数更可靠一些。此时的创业板MACD在0轴之上是第二次金叉开口向上,多头气氛比较浓厚,所以等待该股股价回调到多空指标BBI之下或者KDJ金叉时介入,此后该股股价上涨66%,见下图:

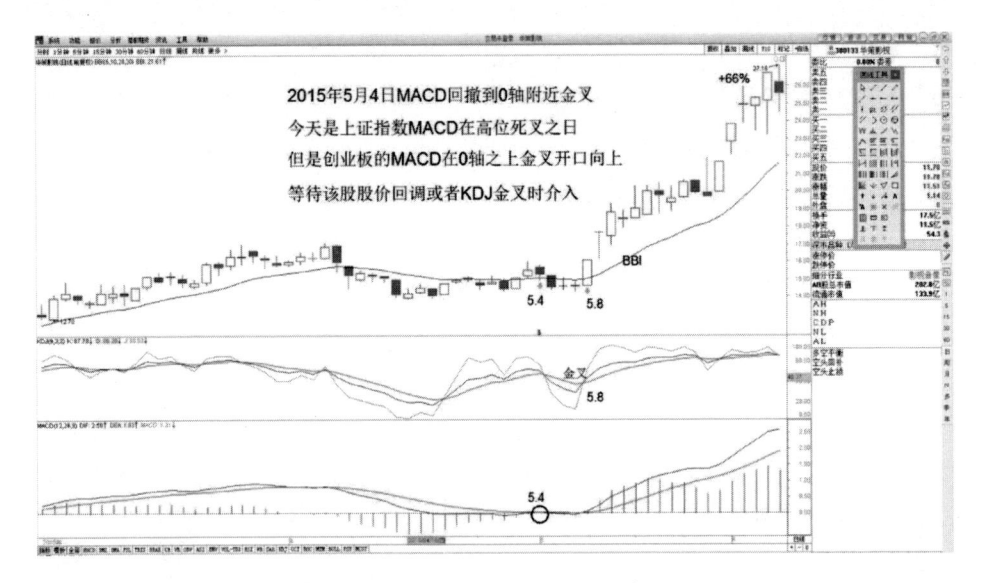

华策影视（300133）2015年5月4日的后市图

5月8日KDJ金叉，按照预先计划买入。

此后股价上涨66%。

小结：

2015年5月4日是上证指数与MACD同步上升后第一次高位死叉之日。在大盘利好的背景下，个股一般或多或少都会跟随大盘上涨一段，很少有MACD在0轴之下金叉的走势产生。

第2章

MACD在0轴之下第二次金叉

前面讲MACD在0轴之下低位第一次金叉时，因为股价是在弱势区，股价在较多情况下涨幅有限，或小涨后会出现较大的回调。根本就没有指望有个别股票暴涨到0轴之上的小概率，而只是讲获利3%~5%的大概率，以及为达到复利操作模式目的，而来探讨短线介入的方法。但是当MACD在低位出现第二次金叉后，股价上涨的概率和幅度会更大一些。

既然MACD在0轴之下低位弱势区反弹力度有限，那么经过第一次的调整，第二次在0轴之下金叉的介入，相比第一次而言上涨概率和涨幅都应该大一些才对。但从发生的结果来看并非是这样，并且感觉到MACD在0轴之下第二次金叉的介入点是由多种原因和条件决定的，而非像一些人通过举出几个例子以点带面就下结论的操作方法那样。

那么，作者对0轴之下第二次金叉介入条件是依据什么制定出来的？简单回答：是从"由果溯因"的理念得来的。作者发现在0轴之下二次金叉的个股，能够获得好的介入效果有两方面原因：一个是客观原因，就是大盘走势好的支持；二是个股本身走势，包括MACD在0轴之下两个金叉相对位置的高低、是否出现底背离走势、两个金叉点相隔时间的长短以及调整的幅度、第二次金叉时的K线形态（如：多方炮、平台突破等），还包括分析个股跟随大盘走势的节拍如何等。

宏观看大盘走势是大节。大节好比一个人的骨架部分，比如选择一个舞蹈演员首先要看她身体各部分的尺寸，其他的条件可能就放到次要地位去考虑了。所以，先看大盘走势是选择MACD在0轴之下二次金叉介入股票时机的硬指标。

当硬指标满足了之后，其次就要从微观上看它的软指标怎么样。硬指标指的是骨骼，软指标当然指的是肌肉长得怎么样。看看个股在两次金叉前下跌的幅度有多深，反弹的幅度有多高；再看第二次金叉当天股价的位置、K线形态，随后还要查看个股周线KDJ的J线走向；最后才综合确定在何时何地介入最佳。作者综合归纳MACD 0轴下第二次金叉介入的要点如下。

（1）第一次金叉为A点，第二次金叉为B点；

（2）金叉B点位置高于金叉A点位置，股价与MACD出现明显底背离状态；

（3）B点的K线最好是放量的中阳线，或者是多方炮、平台突破等，可增加成功率；

（4）B点时的股价，不论是过或者不过多空指标BBI线，一般当天介入不是最佳时机，而是建议等待股价拉升越过多空指标BBI回调收阴时介入，或者等待KDJ金叉时介入；

（5）关于持股时间，当B点金叉时，如果该股的周KDJ是死叉，但是J线曾有几次拐头向上且现在正是向上走势时，该股后市走势有越过前高的可能性；

（6）A、B两点在8~13个交易日连续两次金叉，有可能是多头暗中大量建仓造成的结果，因此这是买入的好时机。

第1节　有两波下跌，金叉B点高于金叉A点，股价底背离

个股在0轴之下二次金叉介入后能够获得好的收益，大盘走势能够提供好的客观环境很重要，下面看上证指数2015年6月15日—9月10日的一段走势图，再验证在这一时间段内个股MACD在0轴之下二次金叉介入后的收益如何。下面请看上证指数图：

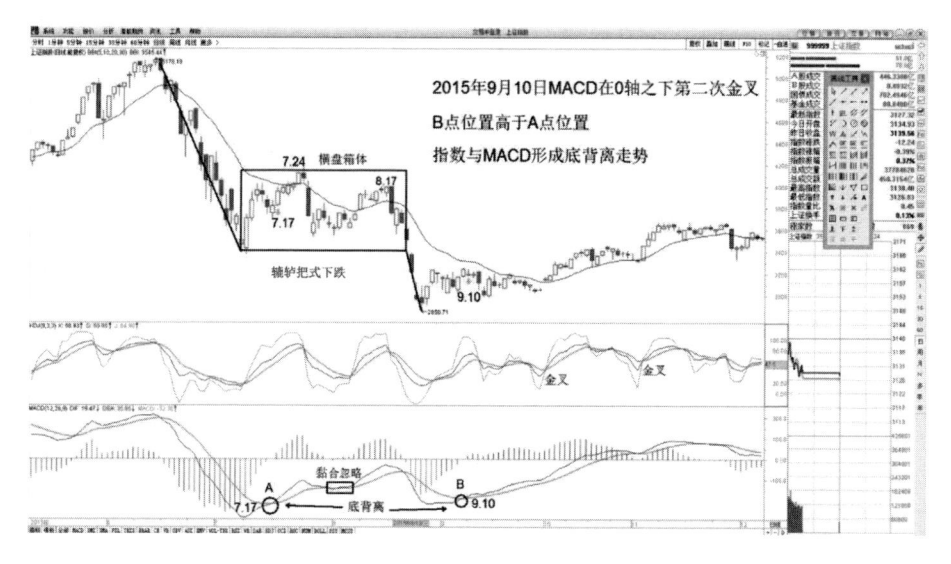

上证指数2015年7月17日—9月10日的走势图

作者把横盘箱体震荡画一个方框。如果把方框看成是一条线的话，整个下跌就是一个辘轳把式的下跌图形。这种下跌走势洗盘比较好，后市一般会有拉升行情。

从宏观角度看，大盘走势可归纳为以下四点：

（1）有两波下跌，如果把横盘看成是一条线的话，它有一个辘轳把式的下跌走势；

（2）MACD在0轴之下第二次金叉B点（黏合部分忽略）的位置比第一次金叉A点位置高；

（3）股价与MACD呈现底背离状态；

（4）由于8月17日下跌后留的缺口太多，后市股价走势很难越过前期两个高点。

除此之外，9月10日MACD金叉当天，股价缩量收一根长上影线的倒锤头线，股价距上面的多空指标BBI线还很远，说明指数现在上涨还很弱，继续爬上多空指标线的可能性很小，所以需要调整一下蓄势后才能爬到多空指标BBI之上。

因此，要特别关注9月15日和10月18日这两个交易日，这两个交易日是极佳的介入机会，一个是股价回调收阴，另一个是KDJ金叉之日。

投资者对于大盘这样的小细节一定要注意，事后你可能发现好多9月10日左右MACD在0轴之下二次金叉的股票，在这两天都有介入机会。

下面我们把大盘的这一段走势作为母本，据此在这个时间段选择一些股票的走势，认为是它的衍生品。虽然各只股票的走势五花八门千差万别，但只要仔细观察，就不难发现每只股票都在显现大盘的特点，也就是它有两波下跌，金叉B点高于A点位置，股价与MACD呈底背离走势。这些骨架走势一览无余地通过个股走势显现了出来。

下面就以上证指数2015年9月10日MACD在0轴之下第二次金叉为基准，选择9月10日前后1~3天MACD在0轴之下第二次金叉的个股。然后再审视个股的软指标部分，比如金叉B点位置比A点高、股价底背离以及K线和均线等。下一节分别举一些案例。

第2节　案例：MACD金叉B点高于金叉A点，股价底背离

同日：例1，华仪电气（600290，现ST华仪）在2015年9月10日之前处于横盘箱体震荡走势中，若将其看成是一条线，这样左右两部分下跌构成一个辘轳把式的下跌走势。这种走势比直接下跌洗盘彻底，因为横盘震荡期间给了空方一个充分释放的过程，这样给后市的拉升做了铺垫。

该股MACD是与大盘同日在0轴之下第二次金叉的。该股走势有两波下跌，股价与MACD形成底背离状态，金叉B点位置高于金叉A点位置，这些都与大盘走势相同。稍微不同的是9月10日的股价已经有两天站到多空指标BBI线上，表现的走势略强于大盘，同时在两次下跌中含有多个跌停板，作者认为跌停板大概率是主力行为。散户哪有那么多恐慌式连续抛售的量？当然主力在这里还有对倒，自己卖给自己，可是这样操作就把不明真相的散户吓跑了，所以说主力这种操作杀伤力最大。既然是主力在里面兴风作浪，必然有他的目的，在后市或拉升或放弃，即便是放弃，为了能有其他主力接手，那只能拉升，见下图：

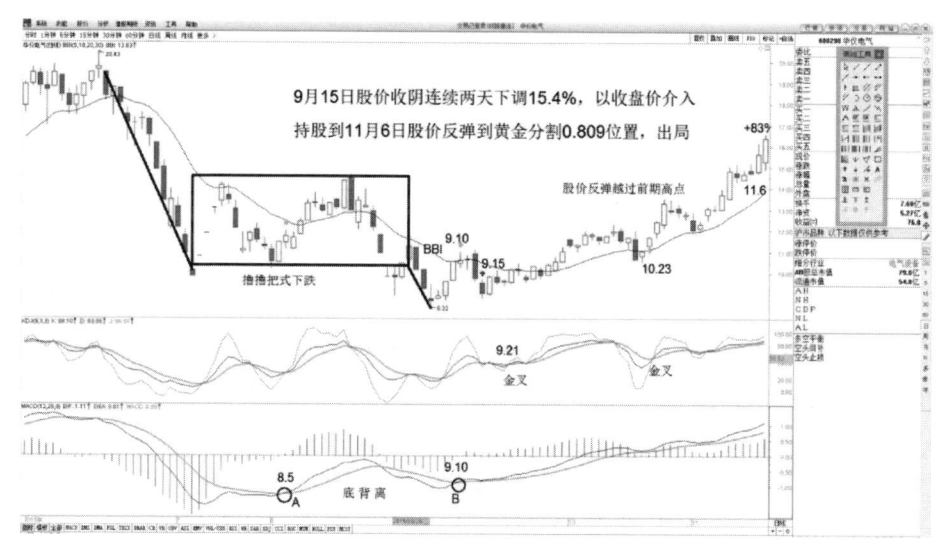

华仪电气（600290）2015年9月10日的后市图

9月15日股价连续两天收阴，累计下跌15.4%，以当天的收盘价买入。因为事先发现该股的周KDJ虽然是死叉状态，但是J线已经有三次拐头向上走势，现在处

于要金叉的状态，所以对该股后市走势有越过前高的期望，准备中线持股。

11月6日，持股39天股价已经越过前高，反弹到0.809的黄金分割位，连续两天收阳并且有上影线，决定出局，获利83%。

小结：

该股走势与大盘大致相同，并且周J线有三次拐头向上走势，投资者要敢于中线持股，以前高位置为出局参考位置。

同日：例2，机器人（300024）2015年9月10日MACD在0轴之下第二次金叉，因为该股属于创业板的股票，参考上证指数走势有点不靠谱，还是先看看创业板走势，见下图：

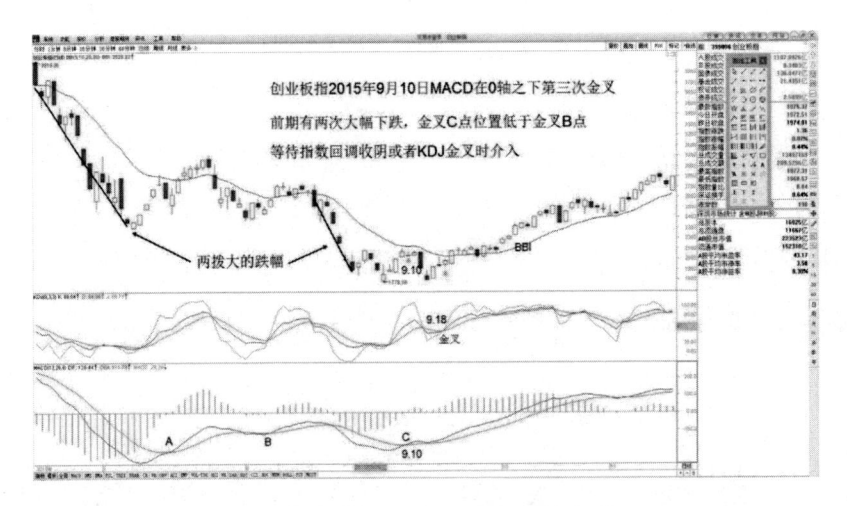

创业板指数2015年9月10日的后市图

创业板指数9月10日MACD在0轴之下第三次金叉，比起上证指数多一次金叉，但是金叉C点比金叉B的位置低。这是它的特殊走势，此时的MACD与指数处于同步下跌走势中。在9月10日之前有两次大幅度的下跌，此时的周线KDJ虽然死叉但是J线有4次拐头向上的走势，但是到现在还没有金叉，后市大概率有挑战前高的走势。

机器人（300024）2015年9月10日的走势类似创业板的走势，前期有两次大幅度的下跌，金叉B点位置低于金叉A点的位置，现在股价仍然在多空指标BBI之下，周KDJ的J线有两次拐头向上的走势，等待股价深度回调或者KDJ金叉时介入，见下图：

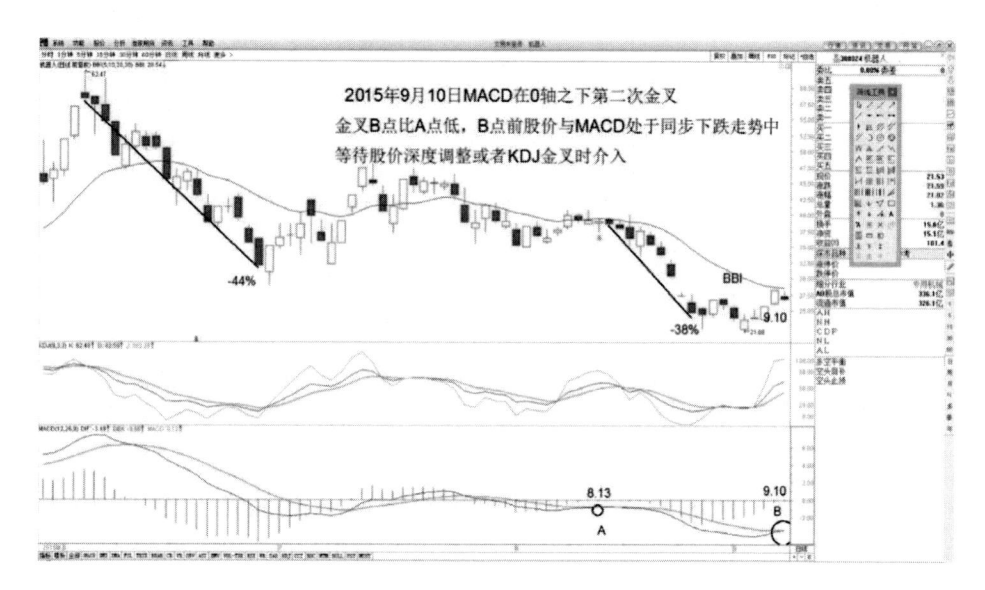

机器人（300024）2015年9月10日走势图

该股后市走势以及具体操作过程见下图：

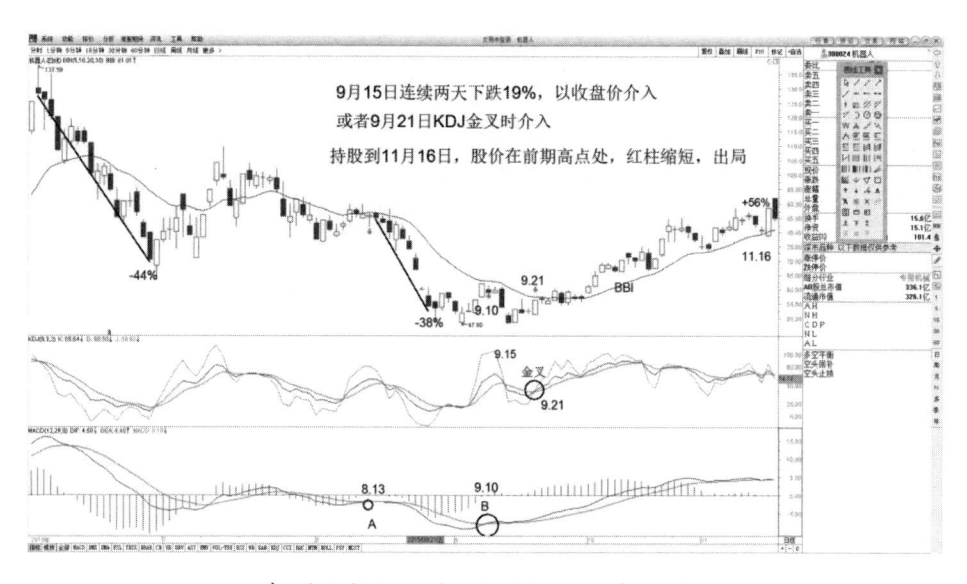

机器人（300024）2015年9月10日的后市图

9月15日股价连续两天向下累计调整19%，当天以收盘价买入，由于周KDJ的J线有两次拐头向上的走势，所以敢于以前期高点为目标谨慎持股到11月16日，后发现股价放大量涨停，红柱缩短，决定出局。

小结：

该股属于创业板的股票，所以参考创业板的走势更可靠一些。虽然该股金叉B点位置低于A点，但因为创业板MACD在0轴之下有A、B、C三次金叉，并且9月10日的金叉C点低于金叉B点，所以等待股价大幅回调介入才是明智的。

作者对此有更深一层的体会，当个股MACD在0轴之下第二次金叉时，而大盘的MACD在0轴之下向上走还没有金叉，估计还需要几天甚至好几天，也就是说个股的MACD提前大盘MACD在0轴之下金叉了。这样的走势是好还是不好？说不好就是怕等到大盘MACD金叉时，它却向下死叉了。对于这样的个股我们如何介入，或者说就完全不介入呢？

作者在对这样走势的个股进行分析总结后，得出的结论是，一般MACD金叉提前大盘的比落后的要好一些。首先要看大盘然后再看个股，看个股走势与大盘在骨架部分走势是否大致相同，也就是说个股走势是否有大盘走势的基因存在。有基因存在，我们认为它是跟随大盘走势的，甚至强于大盘走势，只不过在节拍上由于种种原因快了一点，以后该股股价借助大盘MACD金叉利好拉升是大概率事件。

提前1天：例3，雷鸣科化（600985，现淮北矿业）2015年9月9日MACD在0轴之下第二次金叉，股价前期随大盘有两拨较大的下跌，并且股价与MACD成底背离状态，并且金叉B点高于金叉A点的位置，现在股价仍然在多空指标BBI之下，等待股价回调收阴或者KDJ金叉时介入，见下图：

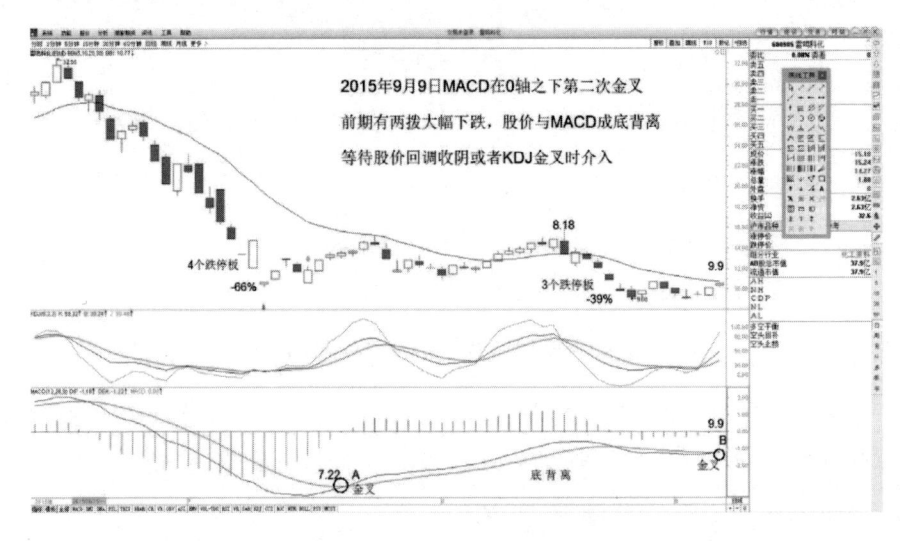

雷鸣科化（600985）2015年9月9日

第 2 章　MACD 在 0 轴之下第二次金叉

该股的后市走势以及具体的操作过程见下图：

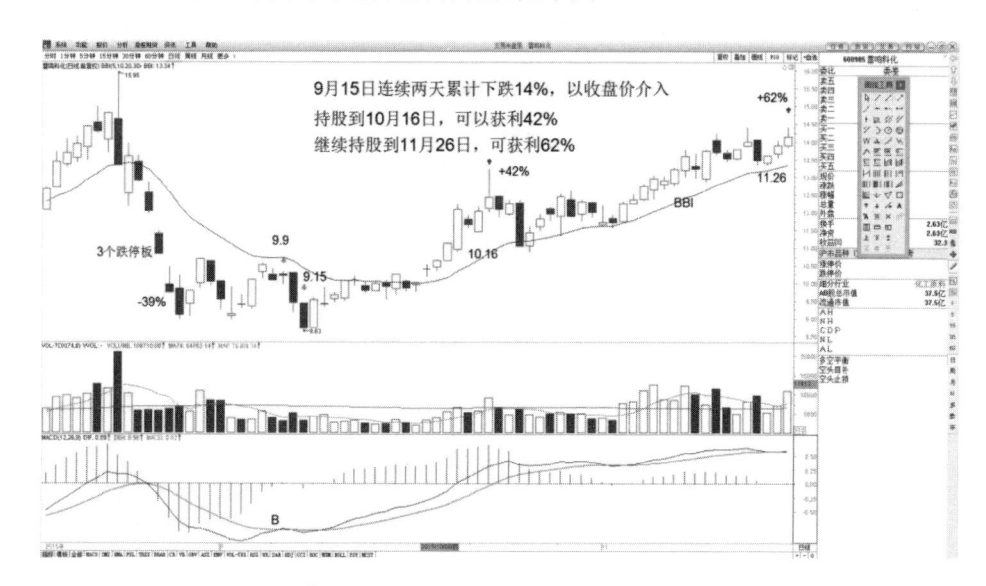

雷鸣科化（600985）2015年9月9日的后市图

9月15日连续两天股价下跌累计14%，以收盘价介入。

由于该股9月9日MACD金叉时，周KDJ是死叉向下，根据经验该股后市反弹过前高是小概率，所以持股到10月16日遇到长上影线，获利42%出局。

股价回调到多空指标BBI止跌，如果以多空指标BBI线为参照线，持股到11月26日在前高之下放量收出上影线，MACD趋于死叉出局，可以获利62%。

小结：

由于该股的周线KDJ死叉向下，而且自8月18日的下跌留下多个缺口，造成后市股价的拉升很难越过前期横盘区高点。

关于个股MACD在0轴之下第二次金叉介入后，到底可以持股多长时间，持股到前期股价走势什么位置出局，是否有一个说法？对于这个问题，作者根据自己操作经验有一个大概率的出局说法，那就是看个股的周KDJ的J线走势，如果日线MACD在0轴之下第二次金叉之时，它的周KDJ死叉但是J线有拐头向上一次、两次甚至是三次走势，这样走势的股票后市一般越过前高是大概率，当然KDJ金叉那是更好。如果KDJ是死叉且J线向下，那只能做短线操作或者趁早丢弃股价越过前高的奢望。

如果从日线的K线以及技术指标看，出现长箭射天等以及股价与BBI背离较

75

大时出局。作者有时根据情况两者并用。

该股的周线KDJ马上要金叉，所以9月15日以收盘价介入，持股到10月16日出现长上影线，股价与BBI的背离也比较大，股价已经触及横盘区底部，决定出局，可以获利42%。

假如当时不出局，一直持股到11月26日也是出现长上影线出局，可以获利62%。

提前1天：例4，视觉中国（000681）2015年9月10日MACD在0轴之下第二次金叉，该股属于深证成指的股票，虽然深证成指比上证指数MACD在0轴之下晚1天金叉，但是它们的走势差不多。

该股走势基本上满足MACD在0轴之下第二次金叉介入操作的三个条件，因此遇到这样走势的股票显然不要犹豫不能错失介入的良机。假如在9月10日回调第三个交易日以收盘价介入，持股到10月19日可以获利74%，持股到11月16日可以获利126%。

回头看看该股主力操作的痕迹，也显示足以满足MACD在0轴之下第二次金叉介入操作的三个条件。同时，将它与以前一些案例图形对比，不难发现有好多相同之处，只不过中间M头的左边没有涨停板，这说明主力在其极小的局部区域操作手法有些不同。这个主力操盘的大形态走势没有变样，仍然是符合我们的MACD在0轴以下第二次金叉的获利操作模式，以后再遇到这种走势形态的股票不但不要怕，反而要大胆介入，见下图：

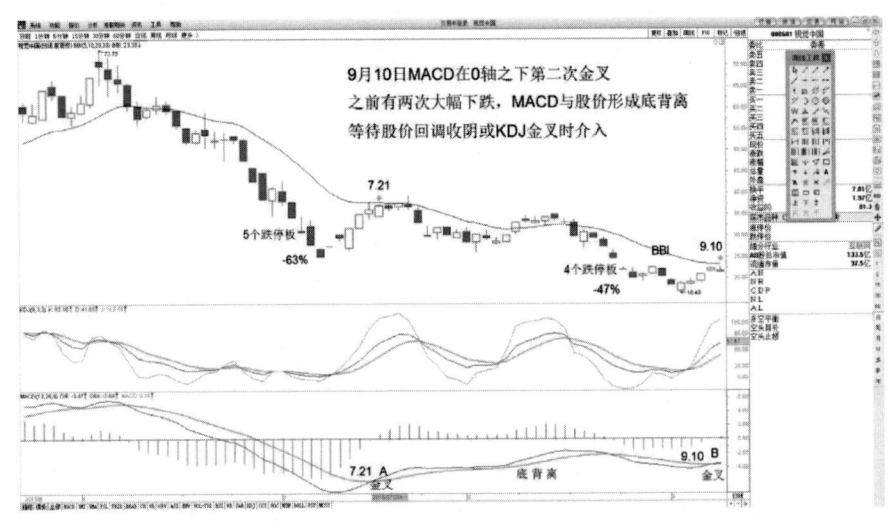

视觉中国（000681）2015年9月10日走势图

第2章　MACD在0轴之下第二次金叉

该股后市走势以及介入的操作过程见下图：

视觉中国（000681）2015年9月10的后市图

9月15日连续两天累计下跌17.9%，以收盘价买入；

10月19日连续四天收阳，收出缩量上影线，决定出局，获利74%；

在连续几天收阴后，11月4日股价重新站到多空指标BBI之上，11月5日KDJ金叉以收盘价买入，持股到11月16日以涨停价卖出，获利34%。

小结：

该股在9月10日的周KDJ的J线有向上拐头走势，所以预计股价反弹拉升有过前高的可能性，所以敢在11月5日KDJ金叉时第二次介入。

提前1天：例5，新界泵业（002532，重组后更名为天山钴业）2015年9月10日MACD在0轴之下第二次金叉。该股属于中小板股票，比中小板指数MACD第二次金叉提前一天。金叉前有两次大幅度的下跌，金叉B点位置高于金叉A点的位置，股价与MACD走势形成底背离，现在股价仍然在BBI之下，周KDJ的J线拐头向上快要金叉，后市股价有越过前高的可能。该股现在已经连续4天收阳，等待股价回调收阴或者KDJ金叉时介入，见下图：

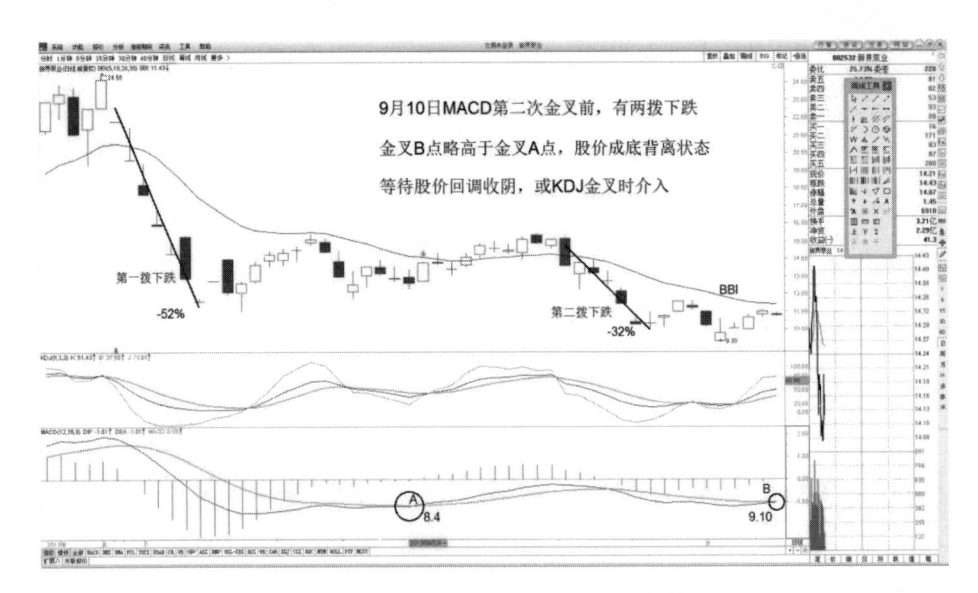

新界泵业（002532）2015年9月10日走势图

该股后市走势以及介入的操作过程见下图：

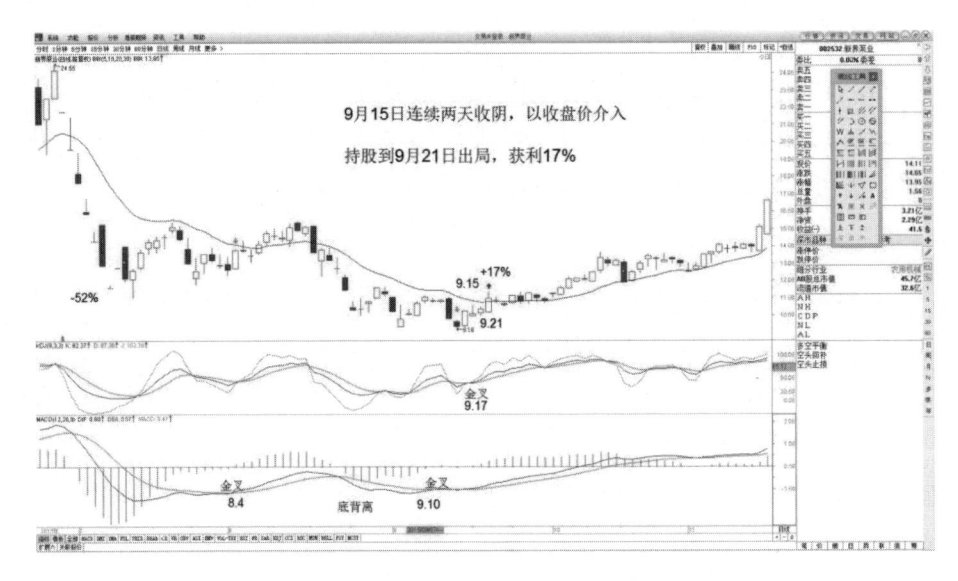

新界泵业（002532）2015年9月10日的后市图

9月15日股价连续两天收阴股价下跌14%，以收盘价介入，持股到9月21日股价站到多空指标BBI之上，收出长上影线出局，获利17%。

小结：

抓住该股MACD二次金叉，股价与MACD成底背离形态，特别是抓住两天回调14%的契机介入，持股5天到9月21日见到长上影线，获利17%出局。虽然该股周KDJ的J线拐头向上快要金叉，后市股价有越过前高的可能，那是中线持股问题。作者在操作手法上有一个戒律：在短线操作时股价到多空指标BBI之上，见到长上影线一般是要做出局打算的。

提前2天：例6，暴风集团（300431）2015年9月8日MACD在0轴之下第二次金叉，预计比上证指数提前两天，比创业板MACD在0轴之下第三次金叉预计也是提前2天。观察该股的整体走势也是有两波下跌，金叉B点位置高于金叉A点的位置，并且股价与MACD成底背离状态，这些都与大盘走势大致相同。现在股价仍然在多空指标BBI之下，该股的周KDJ虽然死叉但是J线已经是拐头向上三天，估计该股后市反弹越过前高可能是大概率，所以等待股价回调收阴或者KDJ下一次金叉时介入，见下图：

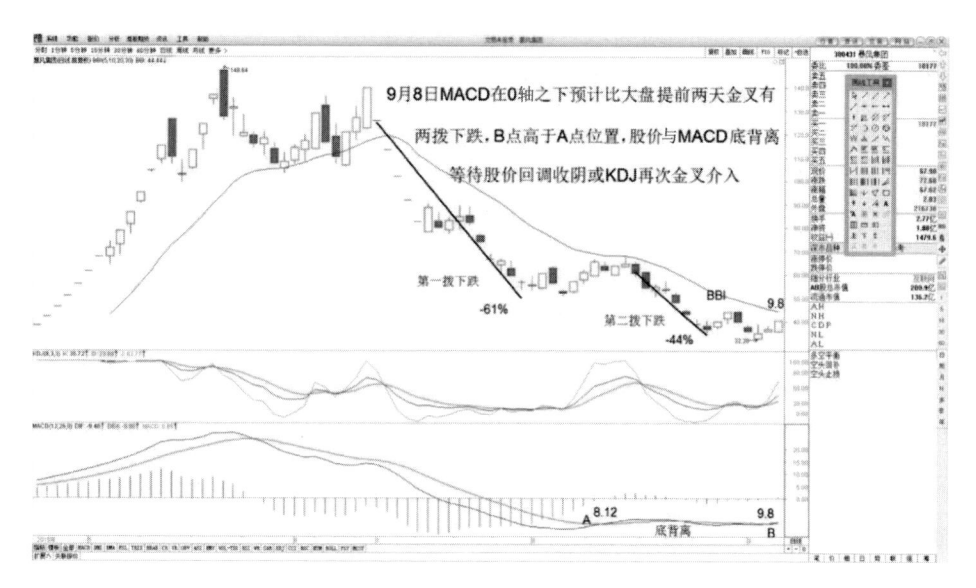

暴风集团（300431）2015年9月8日走势图

该股后市的走势以及具体的操作过程见下图：

暴风集团（300431）2015年9月8日的后市图

9月15日连续两天下跌收阴，累计下跌17%，以收盘价介入。

因为该股的周KDJ的J线拐头向上走势利好，所以谨慎坚持持股，等待股价越过前高。持股到10月23日连续两天涨停，此时的股价已经远离3日均线，背离比较大，决定出局，获利212%。

小结：

该股虽然提前大盘和创业板2天MACD在0轴之下金叉，但是从硬指标和软指标看该股的走势是与大盘大致相同的，尤其是该股的周线KDJ的J线拐头向上，所以敢于中线持股，收益可观。

最后作者有话要说，有时我们会遇到个股MACD在0轴之下第二次金叉时已经晚了大盘MACD在0轴之下第二次金叉几天的情况，对于这样的个股如何处理，介入与否？在对这样个股分析时，一定要先看大盘走势然后才选择个股。首先看个股走势与大盘走势在骨架部分是否大致相同，也就是说个股走势是否有大盘走势的基因存在。有基因存在我们认为它还是跟着大盘走势的，只不过在节拍上由于种种原因慢了一点，以后跟随大盘走是大概率事件。

其次再看个股的软指标也就是肌肉部分的走势。不管是大盘还是个股，遵循走势上由远到近、看长做短，小周期服从大周期、大形态影响小图形的原则。即打开图形向左看，首先看月线，其次看周线，最后才看日线状态。至于看60分钟、30分钟、15分钟形态只是为了寻找介入点罢了。

第 2 章　MACD 在 0 轴之下第二次金叉

晚1天：例7，上海临港（600848）2015年9月11日MACD在0轴之下第二次金叉，该股在第二次金叉前的走势有两波大的下跌，金叉B点位置高于金叉A点的位置，并且股价与MACD成底背离状态，这些都与大盘走势大致相同。现在股价仍然在多空指标BBI之下，该股的周KDJ虽然死叉但是J线已经是拐头向上，估计该股后市反弹且大概率越过前高，所以等待股价回调收阴或者KDJ下一次金叉时介入，见下图：

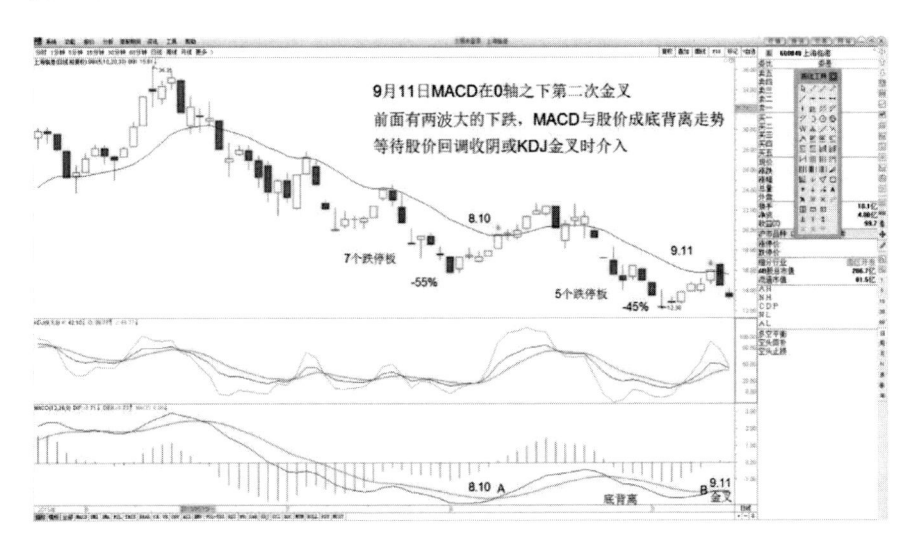

上海临港（600848）2015年9月11日走势图

该股后市的走势以及具体的操作过程见下图：

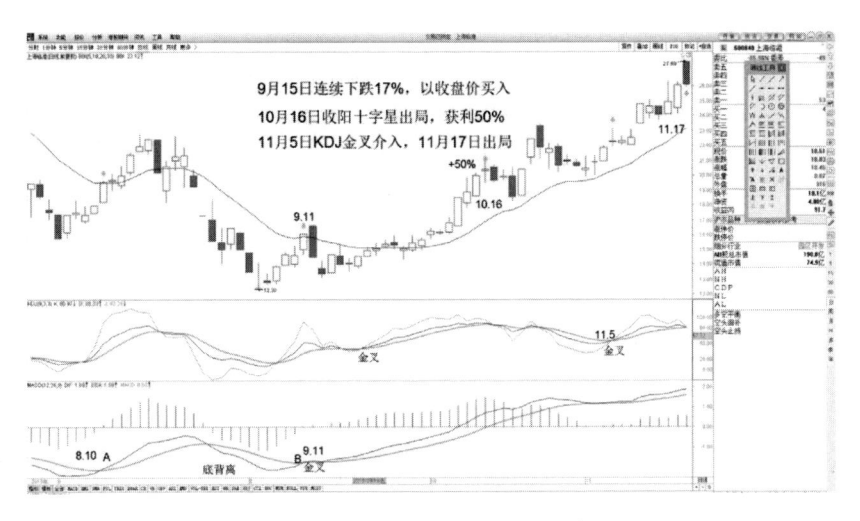

上海临港（600848）2015年9月11日的后市图

9月15日连续两天下跌17%，以收盘价买入。

由于该股的周KDJ虽然死叉但是J线已经是拐头向上，估计该股后市反弹越过前高可能是大概率，所以谨慎中线持股到10月16日，收阳十字星获利50%出局。

但是现在股价仍然没有越过前高，所以在11月5日KDJ金叉时轻仓买入，持股到11月17日收阴线出局，获利17%。

小结：

该股虽然晚于大盘MACD在0轴之下金叉，但是走势具有大盘走势的基本特征，抓住金叉时的周线KDJ的J线拐头向上的契机，敢于中线持股，获利颇丰。

晚1天：例8，天夏智慧（000662）2015年9月11日MACD在0轴之下比上证指数晚一天金叉，与深证成指是同一天金叉，宏观看它有两波下跌走势，MACD金叉B点比A点位置高，股价与MACD成底背离状态，说明该股的走势具有大盘走势的特征。另外，该股的股价在7月24之后围绕多空指标BBI盘整3周，查看大盘也有这样的走势，说明该股是跟随大盘走势的节拍，因此可以选择介入操作。由于该股在9月11日之前已经连续5天收阳，股价仍然在多空指标BBI之下，所以等待股价回调收阴或者KDJ金叉时介入，见下图：

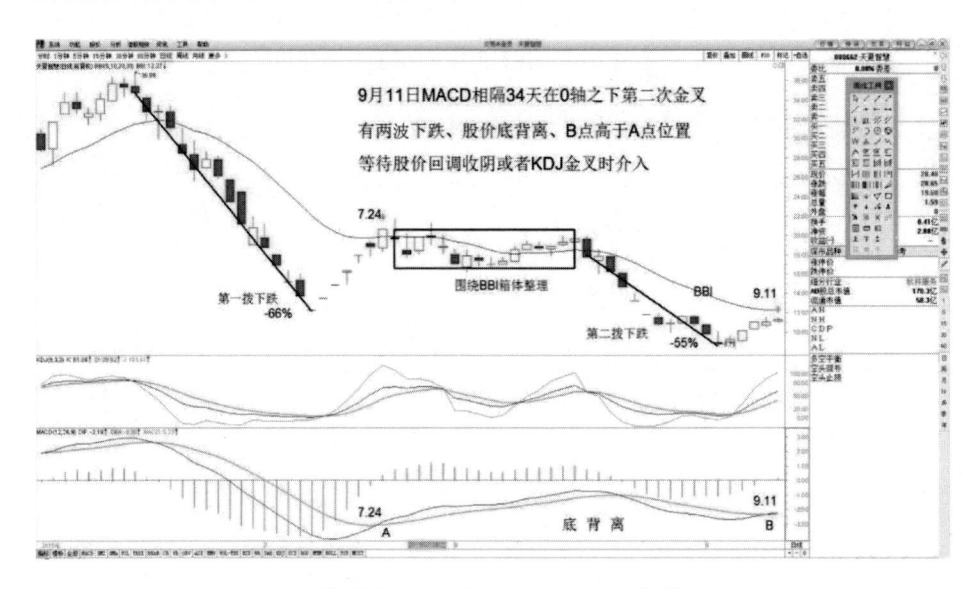

天夏智慧（000662）2015年9月11日走势图

第 2 章　MACD 在 0 轴之下第二次金叉

该股后市的走势以及具体的操作过程见下图：

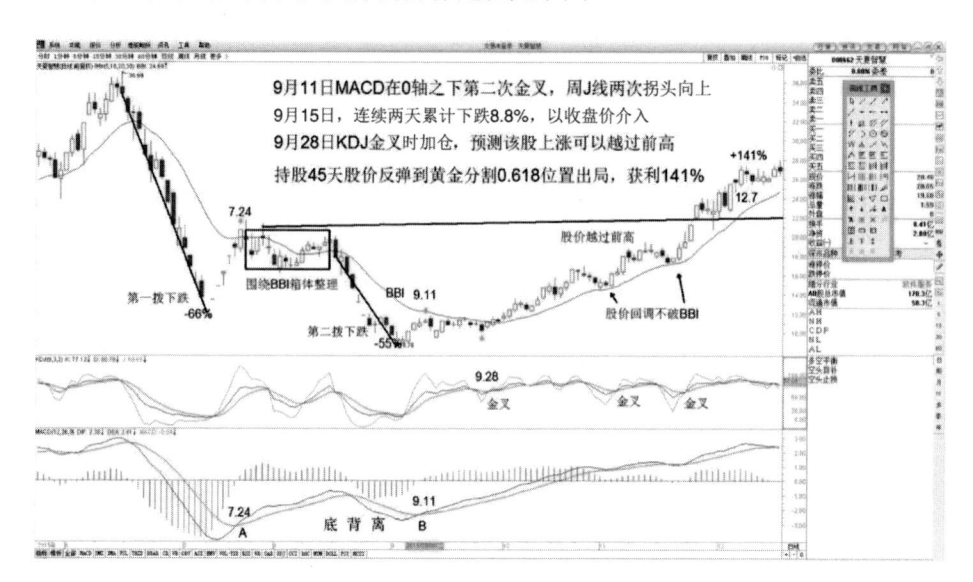

天夏智慧（000662）2015年9月11日的后市图

9月15日该股收假阳线（与大盘走势同步），连续两天累计下跌8.8%，以收盘价买入。

9月28日，该股股价一直在多空指标BBI之下盘旋，当日下跌7.03%，KDJ马上要金叉，决定加仓。

由于事先看到9月11日周KDJ的J线有两次拐头向上走势，现在K、D、J三线密集，估计最多在三周之内就要金叉，所以敢于中线持股，预测股价反弹越过前高是大概率，盘整谨慎观察持股。

从盘中走势可以看到，股价有两次回调不破多空指标BBI线，此时随机指标KDJ金叉，给你介入或者持股增强信心。持股到12月7日股价越过前高，股价已经反弹到黄金分割0.618位置，持股45天获利141%，出局。

小结：

该股虽然MACD在0轴之下比大盘晚一天金叉，但是发现它所有指标走势是跟随大盘走势的，尤其是抓住周J线两次拐头向上走势，以及盘中走势迹象，敢于中线持股，最后获益颇丰。

晚2天：例9，江苏吴中（600200）2015年9月14日比上证指数晚2天MACD在0轴之下第二次金叉，宏观看它有两波下跌走势，金叉B点比A点位置略高一点，股价与MACD成底背离状态，说明该股的走势具有大盘走势的特征，说明该股是跟随大盘走势的，此时的周KDJ已经是金叉状态，因此可以选择介入操作，由于该股在9月14日之前已经连续5天收阳，股价仍然还在多空指标BBI之下，所以等待股价回调收阴或者KDJ金叉时介入，见下图：

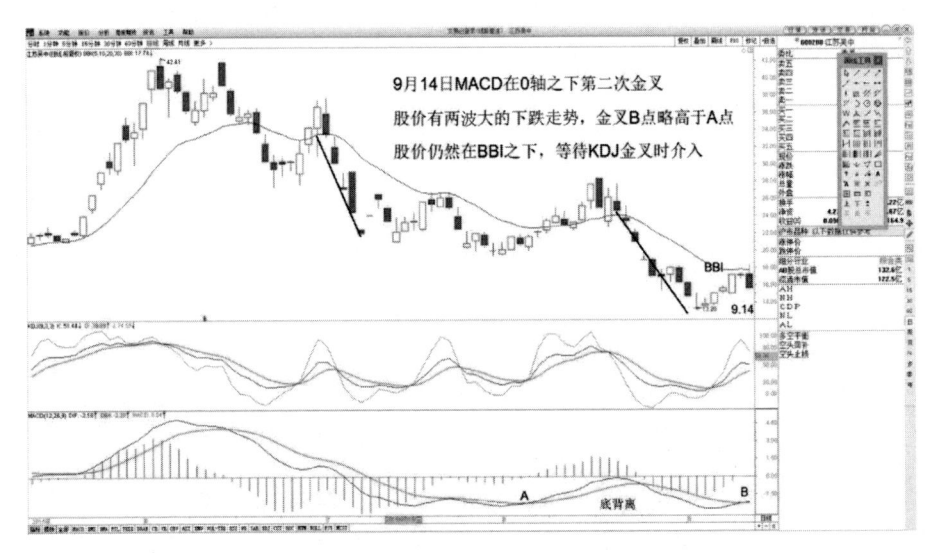

江苏吴中（600200）2015年9月14日走势图

该股后市的走势以及具体的操作过程见下图：

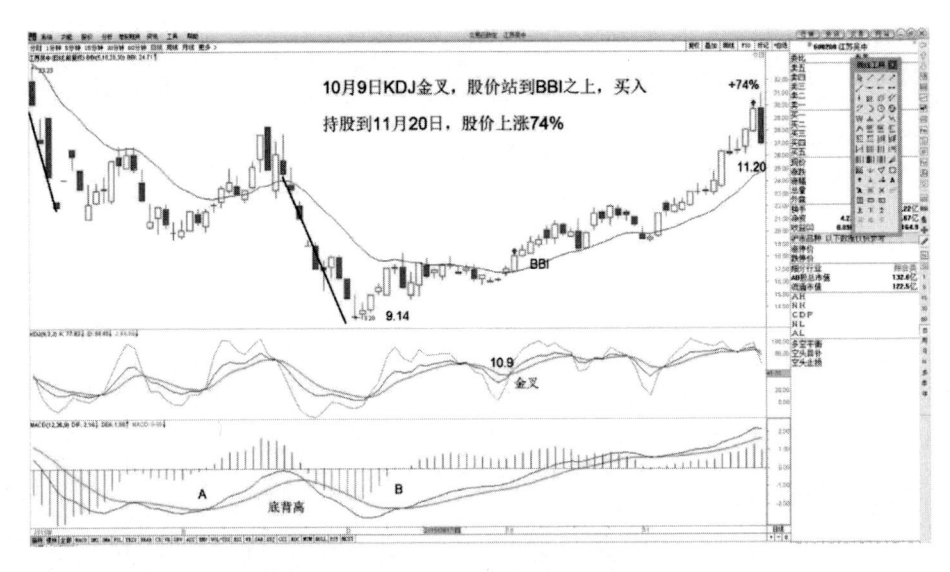

江苏吴中（600200）2015年9月14日的后市图

第 2 章　MACD 在 0 轴之下第二次金叉

10月9日KDJ金叉，股价昨天已经站到多空指标BBI之上，今天虽然低开1.1%，仍可大胆买入；

由于周KDJ已经是金叉状态，所以该股有反弹过前高的可能性，所以持股到缩量上涨的11月20日，股价上涨了74%。

小结：

MACD在0轴之下第二次金叉虽然晚大盘2天，但是该股的走势有大盘走势的基因，又由于周KDJ处于金叉状态，股价反弹有挑战前高的可能性，所以敢于尝试中线持股，获利颇丰。

晚2天：例10，德威新材（300325，现*ST德威）2015年9月14日比创业板指数晚2天MACD在0轴之下第二次金叉，宏观看它有两波下跌走势，但是金叉B点比A点位置低，股价与MACD没有形成底背离状态，此时的周KDJ虽然死叉，但是J线已经有四次拐头向上走势，所以该股的走势具有创业板走势的特征，因此可以选择介入操作。由于股价仍然在多空指标BBI之下，所以等待股价回调收阴或者KDJ金叉时介入。

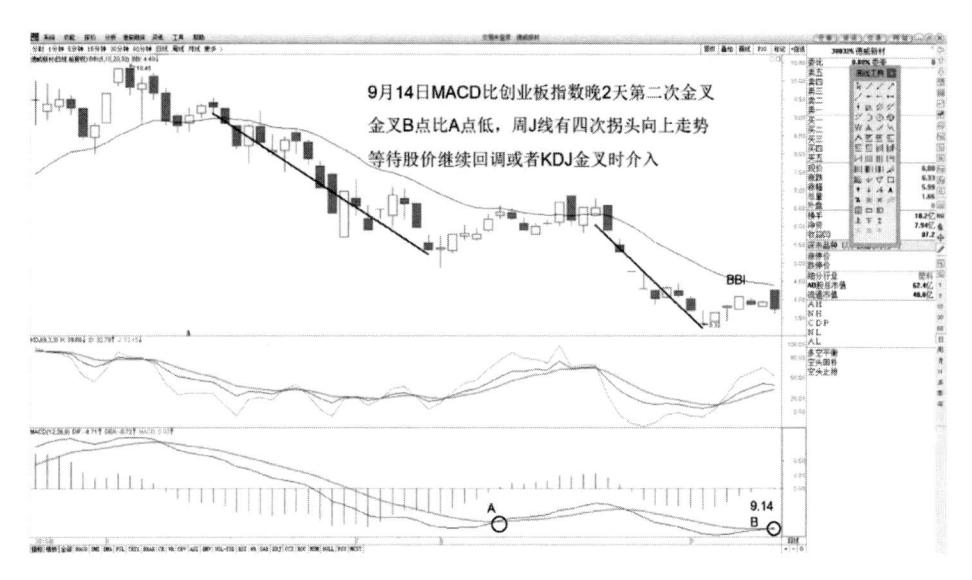

德威新材（300325）2015年9月14日走势图

该股后市的走势以及具体的操作过程见下图：

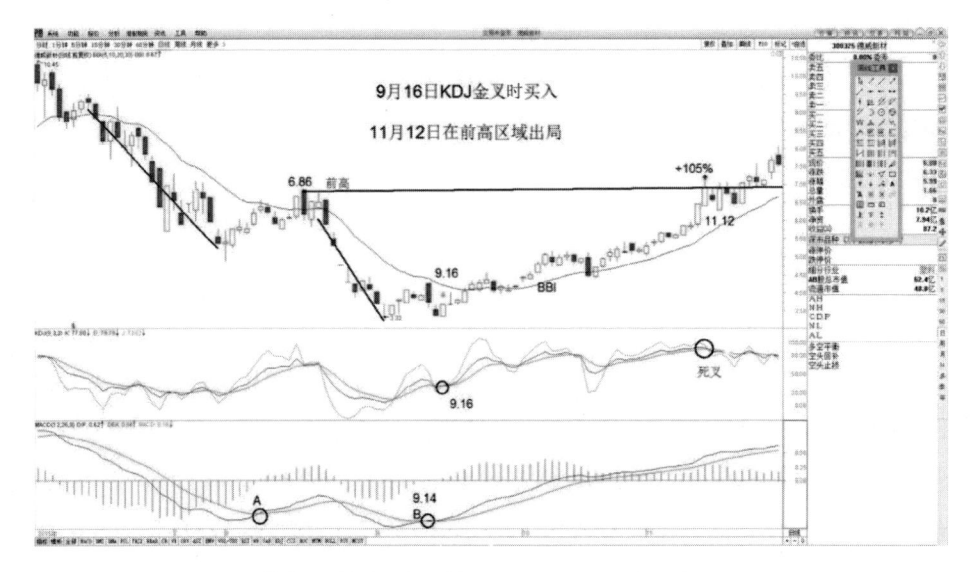

德威新材（300325）2015年9月14日的后市图

9月16日在连续两天下跌14.7%的情况下KDJ金叉，此时可买入。因为该股的周KDJ的J线线已经有四次拐头向上走势，所以该股的反弹行情有挑战前高的可能性，可谨慎中线持股到前高位置。在11月12日已经连续5天收阳并且股价在前高6.86元的位置收出长上影线的K线，决定出局，获利105%。

小结：

该股的MACD在0轴之下第二次金叉的B点位置比A点低，因为我们定义A点是在0轴之下最低点位置，所以我们把金叉的B点位置改为A点，而原先的A点位置作废。此时我们可以理解现在的德威新材（300325）2015年9月14日在0轴之下的金叉只有A点一次的原因了，因为该股的MACD今天的金叉走势完全符合创业板的二次金叉走势，所以跟随MACD在0轴之下第二次金叉的操作手法，获利是大概率的。

第3章

MACD在0轴之下第三次金叉

MACD在0轴之下出现第三次金叉，可以捕捉能够获利的概率太少了。尽管有一些股友在大盘极特殊的情况下，也找出一些可以获利的案例，并也说出存在的合理性，但是作者总是感觉心里打鼓，觉得太特殊，共性不足，不宜操作。

　　下面作者把他们所说的观点和理由简单梳理一遍，供读者参考。按照常规的操作经验，股价在经过一波下跌之后，随着卖盘的压力逐渐减小，股价有止跌企稳反弹的预期。通过MACD指标来看的话，有时会表现出有连续的金叉出现，尤其是在股价继续创出新低，而MACD未创新低却再次金叉的时候，这就形成了底背离，这是一种反弹上涨的信号。

　　这是我们最常用的一种买入方法，同时也是长期操作中重要的做多依据。当该股在上涨几天后，MACD又回调背离，第三次金叉出现时，我们发现随后的市场便进入了可喜的拉升走势。

　　下面请看上证指数2010年7月9日MACD在0轴之下第三次金叉，的确大盘调整到2319点之后，再也没有创新低，后市出现了可喜的拉升走势，请看下图：

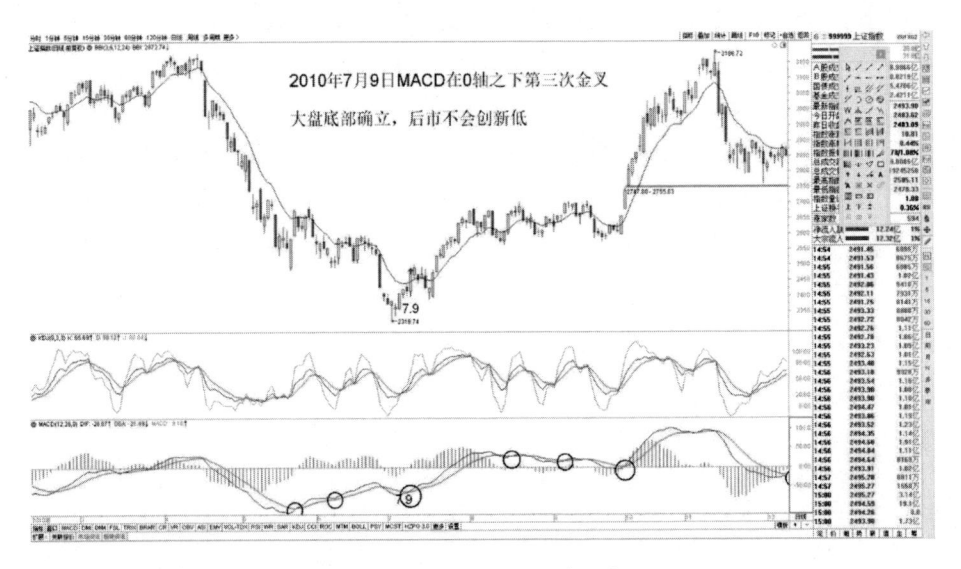

上证指数2010年7月9日的后市图

下面请看中科电气（300035），走势可就不灵了，见下图：

中科电气（300035）2018年1月25日的后市图

中科电气MACD在0轴之下第三次金叉之后，股价连续下跌两周，下跌幅度是25%，显然该股的走势与上面所说大盘的走势是相背离的。

小结：

大盘和个股MACD在0轴之下第三次金叉，虽然走势都是特殊的案例，谈不上具有普遍性。但是作者认为第三次金叉后有可喜拉升走势的概率不高，不提倡追求此方法。

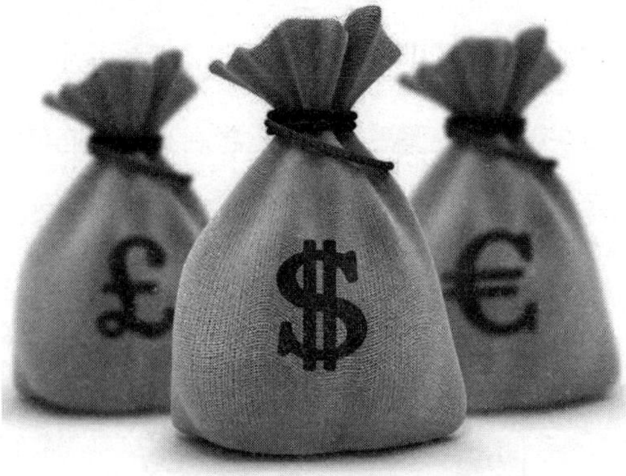

第4章

MACD在0轴附近金叉

0轴是多空分界线。MACD的快慢线在0轴上方可以认为是多头行情，反之在0轴的下方则是空头行情。同时0轴也是很重要的一个变盘点位。大的行情的爆发，不管是上涨还是下跌，不管是大周期还是小周期，基本都是从0轴附近开始。

MACD在0轴附近金叉分为两种情况：

一种是MACD从0轴上方回调到0轴上方附近处形成的金叉。此时的金叉主要看20日均线的压力，如果20日均线走平或者上拐则后期的行情更加值得期待一些；如果金叉后20均线有明显斜度的下压，则此次金叉的行情不会太好，可能马上就会死叉，不死叉的话也可能是横盘行情，看见了应该避险。

另一种是MACD从0轴下方向上往0轴靠近，在0轴下方附近处形成的金叉，攻击0轴的时候能量不能耗尽，这时看红柱的高度和面积逐步在增大，此时不要认为是多头爆发，往往是能量耗尽，应该卖出。

向上靠近0轴时最好是放量，因为上面有60日均线作为压力阻挡。如果此时60日均线下压，则多半是真的压力；如果60日均线走平，能量不耗尽的情况下配合放量往往能一气呵成冲过压力线。

一般情况MACD上穿0轴，通常标志着市场力量由空头转为多头，后市行情看涨，是买入信号。若在上涨期间有成交量放大的配合，则短线走势将更加强劲，投资者可在MACD穿过0轴的当日，积极买入，在成交放量时再加码买入。

MACD出现在0轴的不同位置，有不同的市场含义。MACD金叉出现在0轴上方或者附近就是强烈的买入信号。

在0轴附近的金叉要优于0轴上方，接近0轴就说明涨势才刚刚开始，还有很大的上升空间，买入的风险就相对较小。

在0轴下方的金叉，表明目前多方力量暂时占据上风，但是上涨行情暂未完全展开，这时候介入会有一定风险。

如果MACD金叉出现的同时伴随着成交量逐渐放大，就代表了多方力量的增强，这时候的看涨信号更加可靠。

第1节 MACD从高位回撤到0轴附近金叉，20日均线、60日均线和年线都是向上运行，周MACD金叉在0轴之上，后市上涨是大概率的走势

口诀：上看20日均线，下看60日均线，前看MACD，后看成交量。

例1，上证指数2015年3月11日MACD从高位回撤到0轴之上附近处先是金叉后出现似死非死状态。此时周MACD在0轴之上黏合，20MA、60MA和年线都是向上运行，这是介入的最佳机会，其后指数上涨57%，见下图：

上证指数2015年3月11日的后市图

例2，先导智能（300450）2017年3月2日MACD在0轴之上从高位回撤到0轴附近金叉，股价放量站到20MA之上，20MA、60MA和年线都是向上运行，周MACD在0轴之上是金叉状态，这样的走势条件是千载难逢的好机会，不过需要等待股价回调收阴买入，见下图：

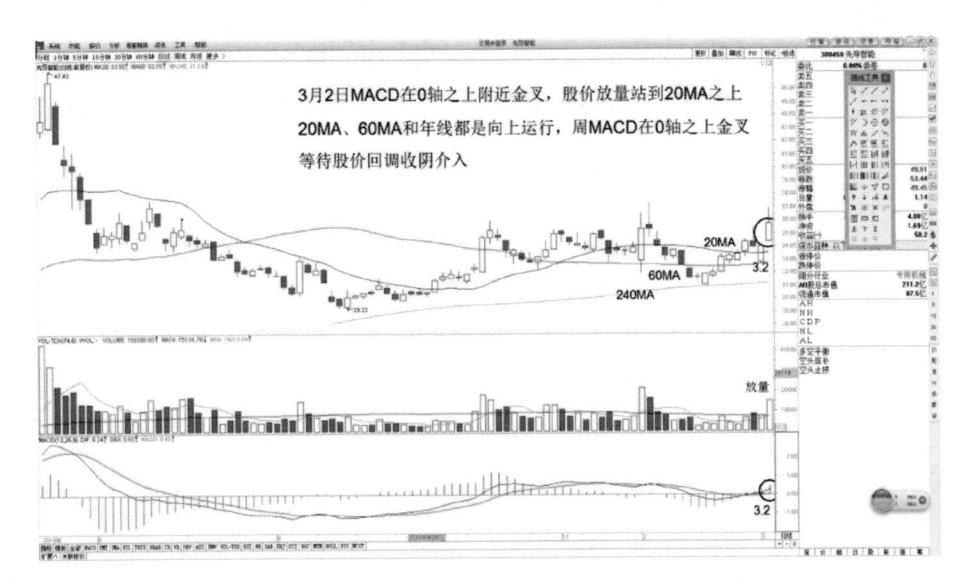

先导智能（300450）2017年3月2日走势图

该股后市走势以及具体的操作方法见下图：

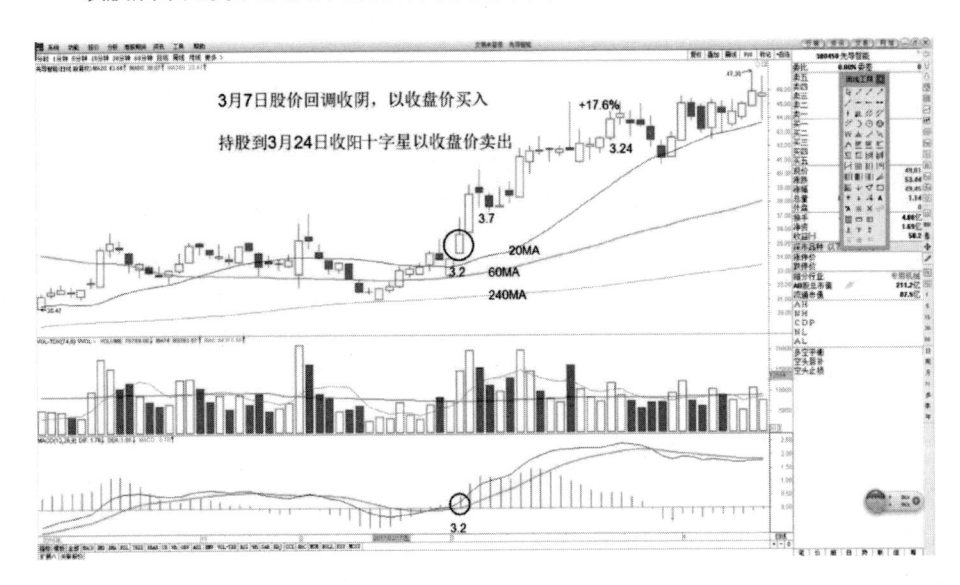

先导智能（300450）2017年3月2日的后市图

3月7日股价回调收阴，以收盘价买入；持股到3月24日，股价缩量收阳十字星，红柱在缩短，决定卖出，获利17.6%。

小结：

凡是遇到MACD在0轴之上回撤到0轴之上附近处金叉时，20MA、60MA

和年线都是向上运行，周MACD金叉在0轴之上的，要抓住千载难逢的赚钱好机会，千万不能犹豫。

例3，金牛化工（600722）2016年12月9日MACD从高位一波三折回撤到0轴之上附近处金叉。所谓一波三折的回调，反映为股价在下跌走势中不是直线回调而是区间震荡调整，这样给多空双方一个充分调整平衡的机会，使多方储备了后期拉升的动力，20MA、60MA都是向上运行，并且它们之间相隔很近，年线也是向上，周MACD在0轴之上金叉成老鸭头走势状态，股价前一日收了一个带长上影线的阳线，当日高开低走收一个带长下影线的阴线，故认为股价调整基本结束，以收盘价买入，见下图：

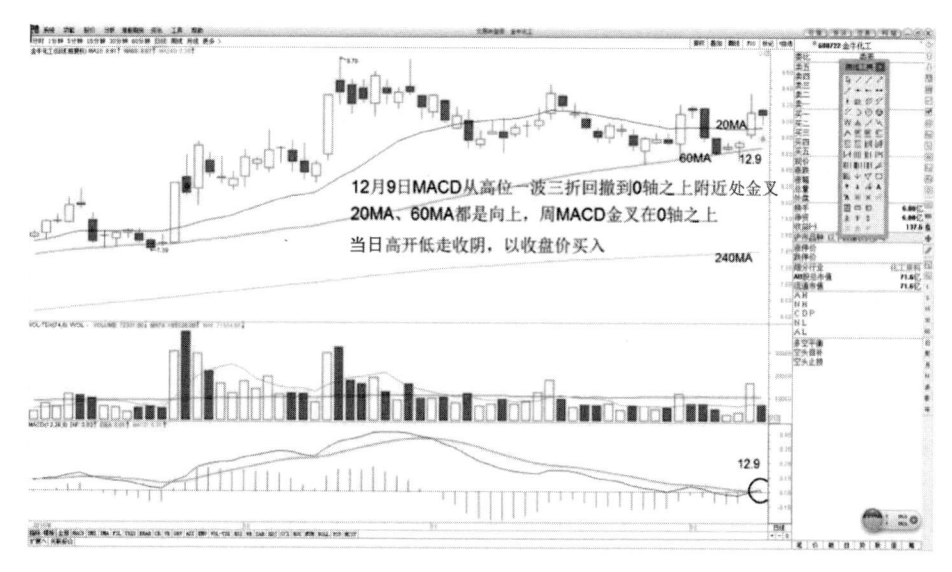

金牛化工（600722）2016年12月9日走势图

该股后市走势以及具体的操作方法见金牛化工（600722）2016年12月9日的后市图。

持股到12月15日股价放大量震荡涨停，有诱多嫌疑，决定出局。持股5天获利46.5%。

小结：

该股走势有几个关键信息应该引起投资者重视，MACD回撤到0轴之上附近处金叉时，股价在年线之上很远处，20MA与60MA之间距离不远并且是向上的，周MACD在0轴之上成老鸭头走势状态，关于介入时间的把握，一般说MACD金叉后回调收阴介入，其实12月9日就是回调收阴走势，众多利好不容迟疑，应果断介入。

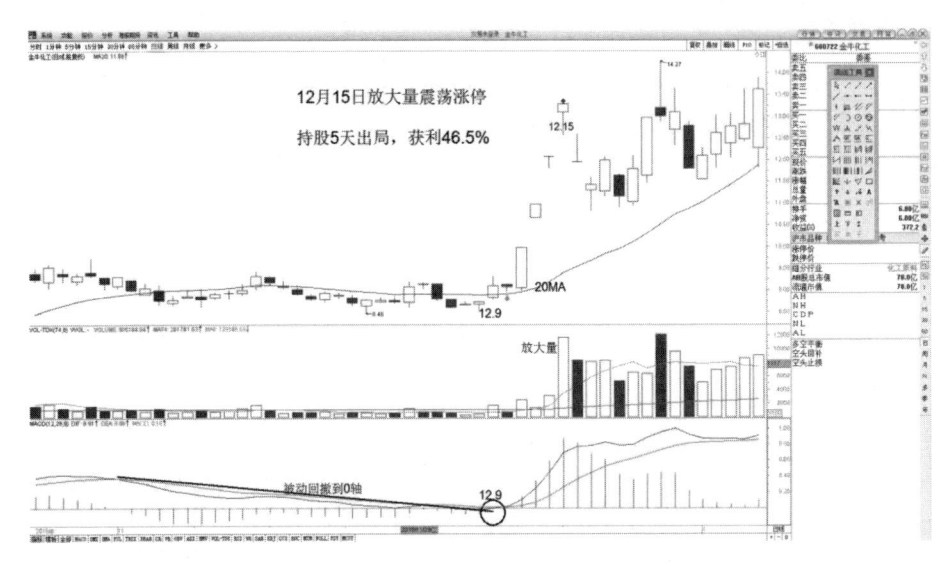

金牛化工（600722）2016年12月9日的后市图

例4，福成股份（600965）2015年5月18日MACD经过漫长的时间回撤到0轴之上附近处金叉，放量上涨站到20MA之上，而且20MA、60MA和240MA都是向上运行，月线周线的MACD都是在0轴之上金叉向上运行，可以在当日以收盘价介入或者等待股价回调收阴介入，见下图：

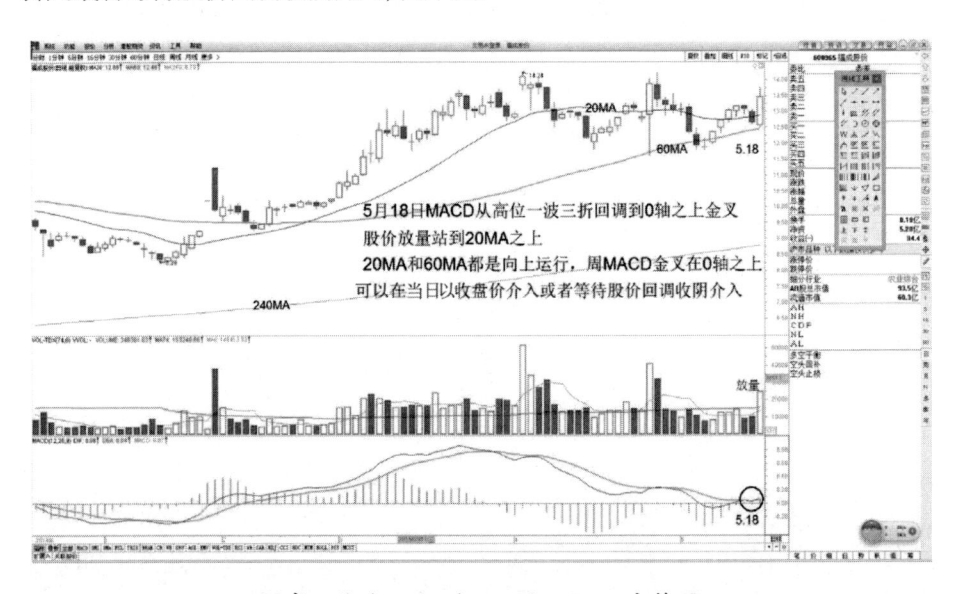

福成股份（600965）2015年5月18日走势图

该股后市走势以及具体的操作方法见下图：

福成股份（600965）2015年5月18日的后市图

5月19日可以以昨天收盘价提前挂单买入，结果买入成交；持股到5月27日高开低走收出长上影线，决定出局获利16%；

5月29日在前日低开低走下跌8.95%，几乎收一根光脚阴线的情况下，今天期待股价调整到20MA时买入，所以提前在20MA挂单买入，结果买入成功。

持股到6月15日当天股价上涨9.47%，虽然从技术角度没有指明卖点，但是从心理角度是满意的，所以决定出局，获利63%。

小结：

MACD经过漫长调整的回撤到0轴，股价是横盘震荡拒绝创新低，主力洗盘调整比较充分，储备了大量的拉升动力，月线、周线的MACD金叉向上走，所以后市走势值得期待。

例5，无锡银行（600908）2017年4月11日MACD从高位死叉回撤到0轴之上附近处金叉，股价放量上涨8.47%，换手率是41.85%，股价平前期高点区域，20MA和60MA都是向上运行，周MACD金叉在0轴之上。

该股由于走势比较强悍，拉升涨停几次打开是吸筹行为。不是主力无能的表现，尤其是在尾盘打压显示弱势时。根据作者的经验，以上判定是主力操作手法刁钻，应该识破主力意在长远吸筹建仓的行为，所以在当日以收盘价轻仓买入一点，以后抓住机会再重仓介入，见下图：

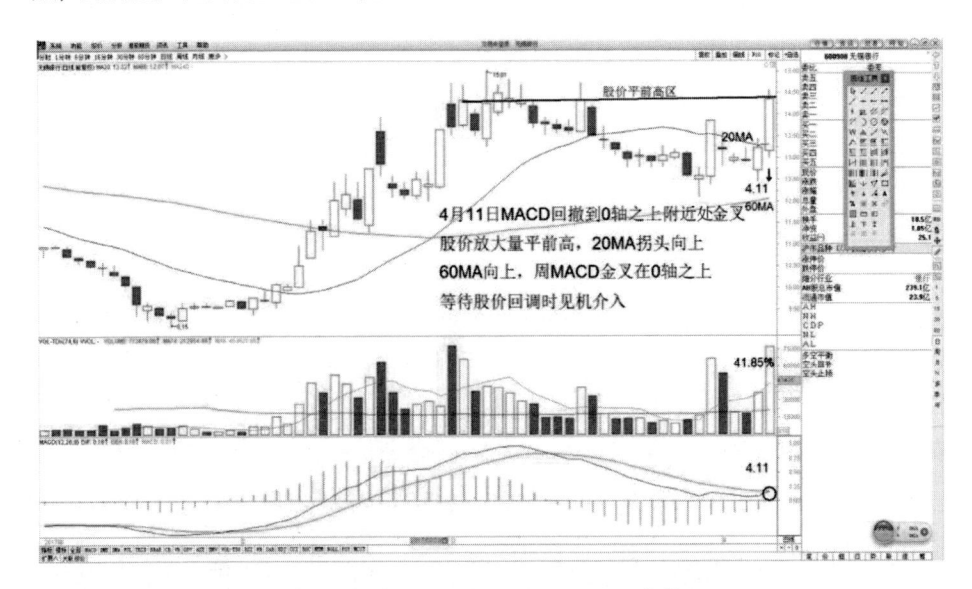

无锡银行（600908）2017年4月11日走势图

该股后市走势以及具体的操作方法见下图：

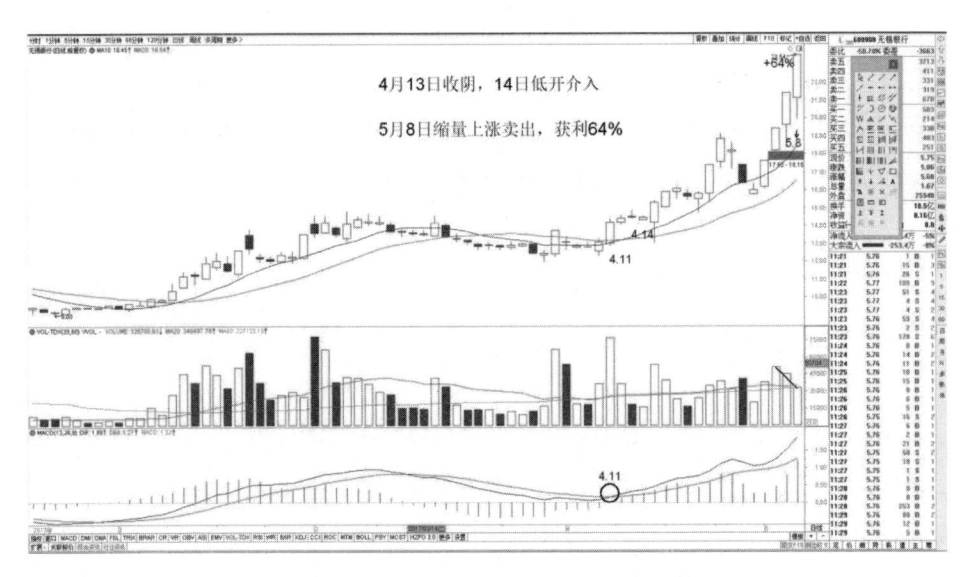

无锡银行（600908）2017年4月11日的后市图

第4章 MACD在0轴附近金叉

4月11日之后股价在4月11日的收盘价横盘三天居高缩量不下，不免使人更加怀疑这个位置是主力的建仓位置，因此盘中必须密切关注。

4月13日股价收阴，4月14日低开买入，持股到5月8日股价连续四天收阳涨停卖出，获利64%。

小结：

该股4月11日的走势是强势的芙蓉出水，放出这么大的量，尤其是在涨停板阶段时而打开、时而关闭，这明显是吸筹建仓行为，尾盘打压更证实了这一点。事后三天高位横盘，临拉升前还要踹你一脚，造成恐慌情绪，结果4月17日午后开盘不久，就来了一次跳水，不久就V字形反弹。

例6，恒天海龙（000677）2017年9月9日MACD从高位回撤到0轴之上附近处金叉，股价站在20MA之上，20MA、60MA和年线都是向上运行，周MACD慢线在0轴位置向上、快线已经到了0轴之上，见到这样的走势，等待股价回调收阴大胆介入，见下图：

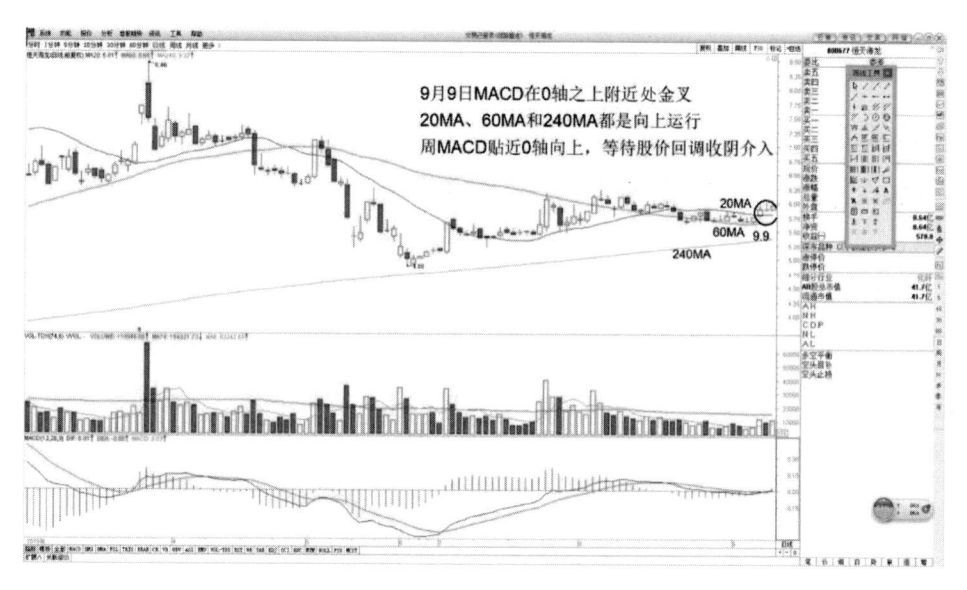

恒天海龙（000677）2017年9月9日

该股后市走势以及具体的操作方法见下图：

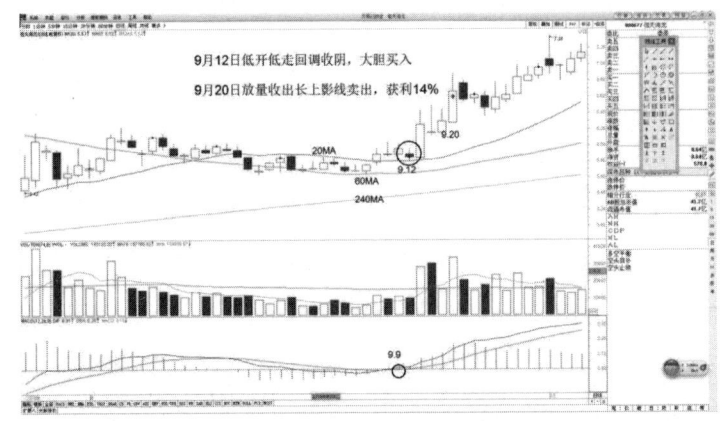

恒天海龙（000677）2017年9月9日的后市图

9月12日低开低走收阴，大胆买入；持股到9月20日，放大量收出长上影线，以收盘价卖出，获利14%。

小结：

MACD从高位回撤到在0轴之上附近处金叉，股价站在20MA之上，20MA、60MA和年线都是向上运行，周MACD在0轴附近位置向上，见到这样的走势，等待股价回调收阴大胆介入，赚钱概率大。

例7，华友钴业（603799）2016年5月5日MACD回撤在0轴之上附近处放量金叉，股价放量上涨8.26%平前高，促使20日均线突然拐头向上，股价站在年线与20日均线黏合处之上，下看60日均线呈向上运行态势，前看周MACD金叉在0轴线上。

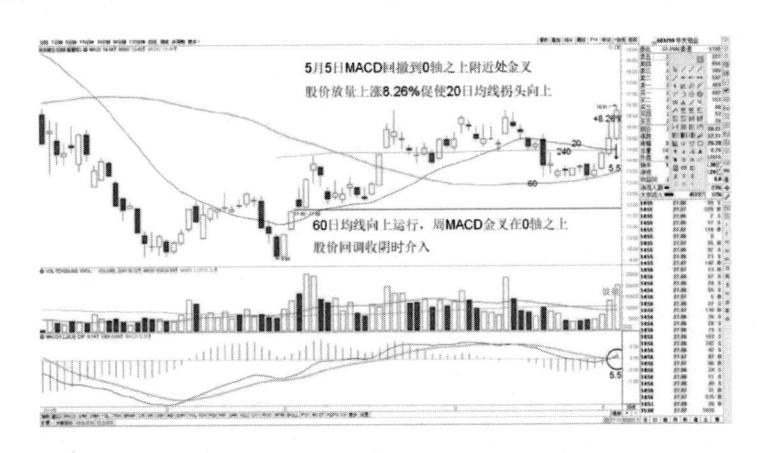

华友钴业（603799）2016年5月5日走势图

该股后市走势以及介入过程见下图：

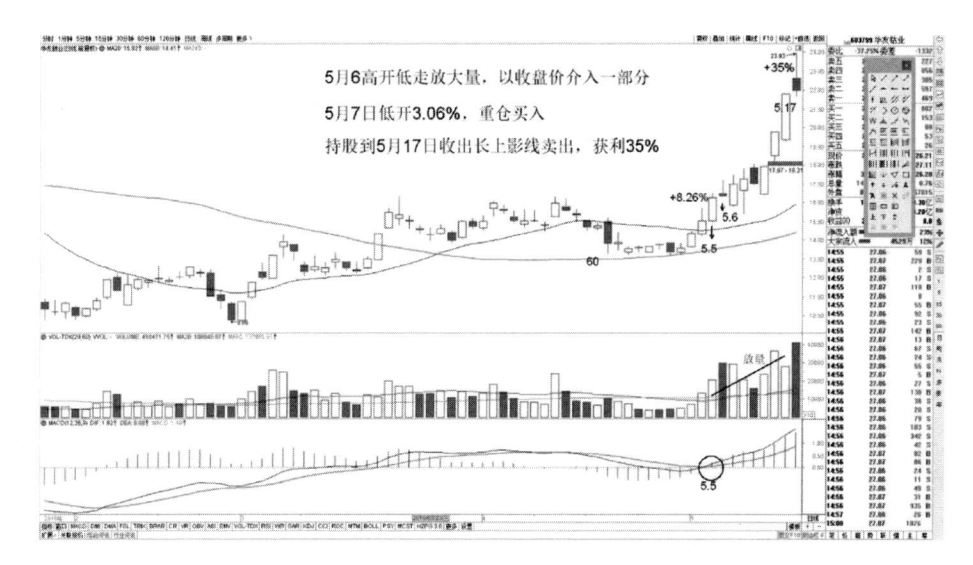

华友钴业（603799）2016年5月5日的后市图

次日即5月6日该股高开低走放大量，收出一根假阴线，股价上涨0.43%，以收盘价买入一部分；

5月7日该股低开3.06%，以开盘价重仓买入；

由于股票处于放量状态看好后市，持股一直到5月17日收出一根带长上影线的K线，卖出获利35%。

小结：

上看20日均线，下看60日均线，前看MACD，后看成交量。该股完全符合要求，大胆介入与持股，获利是必然的。

例8，方盛制药（603998）2017年1月11日MACD从高位回撤到0轴之上附近处放倍量金叉，收出一根实体很大的上影线K线，20日均线当天拐头向上走，60日均线也是向上运行，但是周MACD死叉，大盘KDJ死叉，该股当天的走势有诱多嫌疑，后市走势看淡，放弃跟踪，见下图：

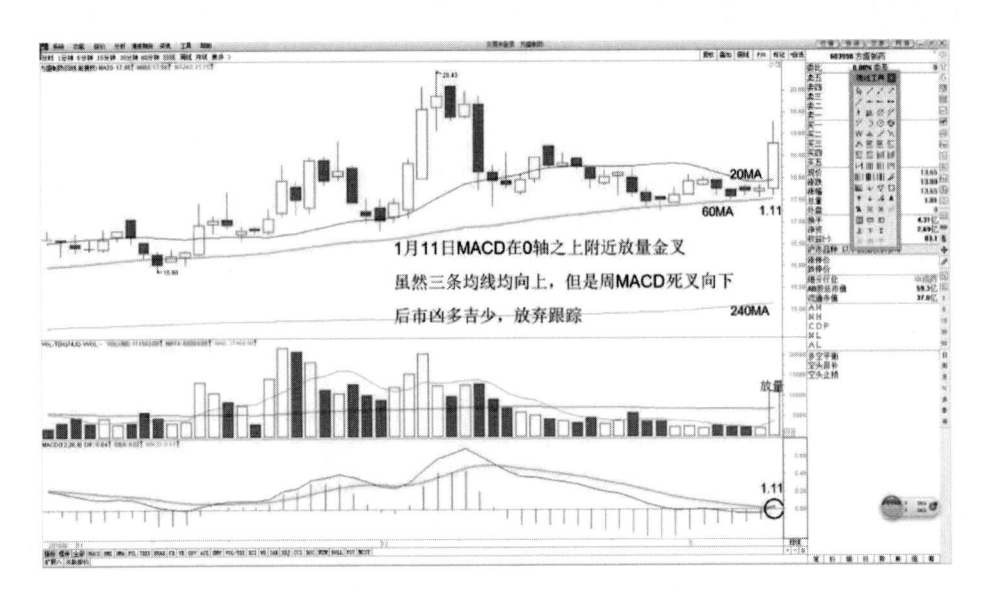

方盛制药（603998）2017年1月11日走势图

该股后市走势见下图：

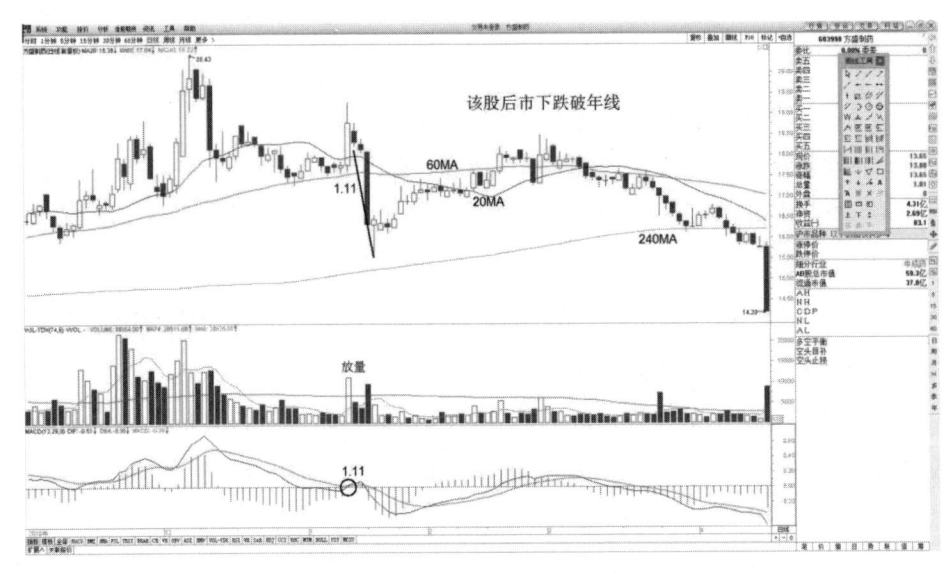

方盛制药（603998）2017年1月11日的后市图

小结：

当MACD从高位回撤在0轴附近金叉时，尽管20MA、60MA和240MA都是向上走势，但只要周MACD死叉，一般是凶多吉少，放弃跟踪。

第2节　个股MACD从高位回撤到0轴附近金叉时20日均线走平

当个股MACD从高位回撤到0轴附近金叉，20日均线不是向上而是走平时，如果股价是放量上涨越过20日均线，60日均线是向上运行，并且周MACD金叉在0轴之上运行的话，后市走势同样值得期待，不过介入点可以选在股价回调收阴时，这样给20日均线拐头向上一个调整时间，同时介入的风险也有所降低。

例1，上海医药（601607）2015年2月13日MACD在0轴之上附近处放量金叉，股价站到20日均线之上，不过20MA不是向上而是走平三天。此时的月、周的MACD在0轴之上金叉向上。根据以上条件判断该股后市走势还是有所期望，不过介入点选在股价回调收阴时，见下图：

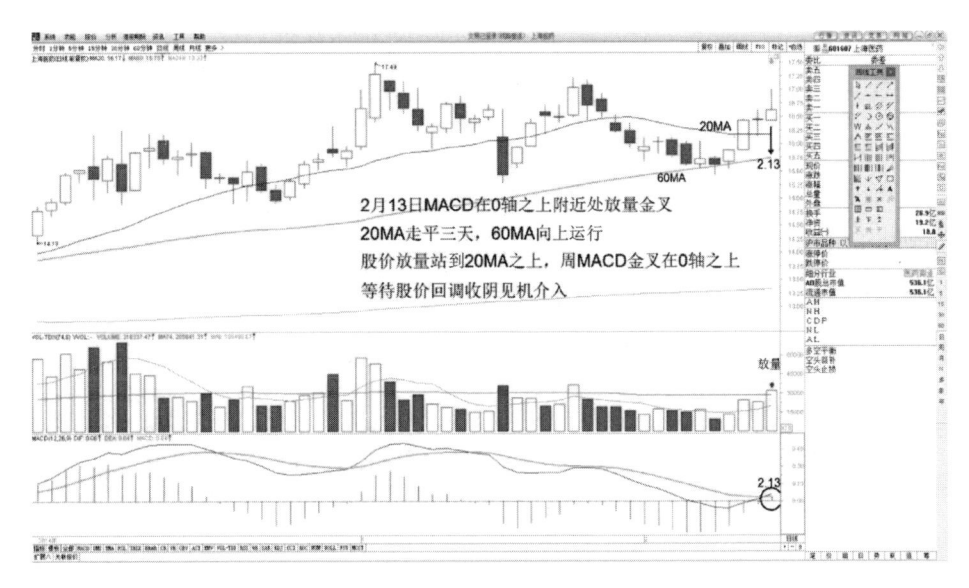

上海医药（601607）2015年2月13日走势图

该股后市走势以及具体的操作方法见上海医药（601607）2015年2月13日的后市图。

2月25日股价回调两个交易日，以收盘价介入；持股到3月17日股价收阴十字星出局，获利33%。

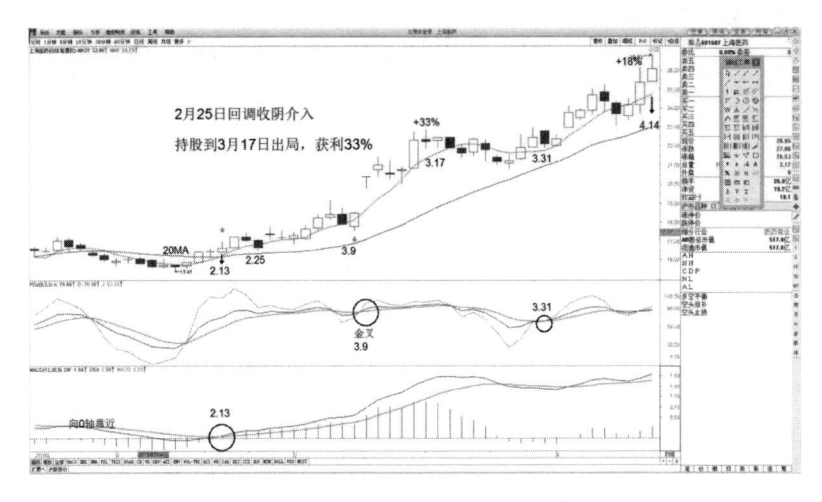

上海医药（601607）2015年2月13日的后市图

小结：

该股的20日均线自从MACD金叉之后就拐头向上运行，并且有量价配合，股价沿着5日均线爬升，当股价背离5日均线或者20日均线时，总有一个靠拢走势，此时可以按照KDJ金叉节拍介入。

例2，福建高速（600033）2017年3月24日在0轴之上附近处金叉，股价放量站到20日均线之上，此时20日均线向下企稳，已经走平三天，60日均线向上运行，实际20MA与60MA之间距离不远，周MACD金叉是在0轴之上，股价回调收阴时可以介入，事实上3月28日介入的话，3月29日涨停，见下图：

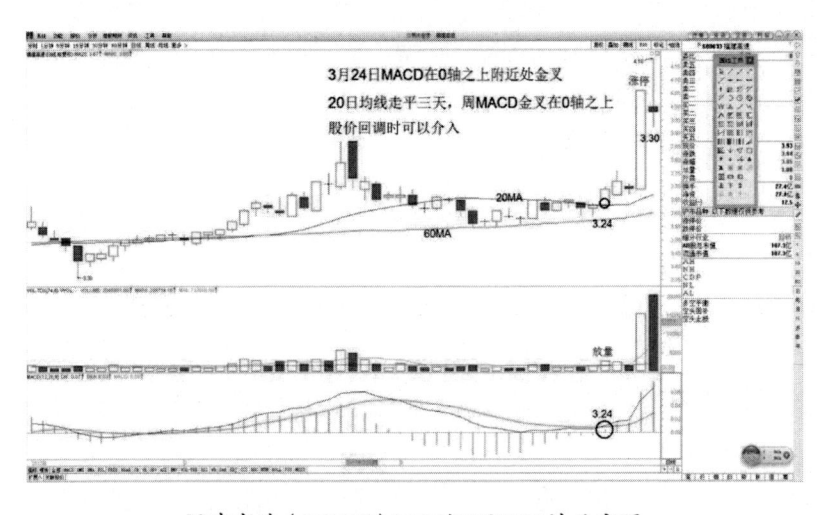

福建高速（600033）2017年3月24日的后市图

事实上在3月28日出现阴线时介入的话,可抓住3月29日的涨停。3月30日股价收出长上影线出局。

小结:

ＭＡＣＤ在0轴之上附近处放量金叉,20日均线向下企稳,已经走平三天,而60日均线向上运行,周ＭＡＣＤ金叉在0轴之上,后市有获利行情也是大概率的。

例3,伊之密(300415)2017年2月6日ＭＡＣＤ在0轴之下附近处金叉,20日均线走平两天,当天股价放量站到向下走平的20日均线之上,60日均线向上运行,实际之前20MA围绕60MA盘旋两次,周ＭＡＣＤ死叉在0轴之上,绿柱在缩短,等待股价回调收阴可以介入,期待后市有很好的走势,见下图:

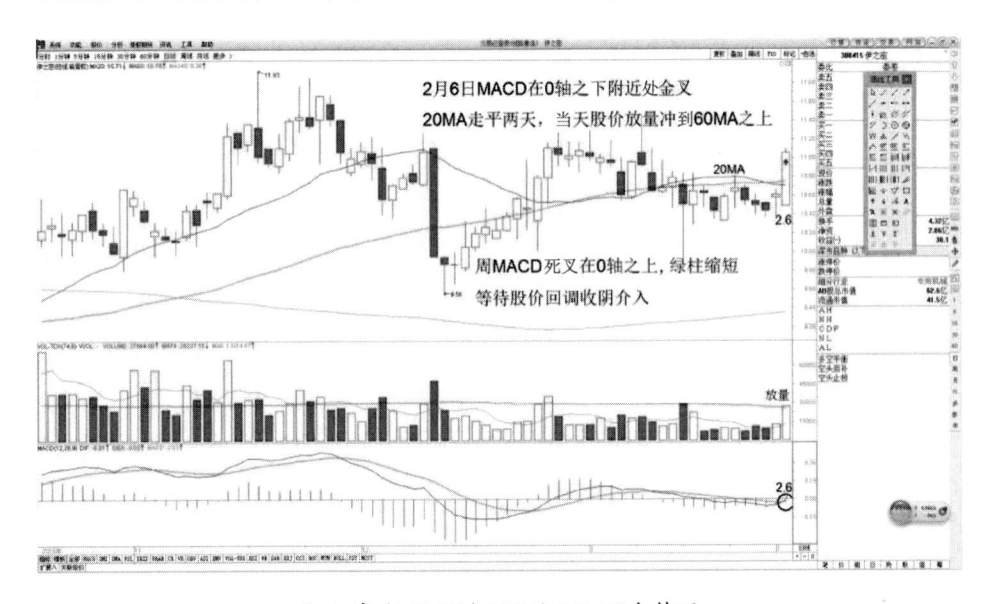

伊之密(300415)2017年2月6日走势图

该股后市走势以及具体的操作方法见伊之密(300415)2017年2月6日的后市图。

2月7日股价回调收阴,以收盘价介入;持股到3月7日高开低走,以收盘价卖出,获利15%。

小结:

ＭＡＣＤ在0轴之下附近处放量金叉,20日均线走平两天,60日均线向上运行,但是20MA在围绕60MA做盘旋走势,周ＭＡＣＤ死叉在0轴之上,绿柱在缩短,后市大概率有获利行情。

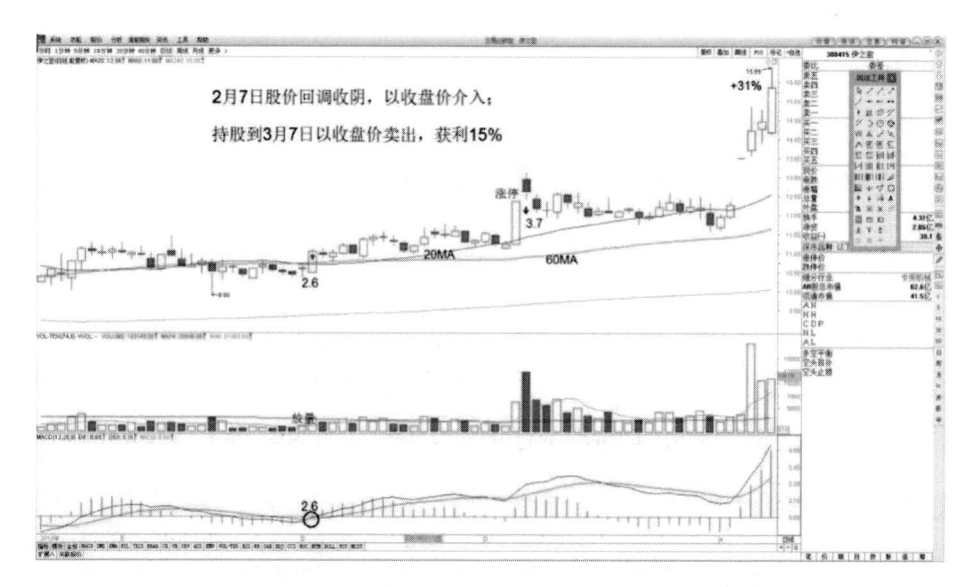

伊之密(300415)2017年2月6日的后市图

例4,郑州煤电(600121)2017年8月30日MACD在0轴之上放量金叉,20日均线已经走平5天,60日均线向上运行,周MACD金叉在0轴之上,由于股价已经站上20日均线4天,可以以当日的收盘价试探性轻仓介入,等待次日在当日的收盘价下寻机重仓买入,见下图:

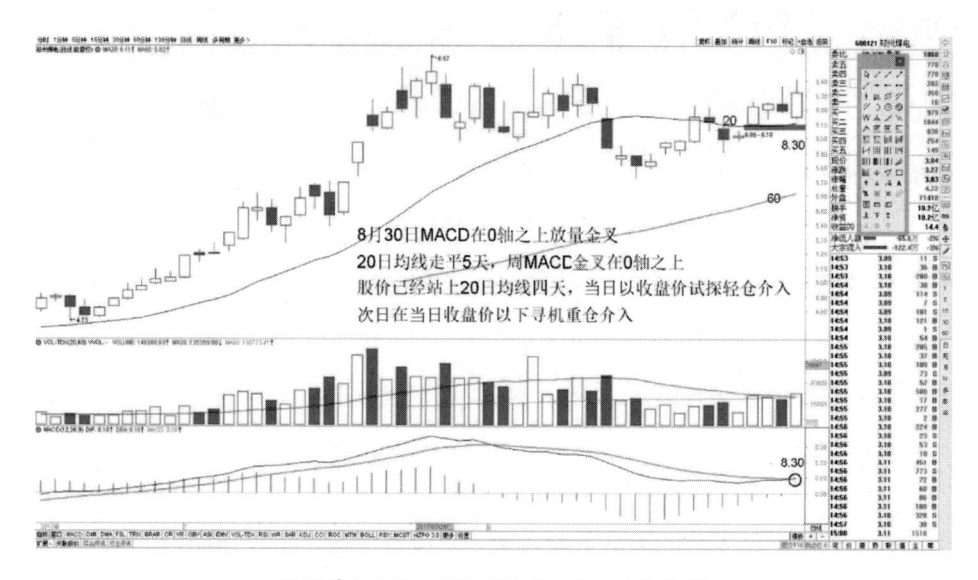

郑州煤电(600121)2017年8月30日走势图

该股后市走势以及具体的操作方法见下图：

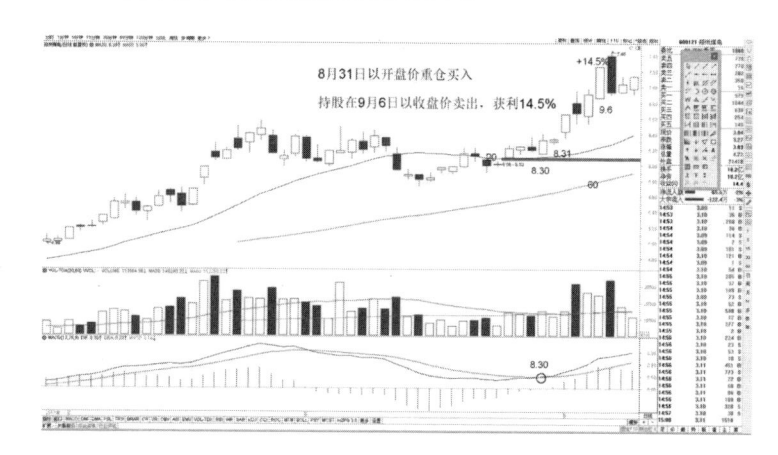

郑州煤电（600121）2017年8月30日的后市图

8月31日低开0.32%，以开盘价6.30元买入；持股到9月6日上涨5.07%，收一根光头光脚阳线，以收盘价7.26元卖出，获利14.5%。

小结：

MACD回调到0轴之上附近处金叉时，20日均线已经走平5天，股价已经站上20日均线4天，60日均线是向上的，周MACD在0轴之上金叉，抓住这样大好走势机会，积极大胆参与，获利是大概率，见好就收。

例5，中国武夷（000797）2017年9月18日MACD回调到0轴之上附近处金叉，20日均线先走平两天，然后上翘两天，周MACD金叉在0轴之上，现在股价站到20日均线之上已经3天，今天放量上涨6.47%，等待股价回调收阴见机介入，见下图：

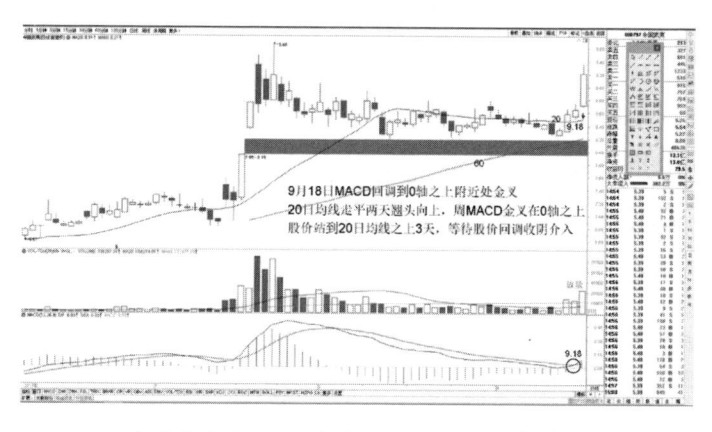

中国武夷（000797）在2017年9月18日走势图

该股后市走势以及具体的操作方法见下图：

中国武夷（000797）在2017年9月18日的后市图

该股在停牌一周后，于9月26日低开1.96%，此时可以先介入一些仓位，然后股价继续下探时可以见机介入另一些仓位。

持股到9月27日股价涨停，仍然坚持持股不动，期望次日高开再获得一点利润，果然9月28日股价高开3.43%，立即卖出可获利13.4%。

小结：

该股在MACD在0轴之上附近处金叉时，20日均线已经向上走了两天，但是在这两天之前的20日均线是走平两天，这一点是符合介入要求的。虽然该股之后有一个停牌一周的异常走势，但这并不影响介入条件的准确性，该介入仍然坚持介入。

第3节 个股MACD从高位回撤到0轴附近金叉，20日均线向下走，一般放弃跟踪

如果金叉时20MA是向下运行，但是此时该股的月、周的MACD是在0轴之上并且向上运行，可以等待股价回调缩量收阴介入。

例1，井神股份（603299，现为苏盐井神）2016年12月22日MACD从高位回

第 4 章　MACD 在 0 轴附近金叉

撤到0轴附近金叉，比起前一日是缩量金叉，当日收一颗下影线很长的阴十字星，由于20日均线现在是大角度向下运行，这是MACD在0轴附近金叉后是否能够引起反弹行情的关键判断，加之周MACD几乎要形成死叉，由此综合判断反弹行情的期望值，果断放弃跟踪观察，见下图：

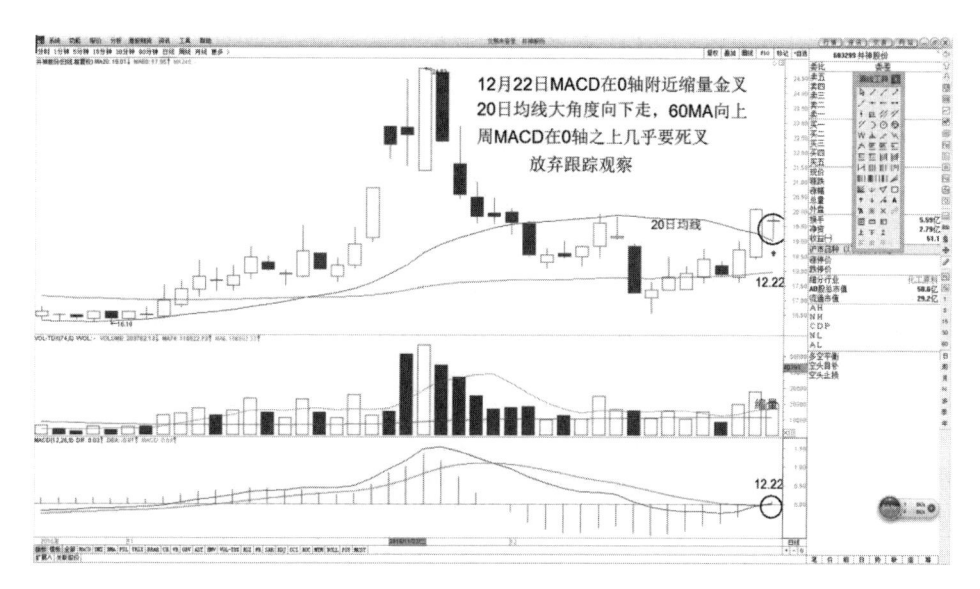

井神股份（603299）2016年12月22日走势图

该股后市走势见下图：

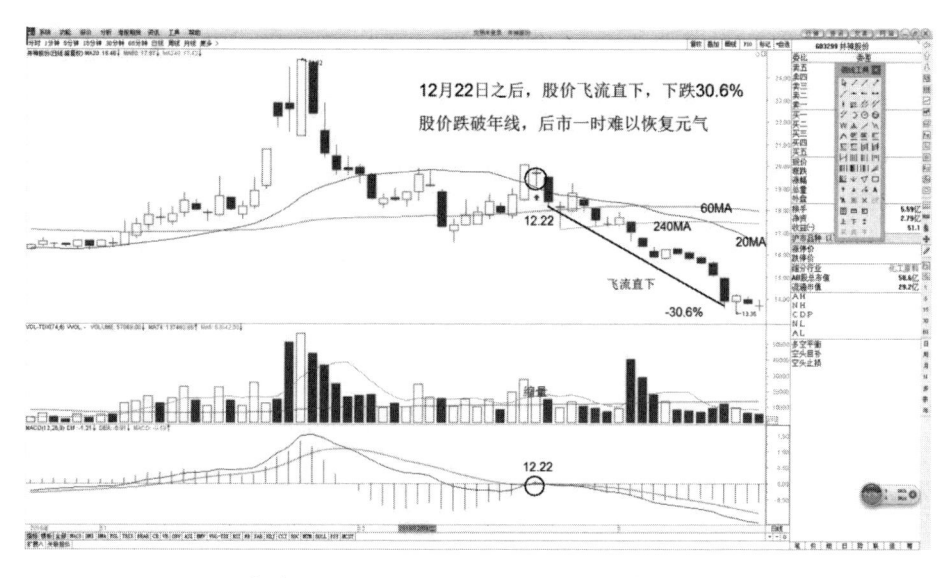

井神股份（603299）2016年12月22日的后市图

小结：

该股12月21日放量上涨7.21%越过20MA，凭此一点就有诱多嫌疑，股价想要站上下降走势的20MA不需要如此大动干戈，更何况周MACD几乎要死叉，确定放弃跟踪观察是明智的。

例2，伟明环保（603568）2016年11月11日MACD从高位回撤到0轴附近缩量收阴金叉。20日均线连续向下7天而当日缩量收阴它却拐头向上，不免产生疑问。60MA是向上，年线是向下，周MACD在0轴之下金叉虽然爬到0轴之上，但是红柱在缩短，月MACD死叉向下运行，月线和周线指标都不支持日线走好，所以别看20MA在缩量收阴时突然拐头向上，后市下跌是大概率，果断放弃跟踪观察，见下图：

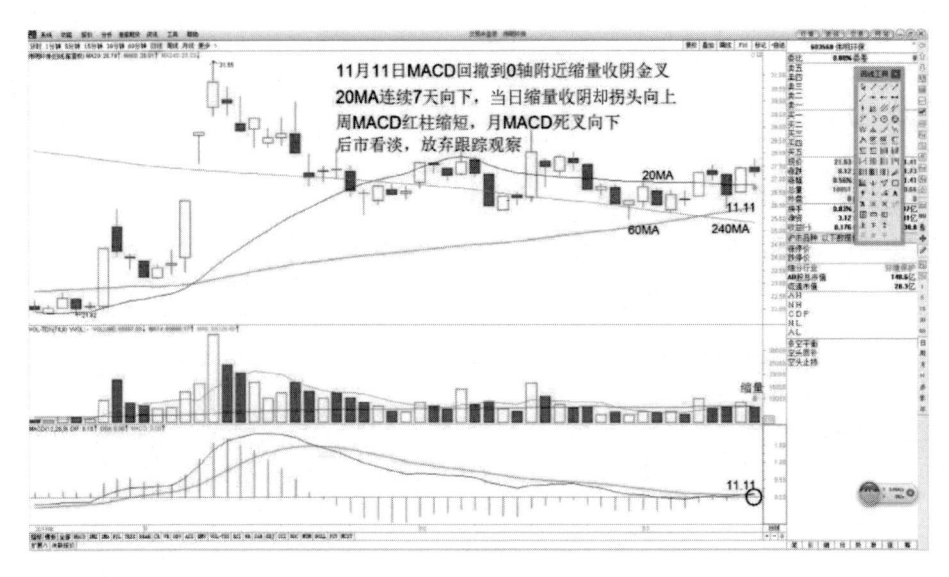

伟明环保（603568）2016年11月11日走势图

该股后市走势见下伟明环保（603568）2016年11月11日的后市图。

11月17日KDJ死叉，股价飞流直下，下跌20%。

小结：

短期20MA突然改向上运行，中长期技术指标显示利空或者弱势，后市不走好是大概率。

第 4 章　MACD 在 0 轴附近金叉

伟明环保（603568）2016年11月11日的后市图

例3，盛运环保（300090）2017年1月5日MACD在0轴附近第二次金叉，查看前期，有两次放量上涨都留下长上影线，再有一次是放量滞涨，1月5日是高开低走股价回撤到20MA，而且20MA是向下走向，周MACD也是死叉向下，因此对该股后市走势不抱任何期望，下跌是大概率，放弃跟踪，见下图：

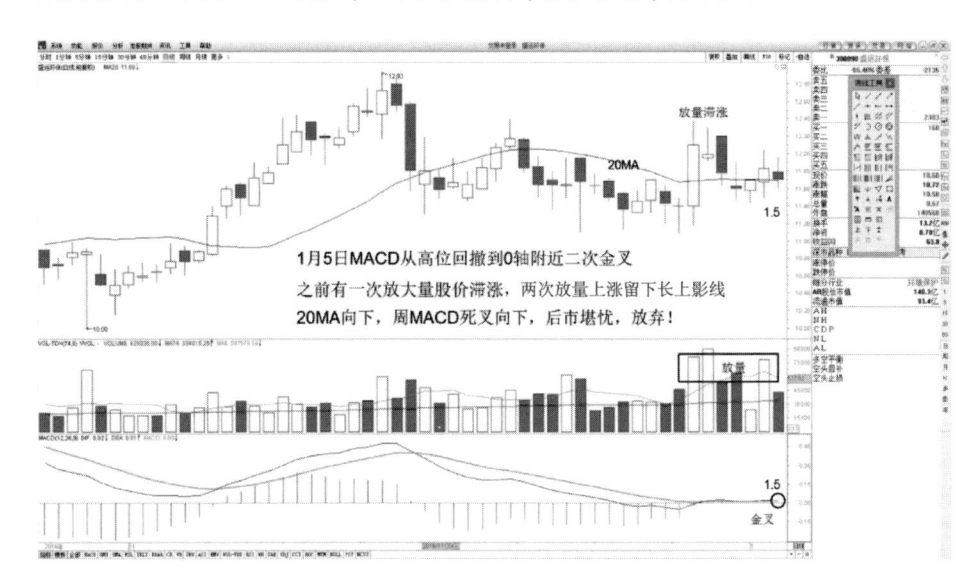

盛运环保（300090）2017年1月5日走势图

111

该股后市走势见下图：

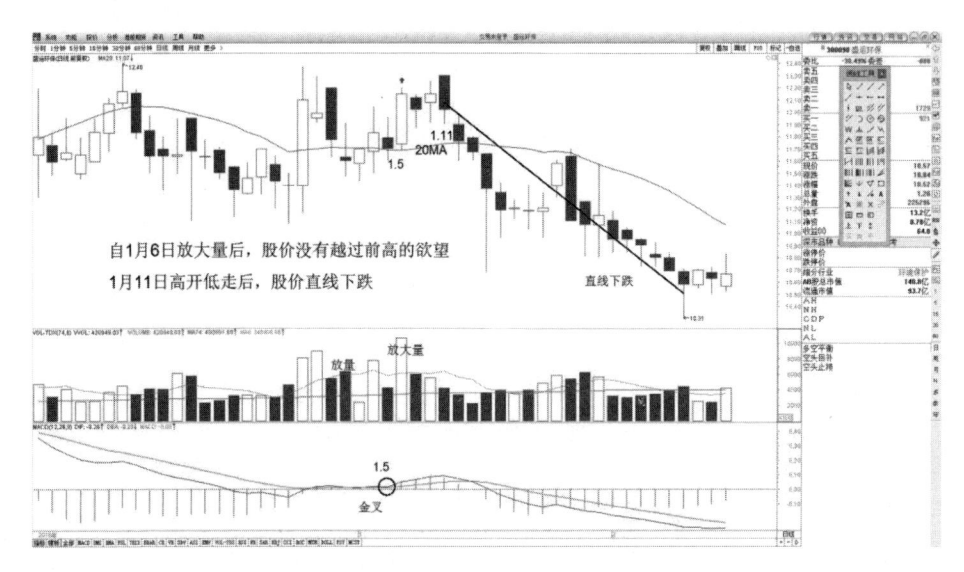

盛运环保（300090）2017年1月5日的后市图

1月6日股价放大量没有越过前期高点，到了1月11日高开低走，股价直线下跌。

小结：

MACD从高位回撤到在0轴之上附近处金叉，20日均线向下，周MACD死叉向下，基本可以判定后市没有好的行情，即便有一只股票没有下跌而是有好的行情，那也是百里挑一的小概率事件，无须纠结。

例4，轴研科技（002046，现为国机精工）2016年11月11日MACD从高位回撤到0轴之上附近处第二次金叉，股价是高开高走，放量大涨遇到前期股价多头尖兵区回落，最后上涨4.44%，由于放了大量使20日均线在向下走两天后，当日突然拐头向上，60日均线和年线也是呈向上走势，周MACD在0轴之上，红柱在缩短。

这样的走势不免有诱多嫌疑，明明谁都能够看到股票走势的左前方有多头尖兵区域的压力，当日主力如果有能力越过多头尖兵压力区，也不必要当日出这么大力气遇阻而回落收一个上影线的走势，显然是底气不足，该主力次日可能再虚

第 4 章　MACD 在 0 轴附近金叉

张声势一把，逗强诱一些人上当，然后也就会现原形了，我们最好是多看少动，见下图：

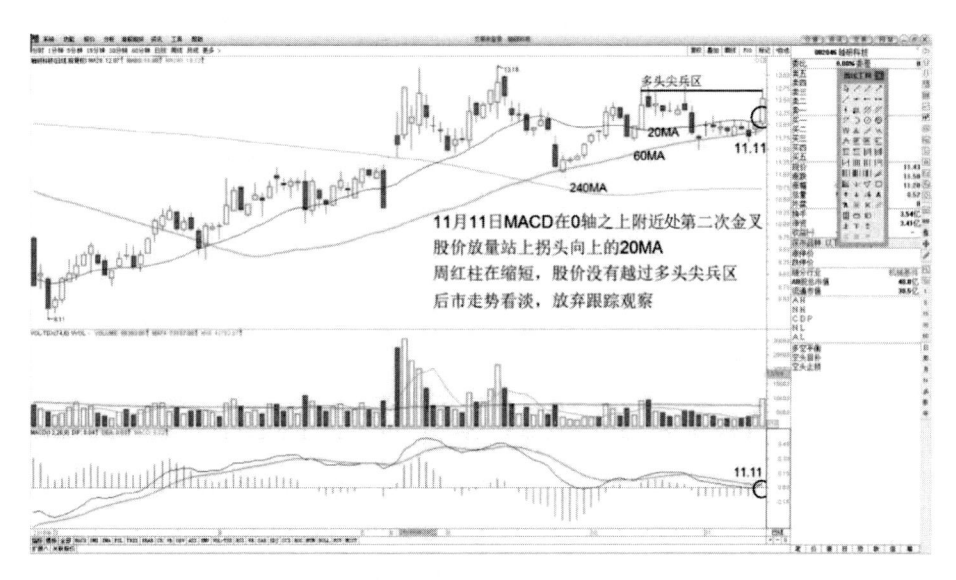

轴研科技（002046）2016年11月11日走势图

该股后市走势见下图：

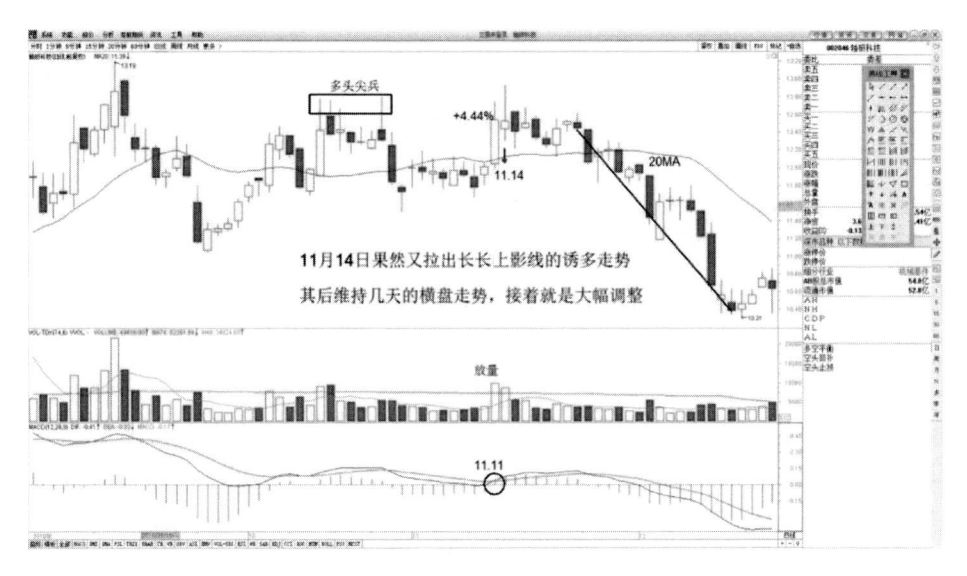

轴研科技（002046）2016年11月11日的后市图

113

11月14日股价果然又虚张声势一把,拉出了长长的上影线,这是诱多走势。其后维持几天横盘洗盘走势,接着原形毕露,大幅下跌行情出现。

小结:

虽然20日均线拐头向上,但20日均线与向上走的60日均线之间距离很近。多头尖兵区已经是一个压力区,至于在这个区域上影线部位筹码抛压有多大,只有主力当初操作时知道。11月11日主力操作如果想过这个多头尖兵区域,作者认为从20日均线起跑有点早,幅度有些大,到了前期上影线位置跑不动而后退,从架势看就不对劲,逞强不专业,显然诱多,第二天也是如此,第三天后就现了原形一点也不奇怪。

例5,四川九洲(000801)2017年3月28日MACD在0轴之上附近处金叉,股价缩量收阴十字星,此时20日均线向下运行,周MACD金叉在0轴之下,根据这样的技术条件预测后市走势凶多吉少,放弃跟踪,见下图:

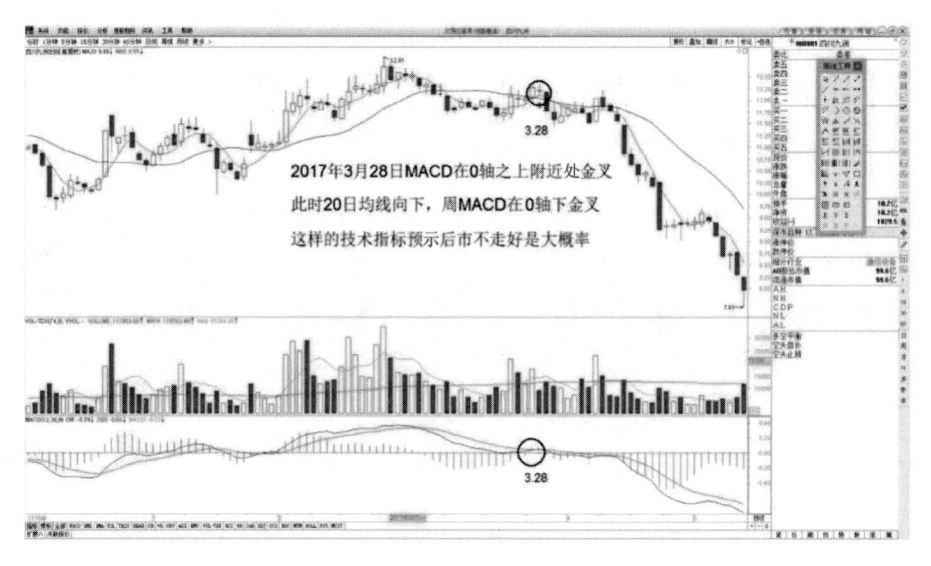

四川九洲(000801)2017年3月28日的后市图

小结:

金叉时缩量收阴,20日均线向下运行,周MACD金叉在0轴之下,这些都是后市走势不好的预示条件,下跌绝对是大概率事件。

第4节　股价要攻击60日均线，60日均线是趋势的分水岭，是股价的生命线

不少中线主力吸筹时间都是在一个季度左右，60日均线就成为波段操作的利器。股价突破60日均线，通常都是中线行情的启动信号；股价跌破60日均线，就意味着中期行情终结。

60日均线相当于MACD的0轴线，当MACD从高位回撤到0轴之上附近处金叉，现在要上攻60日均线，在判断能否成功时我们投资者需要看什么？首先上看20日均线是否向上运行，这是对短期行情走势的预判；其次下看60日均线的走势是否也是向上的。这两项标准固然重要，但是作者认为，首先还是得看它前期是否有拉升过一波过60日均线，后回调至60日均线之下企稳，再次拉升攻击60日均线的走势。当MACD在0轴附近金叉攻击60日均线时，遇到这样一个走势，则60日均线走势暂时向下也不要改变判断，要容忍宽容。

然后是要看60日均线，看它是否在低位走平开始上翘或者股价站稳于60日均线上，并经过回抽确认，若是，说明中期趋势有走好迹象；

另外还要看冲击60日均线时是否放量，并且站上60日均线，周MACD金叉在0轴之上，若是，这样的走势后市上涨是大概率。

同时对于股价一些走势必须关注，例如突破平锅底、突破黏合均线压制、回探受到强力支撑，这些都是买入的好征兆。

例1，拓普集团（601689）2017年1月20日MACD在0轴附近金叉，由于该股前期有一波拉升，站到了60日均线之上，之后回调企稳再次拉升攻击60日均线并且站到60日均线之上，20日均线和60日均线都是向上运行，并且之间距离很近，年线在股价下面很远处，方向向上，周MACD是在0轴之上，绿柱在缩短，所以等待股价回调时见机介入，见下图：

拓普集团(601689)2017年1月20日走势图

该股后市走势见下图：

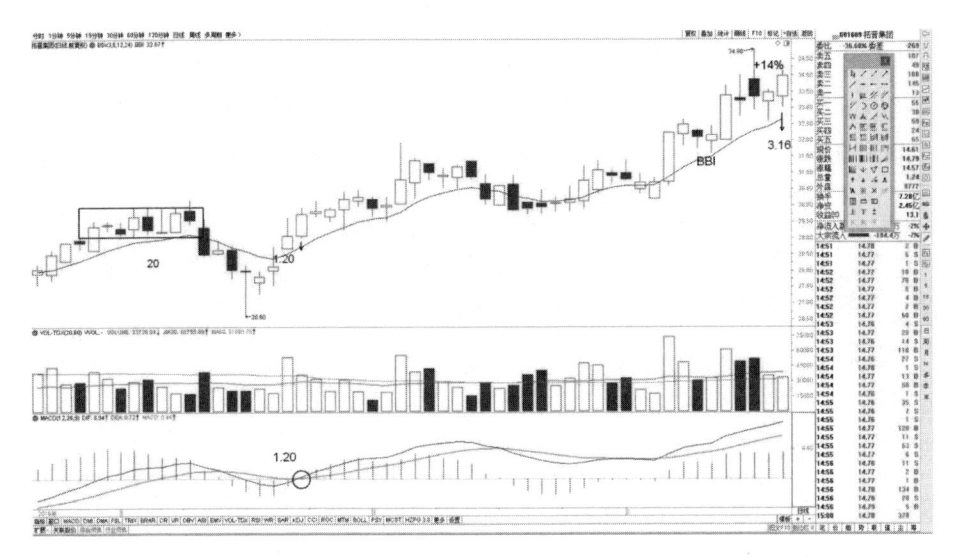

拓普集团(601689)2017年1月20日的后市图

如果在2017年1月20日的收盘价位置附近买入该股，持股到3月16日滞涨出局，可以获利14%。

小结：

当MACD在0轴附近金叉时，由于该股前期有一波拉升使其站到了60日均线之上，之后回调企稳再次拉升攻击60日均线并且站到60日均线之上，20日均线和60日均线都是向上运行，并且之间距离很近，周MACD是在0轴之上，绿柱在缩短，所以后市期待有一拨拉升。

例2，美欣达（002034，现为旺能环境）2016年9月22日MACD回撤到0轴附近缩量收阴金叉，均线自下而上排列是240日均线、20日均线和60日均线，它们的走势都是向上的。现在的股价站到最上边的60日均线之上，周MACD在0轴线上快处于黏合状态。该股5月12日—9月22日93天的换手率达到183%。这样的数据是主力拉升前的预兆，尤其是MACD回撤到0轴之上金叉赶上三条均线处于密集状态时，这是千载难逢的走势，不妨等待股价回调收阴重仓买入，见下图：

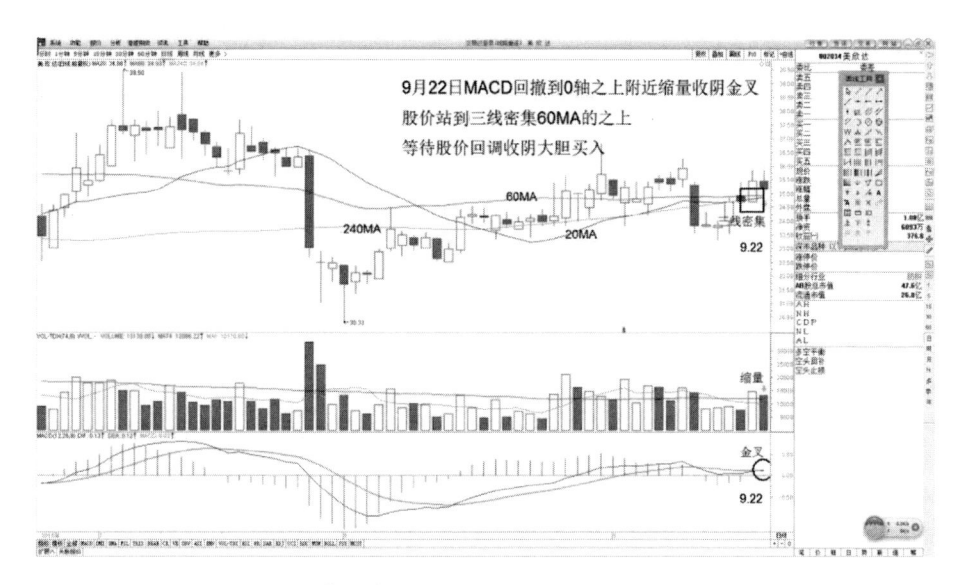

美欣达（002034）2016年9月22日

该股后市走势以及具体的操作方法见美欣达（002034）2016年9月22日的后市图。

9月26日收阴跌破20日均线，果断重仓买入；持股4天停牌三个月，到1月18日收长上影线，以收盘价卖出，获利21%。

小结：

在0轴之上附近处MACD回撤金叉，赶上千载难逢三线密集的走势，此时可以仓位重一些介入。至于9月30日之后停牌到1月13日，这是事先谁也预料不到的事情，只有无奈等待。

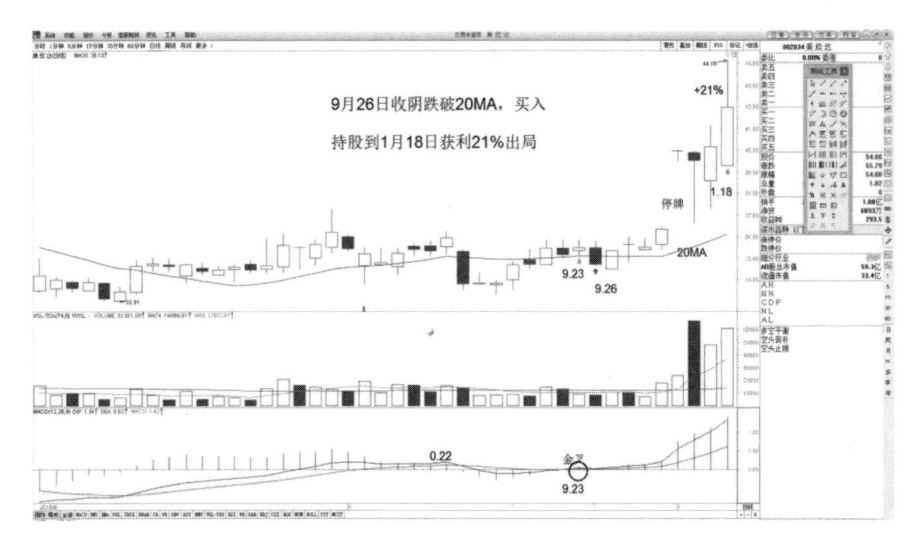

美欣达（002034）2016年9月22日的后市图

例3，宏图高科（600122，现ST宏图），2015年11月5日MACD从0轴之下爬到0轴之上，红柱缩量徘徊，然后回撤到0轴附近死叉，2天后又出现金叉。股价放量冲击最上面向下走的60MA成功，20MA马上就要金叉向下走的60MA，所以观察后市，一旦能够放量，60MA很快就能改变运行方向，加之周MACD从高位回撤到0轴附近要金叉，另外该股前期跌幅比较大，此后在底部整理的时间比较长，这些为后市拉升储备了雄厚的力量，等待股价回调见机介入，见下图：

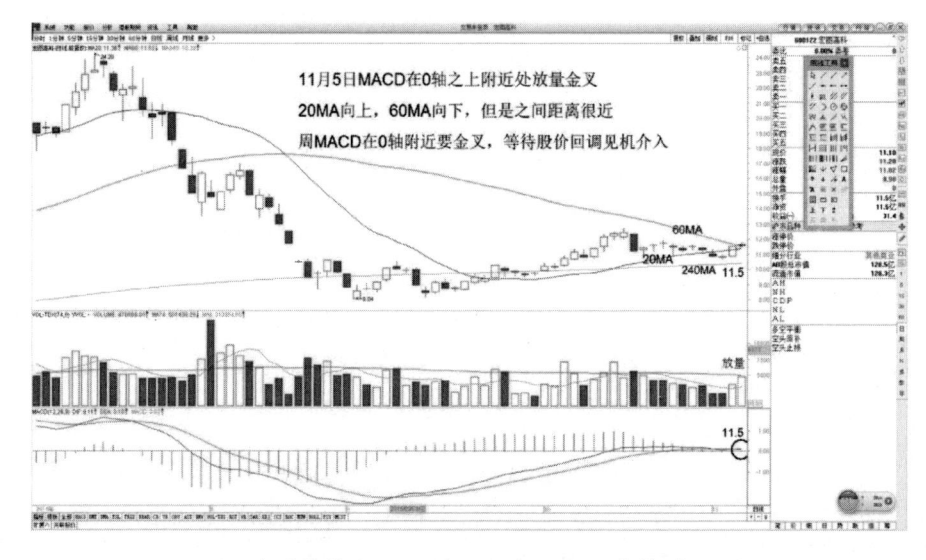

宏图高科（600122）2015年11月5日走势图

该股后市走势以及具体的操作方法见下图：

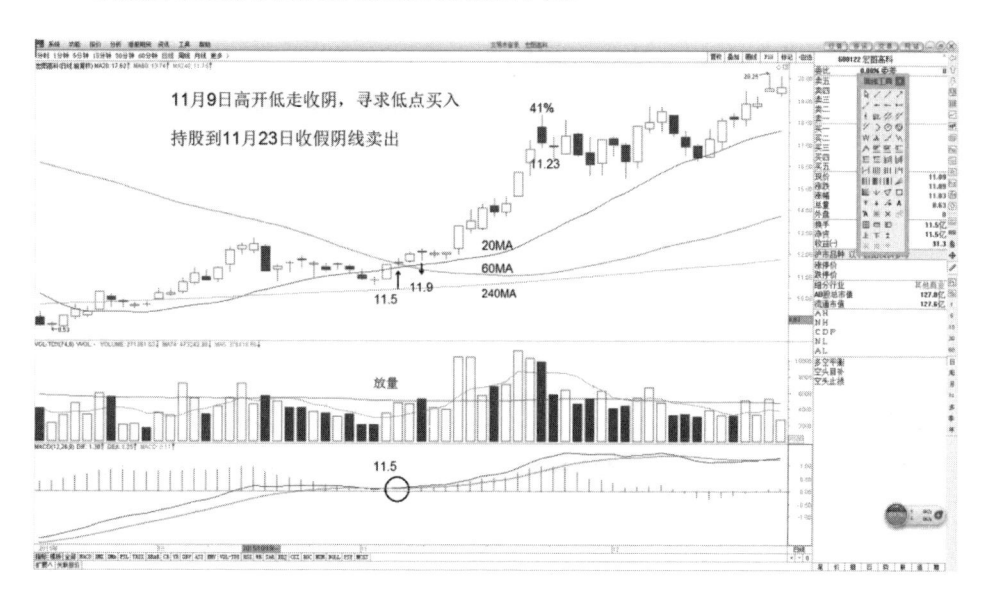

宏图高科（600122）2015年11月5日的后市图

11月9日股价高开低走，寻求低点介入，11月23日高开低走收长上影线出局，获利41%。

小结：

该股前期跌幅比较深，此后在底部整理的时间也比较长，这些为后市股价拉升储备了雄厚的力量。20日均线一直是向上运行，虽然60日均线在上方向下运行，但是20日均线马上就要上穿60日均线，加之周MACD绿柱在缩短，马上要在0轴附近金叉，所以对后市行情有所期待。

例4，烽火电子（000561）2017年1月23日MACD回撤到0轴之上附近处金叉。股价放量冲击上方60日均线成功，而60日均线是向下运行，但下降坡度不大，此时20日均线是向上运行，年线240日均线也是向上运行，周MACD绿柱在缩短，该股前期强势拉升过一波过60日均线，现在回调至20日均线附近，获得一定支撑。从以上条件判断该股走势中期看好，等待股价回调收阴介入，见下图：

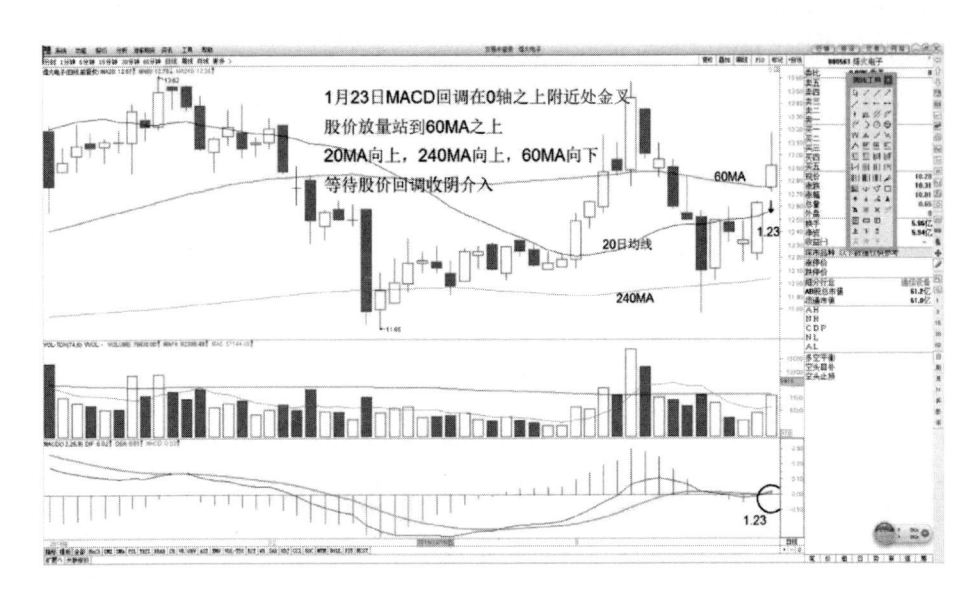

烽火电子（000561）2017年1月23日走势图

该股后市走势以及具体的操作方法见下图：

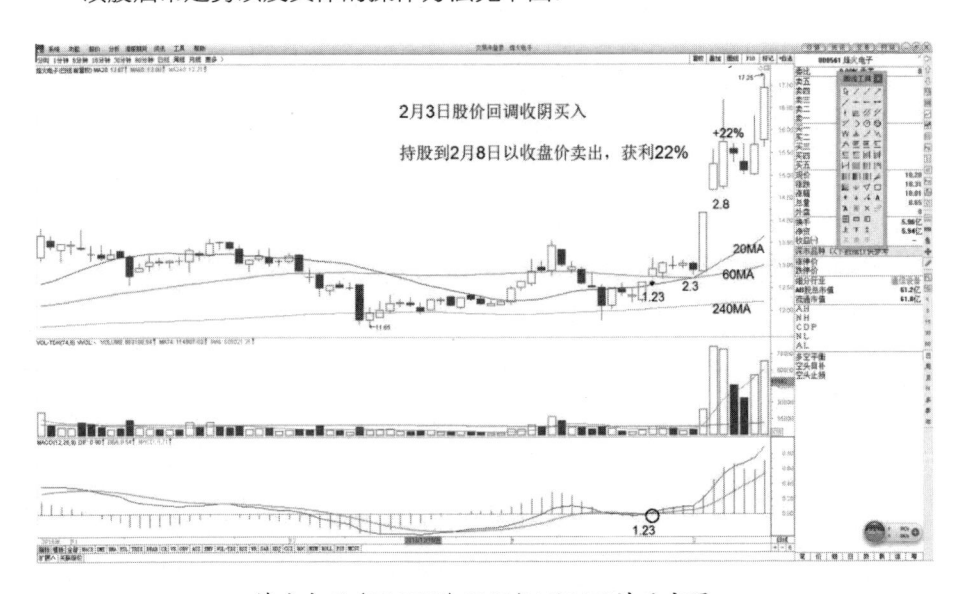

烽火电子（000561）2017年1月23日的后市图

2月3日股价回调收阴，以收盘价买入，持股到2月8日，股价收出长上影线，以收盘价卖出，获利22%。

小结：

股价在年线之上，是保证行情有拉升的基本条件；20日均线向上，股价有短线拉升的愿望；加之60日均线向下坡度不是很大，所以产生的向下压力也就不是很大。由于20日均线与60日均线距离很近，20日均线很快就要上穿60日均线，周MACD在0轴之上死叉，绿柱在缩短，马上要金叉，所以等待股价回调，给60日均线拐头向上一点时间，等到收阴介入，正是恰当时机。

例5，西藏天路（600326）2017年1月20日MACD在0轴之下附近处金叉，股价放量涨停，股价高高地站在60MA之上，但是60MA是向下运行的，而20MA和240MA都是向上运行，周MACD在0轴之上，绿柱在0轴附近缩短，该股前期曾经有一波拉升过60日均线，回调在20日均线之下企稳，由于当日是放大量涨停，可能次日的60MA就能拐头向上，所以等待股价回调收阴时介入，见下图：

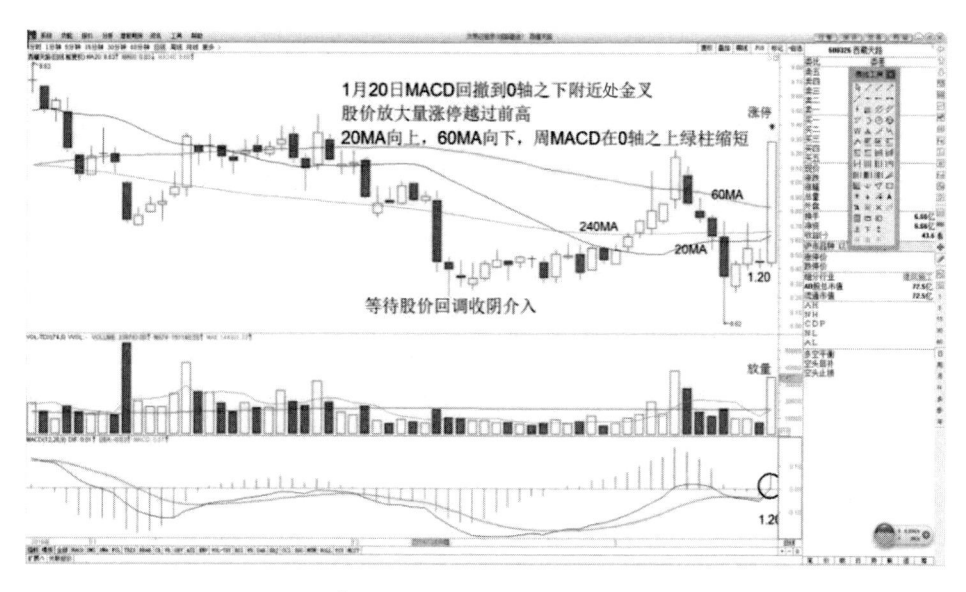

西藏天路（600326）2017年1月20日

该股后市走势以及具体的操作方法见西藏天路（600326）2017年1月20日的后市图。

到2月3日止已经有两次回调收阴，KDJ似死非死，当日以收盘价买入；持股到2月10日，股价高开低走收出长上影线，以收盘价卖出，获利20.6%。

小结：

1月20日MACD是在0轴之下附近处金叉的。MACD能不能爬上0轴？股价后市能不能继续上涨？主要看60MA的压力。虽然现在的60MA是向下运行的，但由于当日的放大量涨停，次日60MA就能拐头向上。

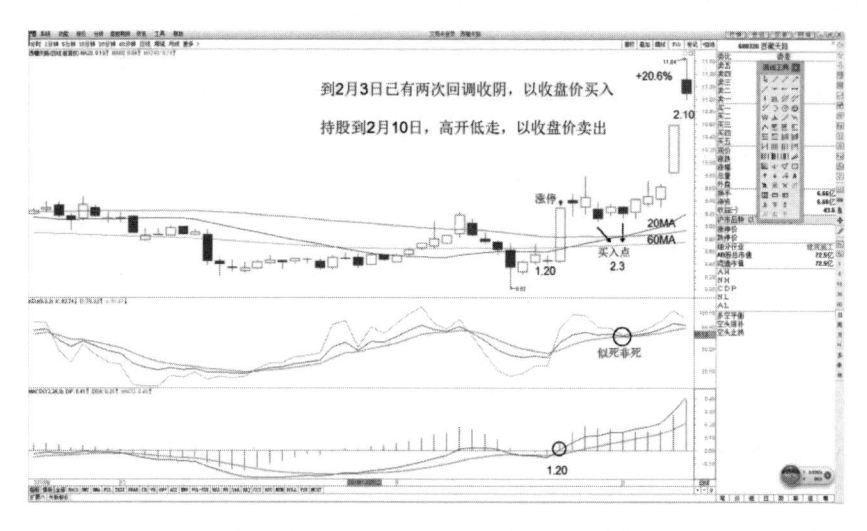

西藏天路（600326）2017年1月20日的后市图

例6，诺邦股份（603238）2018年4月27日MACD在0轴附近金叉，股价攻击60日均线四天并且稳稳地站上60日均线四天，而且当日还站到20日均线之上。但是有两项不理想的走势，一是60日均线是向下走的，二是周MACD金叉在0轴之下。作者认为这两项利空走势被股价的利多态势全部抵消。从股价的走势图明显可以看到，股价从高处向下调整达42%，再往左边看甚至向下调整达到60%多，回调之后股价拉升到60日均线盘整达32天，从股价走势形态上看是一个头肩底的右肩突破形态，主力蓄势充分，所以建议在当日的收盘价位置试探性买入一部分仓位，次日在当日的收盘价下部分重仓买入，见下图：

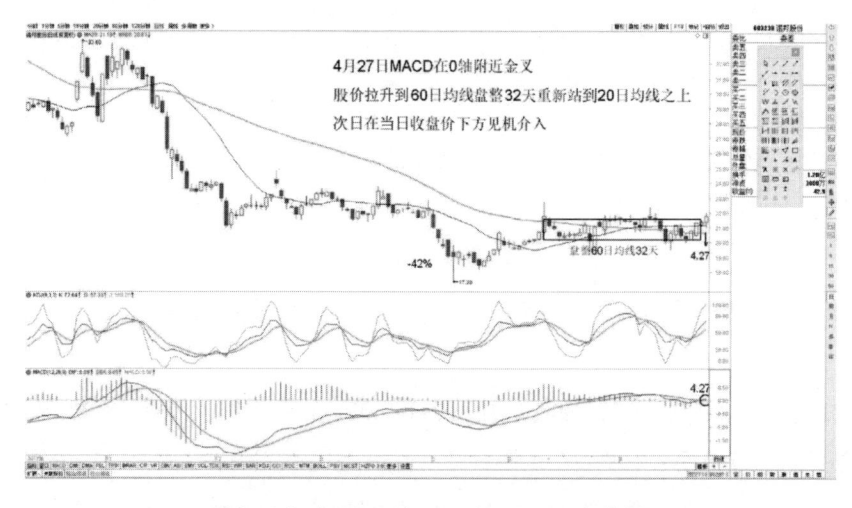

诺邦股份（603238）2018年4月27日走势图

第4章 MACD在0轴附近金叉

该股的后市走势以及介入的操作过程见下图：

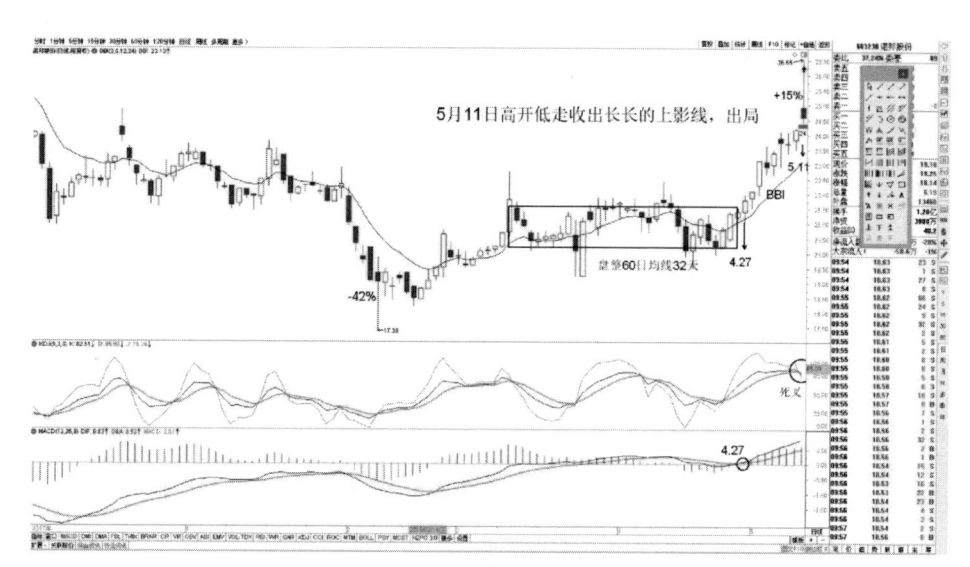

诺邦股份（603238）2018年4月27日的后市图

5月2日高开后回探，在21.62元买入；持股到5月11日高开低走，收出长长的上影线，KDJ死叉出局，获利15%。

小结：

股价的走势形态高于一切，它能吃掉短期均线的暂时利空走势。比如，该股向下调整的幅度比较深，整理的时间比较长，头肩底形态出现，能淹没短期的利空走势。

例7，康美药业（600518，现*ST康美）2018年4月27日MACD回撤到0轴附近金叉，股价在60日均线之上运行6周，回调企稳后重新均匀放量拉升四天，站到20日均线之上。现在60日均线向上运行，周MACD金叉在0轴之上，关键的是前期有一波拉升，站到60日均线之上的时间比较长，回调跌破60日均线不深就企稳重新拉升，看好这种含而不露的强势，以当日的收盘价买入，见下图：

MACD指标实战操盘详解

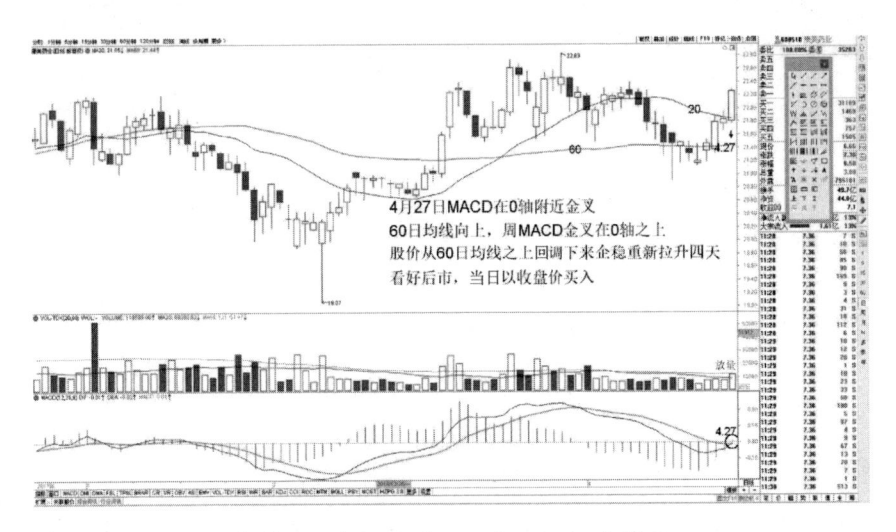

康美药业（600518）2018年4月27日走势图

该股的后市走势以及操作过程见下图：

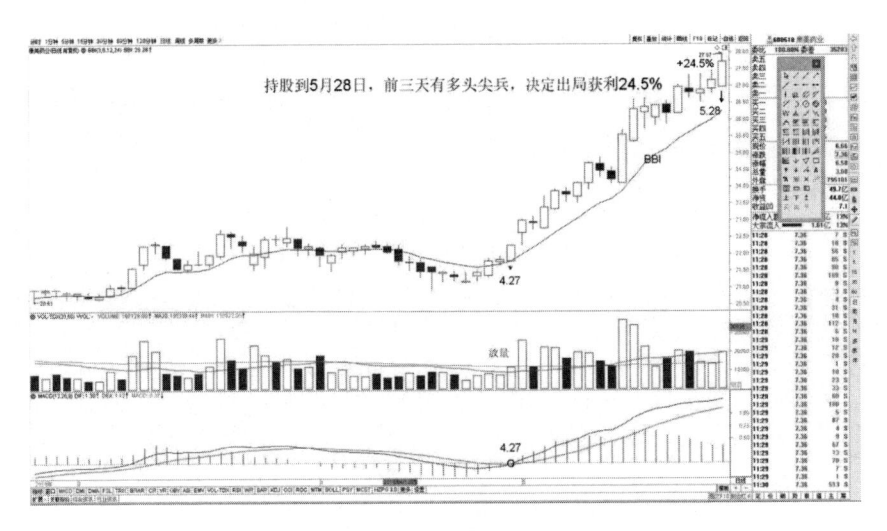

康美药业（600518）2018年4月27日的后市图

持股一直到5月28日，由于前几天收了几颗小十字星，MACD的红柱逐步在缩短，决定出局，获利24.5%。

小结：

MACD在0轴附近金叉，股价攻击60日均线后市能否走好？关键看股价前期走势若有一波拉升过60日均线，之后回调企稳重新再放量攻击60日均线，并且站上60日均线，则可基本确定后市股价能够走好。

第5节 年线居中

一般来说，年线主要是用来判定大盘及个股大的趋势。如果股价处在年线之上，而且年线保持上行态势，这种年线常被主力相中作为长线交易的护盘线。当股价始终运行在年线240日均线之上时，意味着市场有长线主力在该股中运作，说明走势偏强，更适合买入或持有。

当MACD在0轴之上回调到0轴附近金叉，现在年线是在20或者60日均线之间位置，如果当时20和60日均线都是向上走势，周MACD金叉在0轴之上，这样的走势后市上涨是大概率。

如果处在年线之下，而且年线保持下行态势，说明走势偏弱，更适合观望，所以很多人把年线称为牛熊分界线，它对于中长期投资有非常重要的指导意义。

在熊市当中，如果反弹到年线附近，遇阻回落的概率非常大，比较适合减仓。另外，对于有效跌破年线的个股来说，跌破意味着步入熊途，比较适合止损。

例1，英洛华（000795）2016年5月19日MACD从顶背离回撤在0轴之上附近处金叉，股价放量涨停平前高，年线处于60日均线与20日均线之间。股价原先在年线之上有四周，然后向下调整一周，当日股价放量攻上年线三天，20MA、240MA和60MA都是向上运行，并且之间的距离较近，周MACD金叉在0轴之上，该股后市上涨行情可期待，在当日收盘价位置或者等待股价回调收阴时介入，见下图：

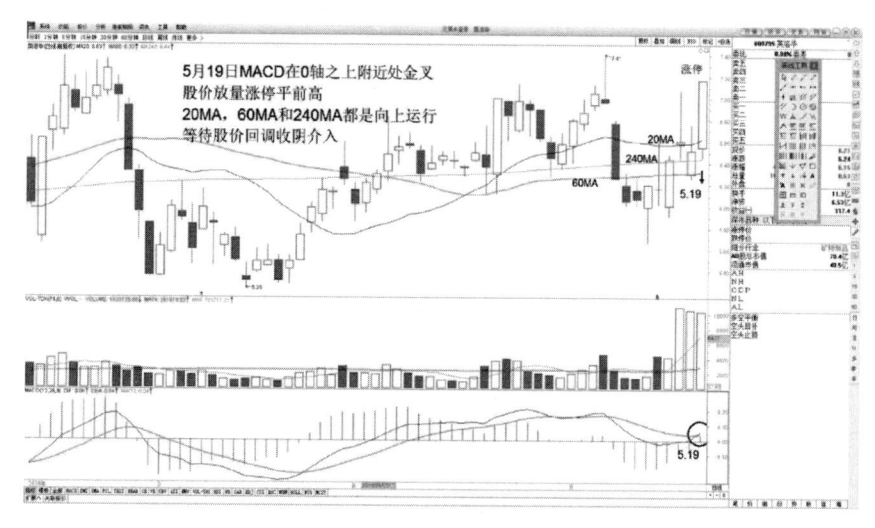

英洛华（000795）2016年5月19日走势图

该股后市走势以及具体的操作方法见下图：

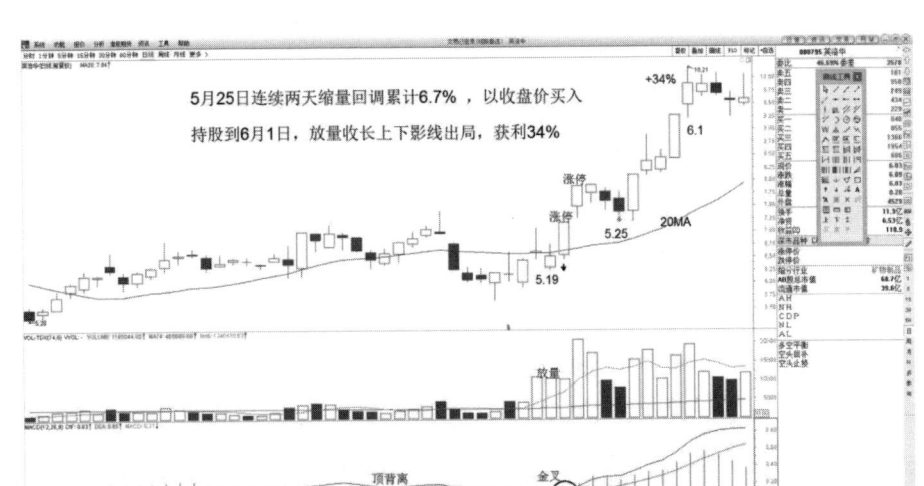

英洛华（000795）2016年5月19日的后市图

5月25日股价连续两天缩量收阴，累计回调6.7%，以收盘价买入；持股到6月1日，在前一天涨停的情况下今天继续放量高开高走，收出带有长上下影线的K线，决定出局，获利34%。

小结：

MACD回调到0轴之上附近处金叉，股价放量涨停攻击年线之前实际上已经调整了一周。老股民有句话"年线上拐，回踩要买"，当日放量涨停冲击上面的20日均线成功，股价平前高，周MACD金叉在0轴之上，后市上涨概率大。

例2，华友钴业（603799）2016年5月5日MACD从高位回撤到0轴之上附近处金叉，股价原先在年线之上有四周，然后向下调整两周，当日股价放量攻上年线两天，上涨8.08%平前高，年线处于60日均线与20日均线之间，并且之间距离较近，当日20MA、60MA和年线都是向上，20MA和240MA黏合，该股的周MACD在0轴之上附近处金叉，该股后市上涨行情可期待，当天寻求机会介入或者等待股价回调收阴介入，见下图：

第4章 MACD在0轴附近金叉

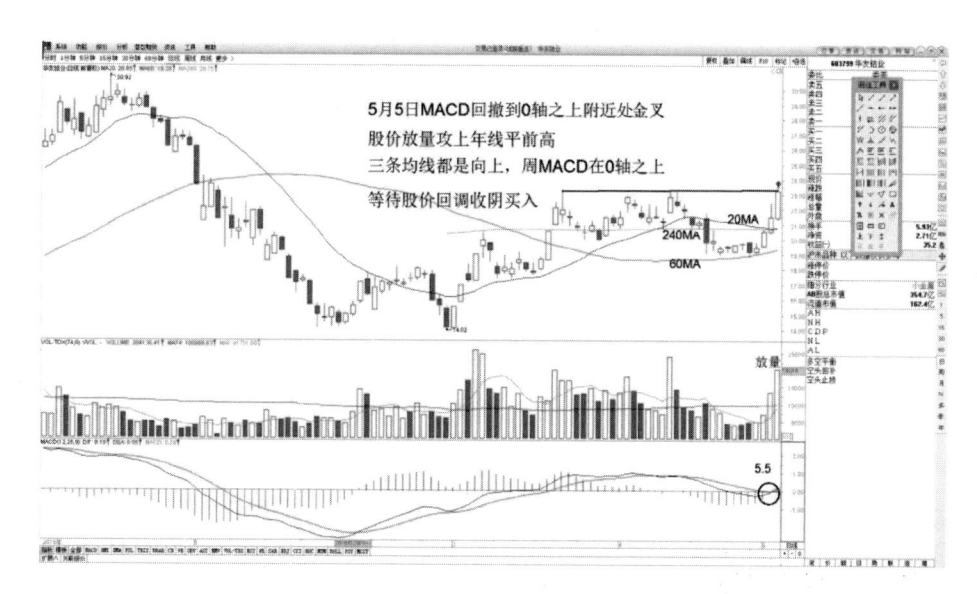

华友钴业（603799）2016年5月5日走势图

该股后市走势以及具体的操作方法见下图：

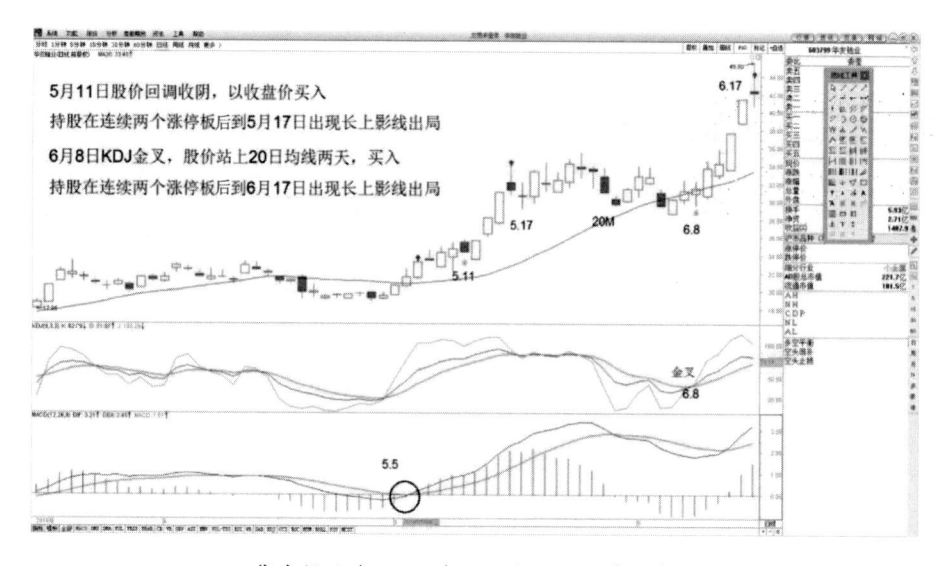

华友钴业（603799）2016年5月5日的后市图

5月11日高开低走缩量回调1.62%收阴，以收盘价买入；在连续两天涨停的情况下，5月17日高开低走收出放量的长上影线的假阴线，出局，获利29%。6月8日KDJ金叉，股价站上20日均线两天，买入；持股在连续两天涨停后到6月17日收出长上影线的K线，出局获利34%。

小结：

该股MACD回撤到0轴之上附近处金叉，股价前期在年线之上有四周，然后向下调整两周，老股民有句话"年线上拐，回踩要买"，当日股价放量攻上年线两天上涨8.08%，股价平前高，20日均线、60日均线和240日均线都是向上运行，周MACD在0轴之上附近处金叉，股价后市上涨概率大。

例3，群兴玩具（002575，现*ST群兴）2018年12月25日MACD回调到0轴之上附近处金叉，股价原先在年线之上6周多，然后回踩不破年线，年线具有强力支撑。现在股价连续5天处于放量收阳状态，已经有3天站到20日均线之上，虽然目前20日均线和年线是向下运行的，估计短期对股价会产生影响，但是由于60日均线是向上运行而且周MACD金叉在0轴之上，短期可以等待股价回调收阴在20日均线附近介入，见下图：

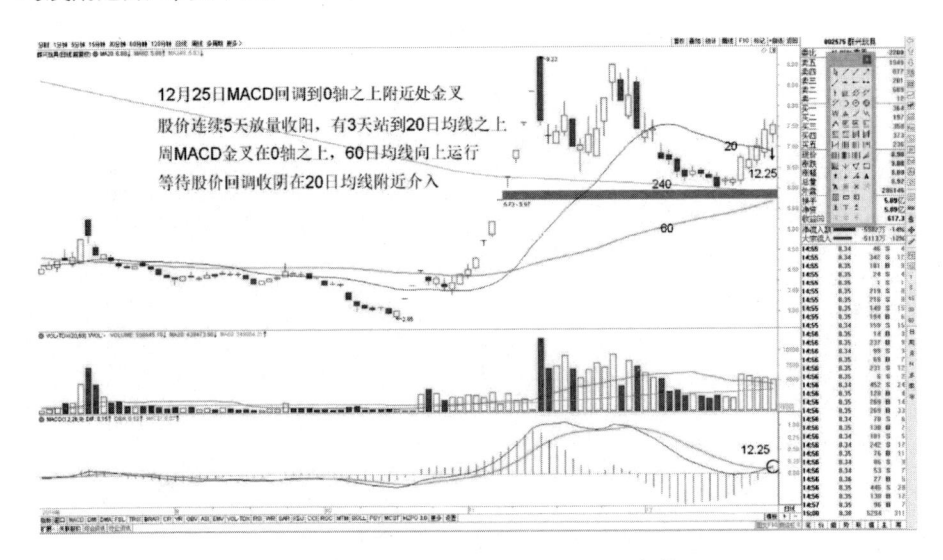

群兴玩具（002575）2018年12月25日走势图

该股后市走势以及操作过程见群兴玩具（002575）2018年12月25日的后市图。

12月27日股价回调8.53%，虽然不是最低价，但仍可以收盘价买入；次日涨停，第三日收出一颗十字星，以收盘价卖出，获利14.8%。

小结：

股价在年线之上回踩年线有反弹，加之MACD在0轴之上附近处金叉，这是利好反弹的信息。但是20日均线向下运行，这是短期内需要调整的重要信号。年线向下是长期调整走势，短期看不出有多么大的影响，现在股价站到20日均线上

3天，说明具有强势特征。12月27日回调8.53%，调整到20日均线附近，说明调整已经到位，以收盘价买入具有合理性，不能再等再贪低点。次日涨停不能卖，因为股价没有越过临近高点，还有个冲高过程，当发现收出十字星时，觉得暂时向上拉升欲望不大，此时决定出局是明智的。

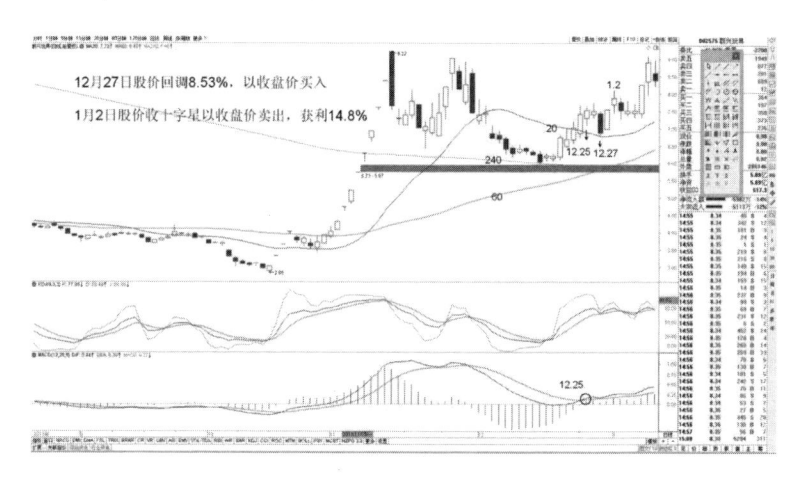

群兴玩具（002575）2018年12月25日的后市图

例4，通威股份（600438）2018年1月14日ＭＡＣＤ回调到0轴之上附近处金叉。股价在年线之上一周多，回调到年线之下近三周，现在股价放量站上向下的年线。年线与20日均线处于黏合状态三天，由于60日均线呈向上走势，周ＭＡＣＤ金叉在0轴之上，股价从放量上涨的高点向下调整了两天，虽然幅度不大，但是当日收出一颗平价十字星，可以当日的收盘价8.75元买入，见下图：

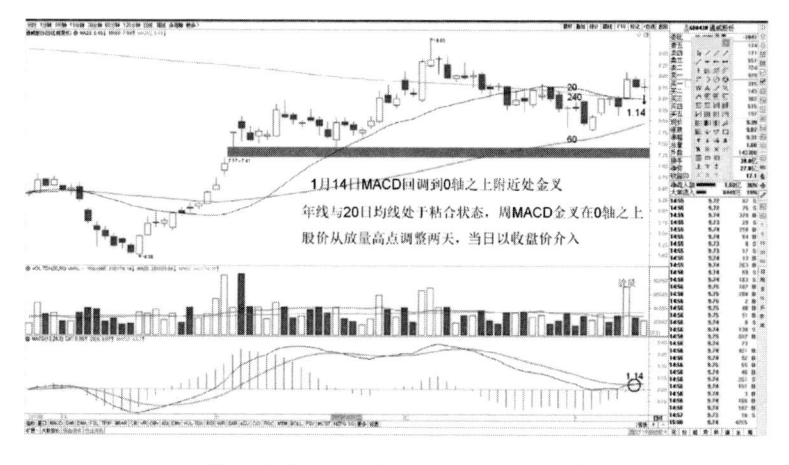

通威股份（600438）2018年1月14日走势图

129

该股后市走势以及操作过程见下图：

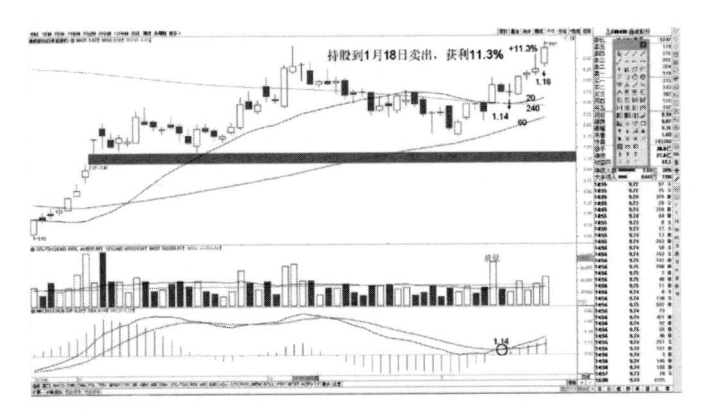

通威股份（600438）2018年1月14日的后市图

持股五天到1月18日放量上涨5.18%决定出局，获利11.3%。

小结：

MACD回调到0轴之上附近处金叉，实际股价已经放量上涨越过年线和20日均线的黏合处，当日回调两天调整幅度不深收出十字星，相信年线的支撑力，等调整到位，抓住机会介入，获利大于风险。

例5，天孚通信（300394）2018年10月15日MACD回调到0轴之上附近处金叉，股价在年线之上运行两周，然后向下调整一周，今天股价放量上涨3.82%收出一条长上影线，但是股价站上20日均线已经两天了，股价越过前期高点，60日均线和20日均线都是向上的，年线居中却向下运行，由于周MACD金叉在0轴之上，等待股价回调收阴在20日均线附近买入，见下图：

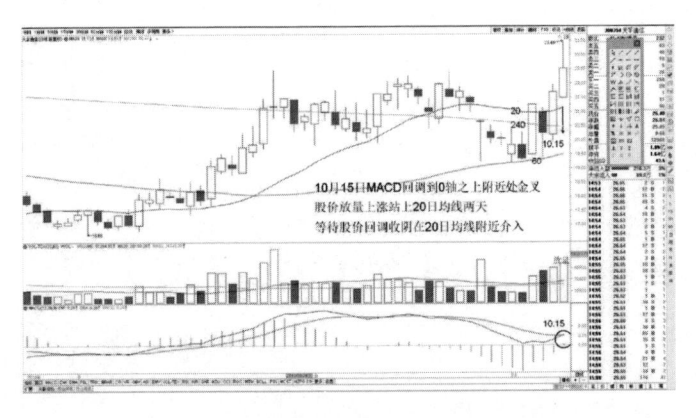

天孚通信（300394）2018年10月15日走势图

该股后市走势以及操作过程见下图：

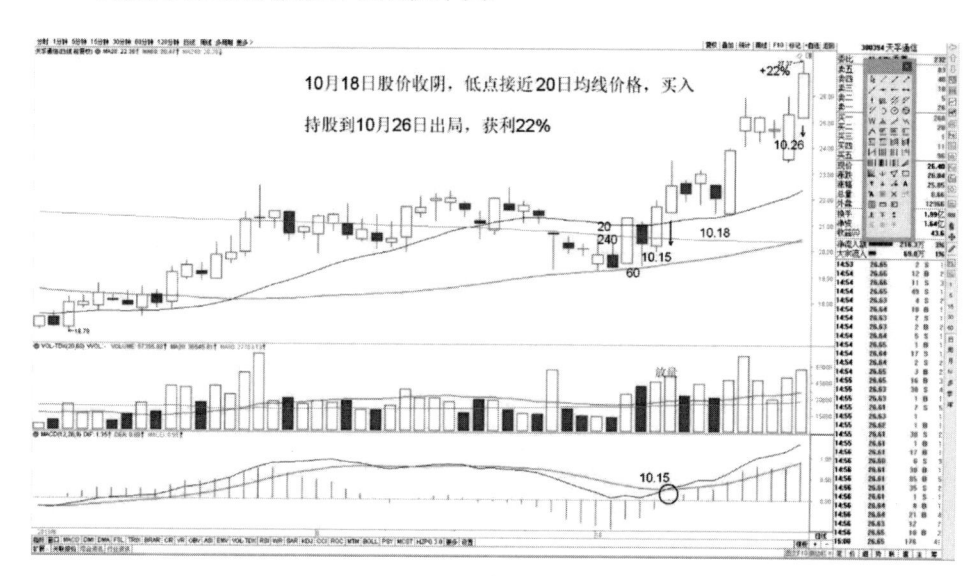

天孚通信（300394）在2018年10月15日的后市图

10月18日股价第二次收阴，最低价是21.45元，而20日均线的价格是21.30元，估计差不多了，就以收盘价22.03元买入。

次日低开2.68%，开盘价是21.44元，而20日均线是21.40元，就以开盘价继续加仓。

持股到10月26日，股价上涨6.32%，出现上影线决定出局，获利22%。

小结：

MACD回调到0轴之上金叉，股价从年线之上回调到年线之下受到向上走的60日均线的支撑而反弹，20日均线是向上的，股价站上20日均线两天，周MACD金叉在0轴之上，这样的走势等待股价回调收阴介入，获利概率大。

第6节　攻击年线

MACD从高位回撤到0轴之上附近处金叉，当年线在20和60日均线之上很近时，20和60日均线不一定都是呈向上走势，周MACD金叉在0轴之上，一旦攻击成功，后市将会有一波上涨行情。

如果年线当时在20和60日均线上面很远处，而下面这两条均线之间的距离又很近，它们的走向又是向上的，一旦股价冲到这两条均线之上，虽然距上面的年线很远，只要周MACD金叉在0轴之上，这样的走势后市短期反弹行情是大概率。

例1，天健集团（000090）2017年4月6日MACD在0轴之上附近处金叉，股价放量站到240MA之上，20MA在60MA之上向上运行，但是60MA向下运行且坡度不大，因为短线上涨两天60MA自然就会拐头向上，周MACD在0轴之下附近处金叉，预测股价回调20MA的可能性很小，股价攻上年线之后，需要调整一下才能继续拉升，所以在年线之下附近位置寻求介入，见下图：

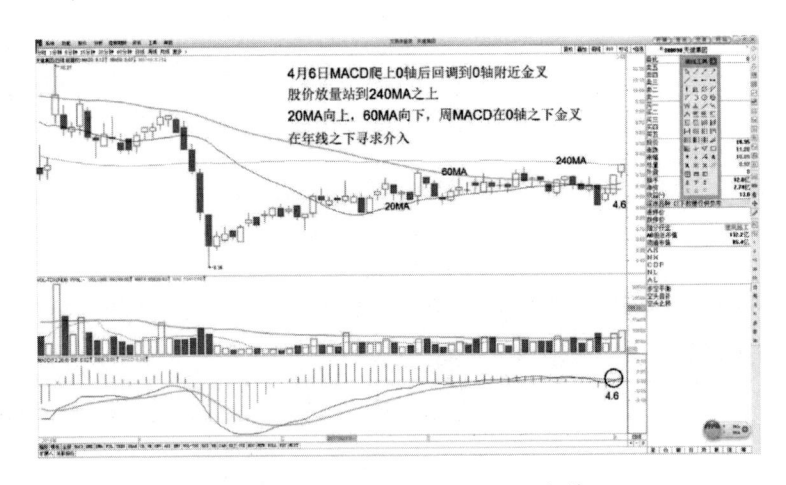

天健集团（000090）2017年4月6日走势图

该股后市走势以及具体的操作方法见下图：

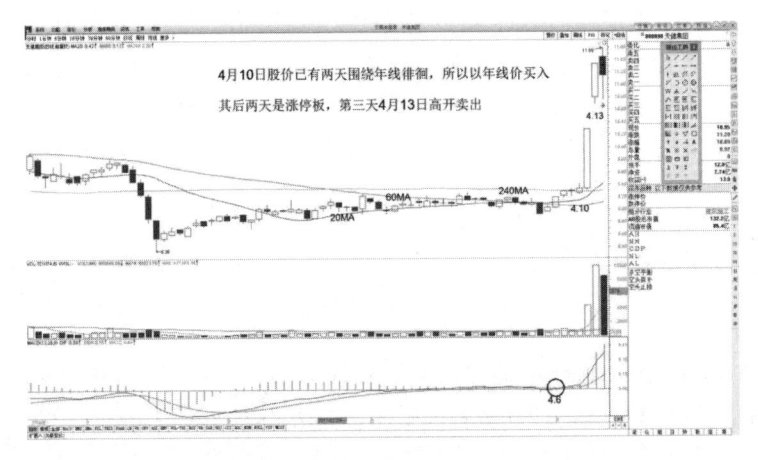

天健集团（000090）2017年4月6日的后市图

第 4 章　MACD 在 0 轴附近金叉

4月10日股价已有两天围绕年线徘徊，当天以年线价10.29元买入；其后两天是涨停板，第三天即4月13日高开卖出，获利22%。

小结：

股价在年线之下不远处盘旋60MA，当MACD在0轴之上附近处金叉时股价站上年线，此后两天发现股价出现小阳线不回调，这是拉升前的征兆，应该抓住机会马上介入。

例2，莱宝高科（002106）2016年4月28日MACD在0轴之上附近处金叉，股价放量涨停，越过前期高点，现在240日均线在20和60日均线上面很远处，而下面的20日均线与60日均线之间距离又很近，它们的走向又都是向上，一旦股价冲到这两条均线之上，而240日均线虽然向下运行，但是构不成短期的压力，周MACD在0轴之下底部金叉向上，看好有中短期拉升的空间，等待股价回调收阴或者KDJ金叉时介入，见下图：

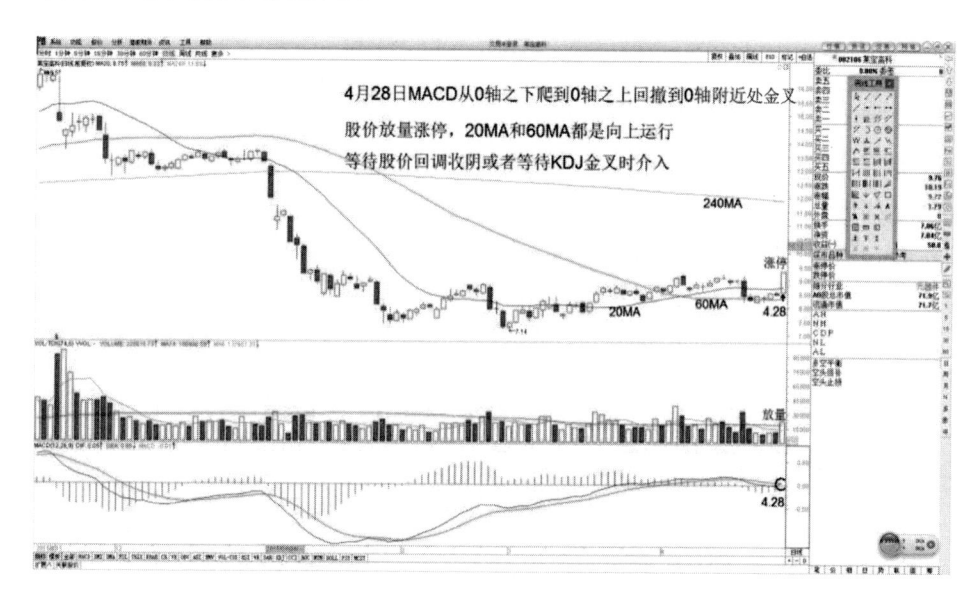

莱宝高科（002106）2016年4月28日走势图

该股后市走势以及具体的操作方法见下图：

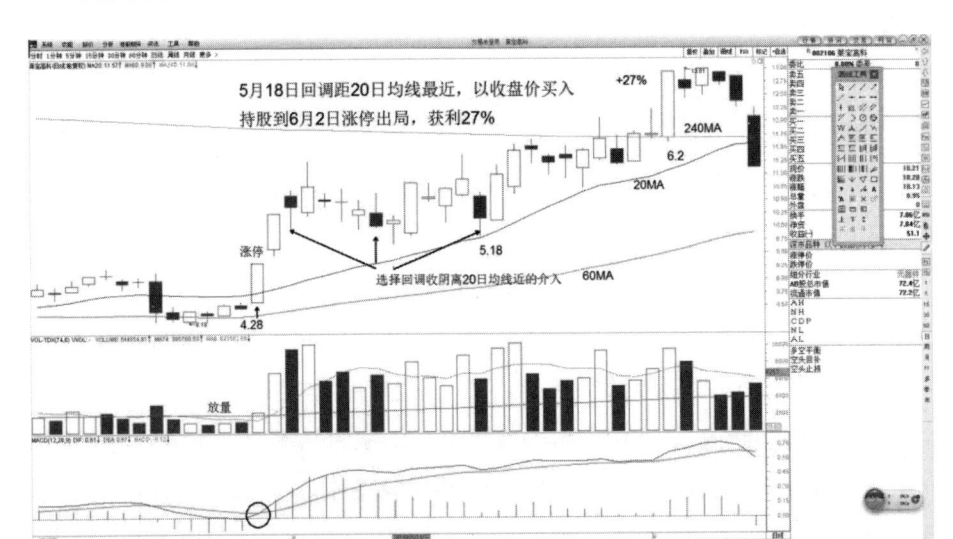

菜宝高科（002106）2016年4月28日的后市图

该股继4月28日涨停后，次日又是一个涨停，第三天虽然收阴，但是是个假阴线，股价仍然上涨1.18%，第四天股价又上涨3.89%，这样一来股价与20日均线出现严重的背离，所以等待股价回调收阴谨慎买入，一定要等待股价回调到20日均线附近再下手。5月18日的股价回调距离20日均线最近，以收盘价买入，持股到6月2日股价涨停出局，获利27%。

小结：

MACD在0轴之上附近处，第一次金叉，股价放量上涨越过20日均线，现在20日均线和60日均线之间距离很近，但是距上面的240日年线很远，虽然年线是向下运行的，但是构成不了短期压力，耐心等待股价回调收阴介入，在距离20日均线最近的位置介入收益大于风险。

例3，吉艾科技（300309）2016年8月24日MACD回撤到0轴之上附近处金叉，股价放大量涨停冲到年线之上，20日均线由原来的向下而改为向上运行，60MA和240MA都呈向上走势，周MACD快线已经爬上0轴，一般情况股价冲上年线之后都要整理一番，然后再回探年线，确认是则可介入抢反弹机会，见下图：

第 4 章 MACD 在 0 轴附近金叉

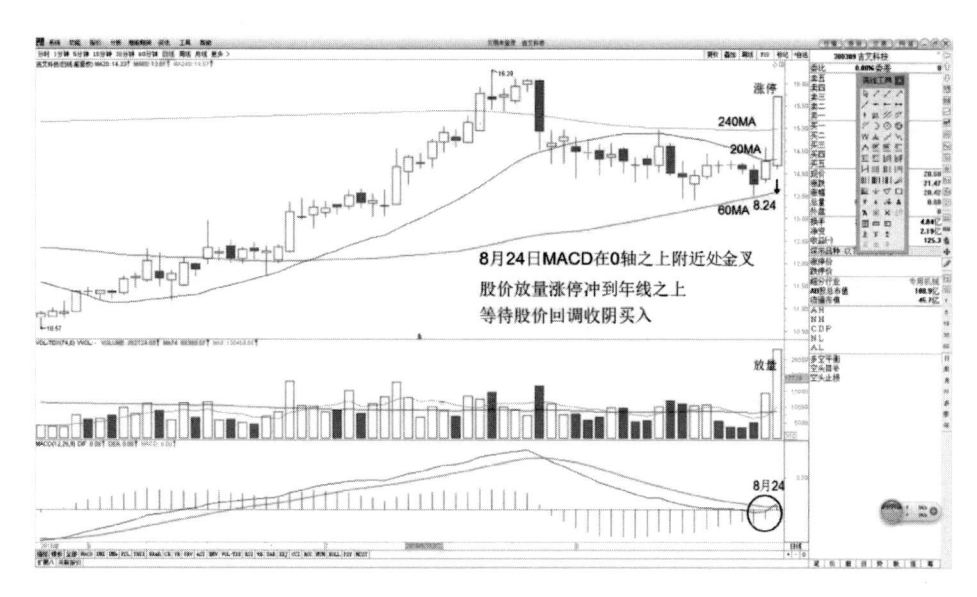

吉艾科技（300309）2016年8月24日走势图

该股后市走势以及具体的操作方法见下图：

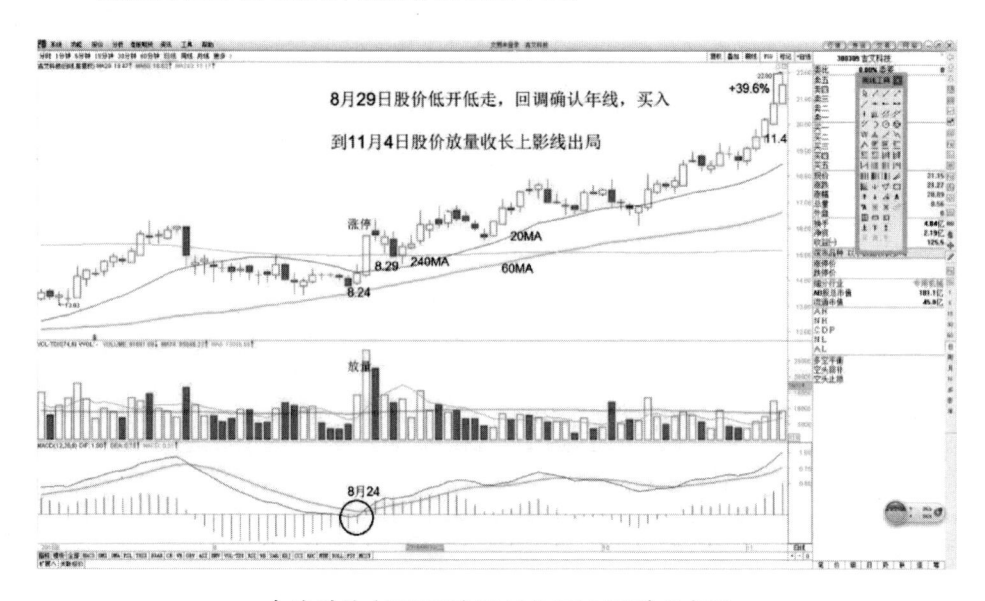

吉艾科技（300309）2016年8月24日的后市图

8月29日股价低开低走收阴，回调确认年线，以收盘价买入。持股到11月4日股价放量收长上影线，以收盘价卖出。

小结：

在大盘好的情况下，股价攻击年线成功，当股价回调确认年线时，大多数就会受到年线明显的支撑，比较适合补仓和抢反弹。

例4，宝钢股份（600019）2014年6月25日MACD在0轴附近金叉，股价放量要冲击年线，此时由于60日均线与240日年线之间距离很近而且方向都是向上，加之MACD是在0轴附近金叉，这种走势下股价很容易攻击年线成功。

20日均线方向也是向上的，周MACD快线已经爬上0轴，由于MACD在6月25日之前也有一次在0轴附近金叉，此后股价没有怎么涨，经过调整股价距年线越来越近，估计这一次放量上攻年线真实大于虚假，不妨以收盘价轻仓介入，或者等待股价冲过年线后回调，在20日均线处见机介入，见下图：

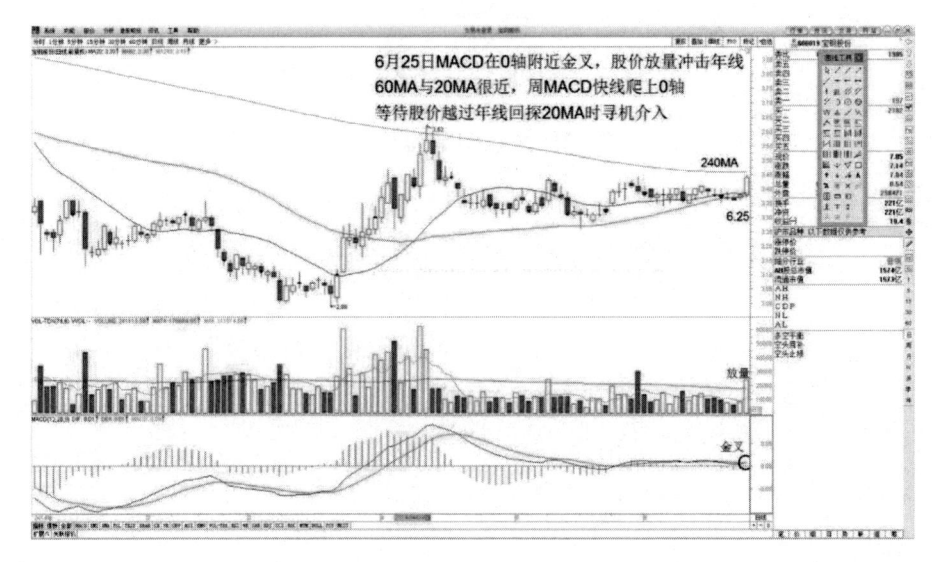

宝钢股份（600019）2014年6月25日走势图

该股后市走势以及具体的操作方法见宝钢股份（600019）2014年6月25日的后市图。

7月10日股价连续三天向下调整，在20MA附近寻机买入，持股到8月4日股价放大量上涨出现上影线出局，获利17%。

小结：

MACD在0轴附近金叉，60日均线与年线的距离是接近的，MACD的金叉往往有力量突破年线，否则年线的压力就真的是压力。现在股价放量冲击年线，20

第 4 章　MACD 在 0 轴附近金叉

日均线、60日均线和年线都是向上运行，周MACD快线爬上0轴，此时耐心等待股价越过年线后，回调确认年线时及时介入。

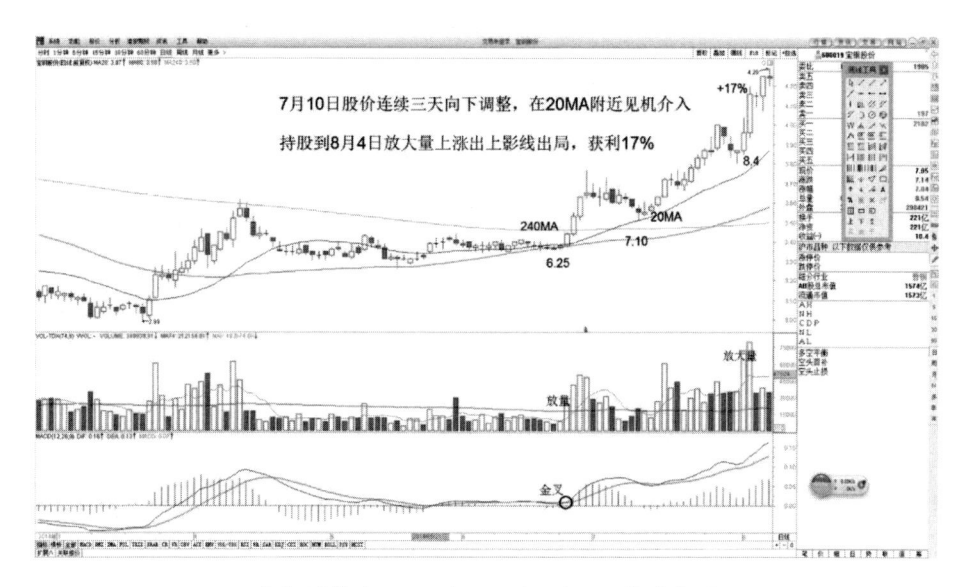

宝钢股份（600019）2014年6月25日的后市图

例5，老凤祥（600612）2018年11月30日MACD回调到0轴金叉，股价放量站到年线之上，说明主力做多意愿坚决，20日均线和60日均线都是向上运行，周MACD金叉在0轴之上。当日以收盘价或者次日在当日的收盘价附近见机介入，见下图：

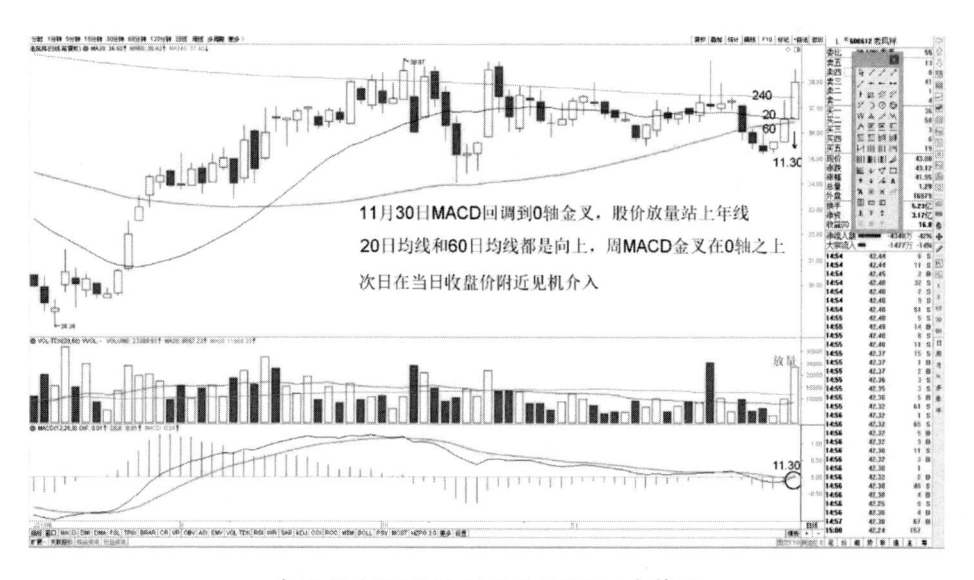

老凤祥（600612）2018年11月30日走势图

该股后市走势以及具体的操作方法见下图：

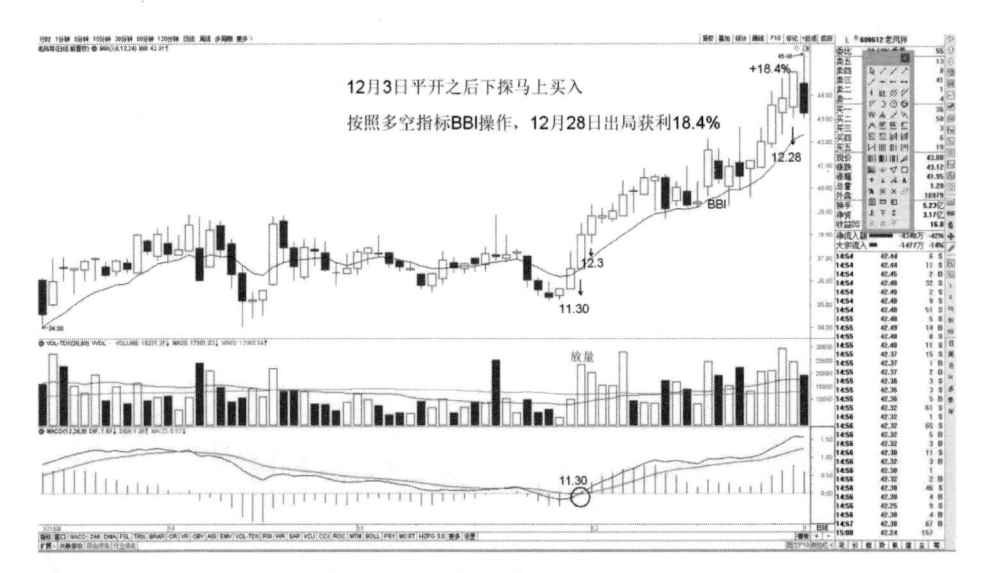

老凤祥（600612）2018年11月30日的后市图

12月3日平开之后马上下探，抓住时机马上买入；

该股越过前期平台可能有一波上涨，所以应避免中途被洗下，决定按照多空指标BBI线操作，持股到12月28日股价连续上涨5天，当日缩量上涨2.55%，决定出局获利18.4%。

小结：

该股经过漫长的整理，MACD回调到0轴金叉，股价放大量站上年线，说明上攻走势是主力行为，而且60日均线与20日均线距离很近，周MACD金叉在0轴之上，股价在前期高点附近，估计回调幅度不会太大，抓住机会积极介入。

例6，特锐德（300001）2018年10月22日MACD在0轴之上回撤到0轴附近处金叉，股价上涨4.15%冲击年线并站到年线之上几乎平前高，20日均线和60日均线方向都是向上的，但是240日均线方向是向下的。

周线MACD在0轴之下附近处金叉，快线已经爬到0轴之上。等待股价回探到年线附近买入，见下图：

第 4 章　MACD 在 0 轴附近金叉

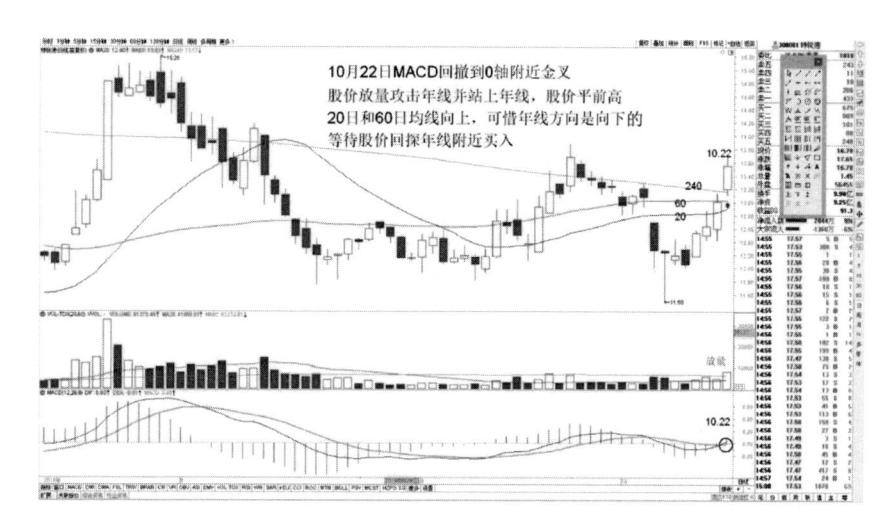

特锐德（300001）2018年10月22日走势图

该股后市走势以及具体的操作方法见下图：

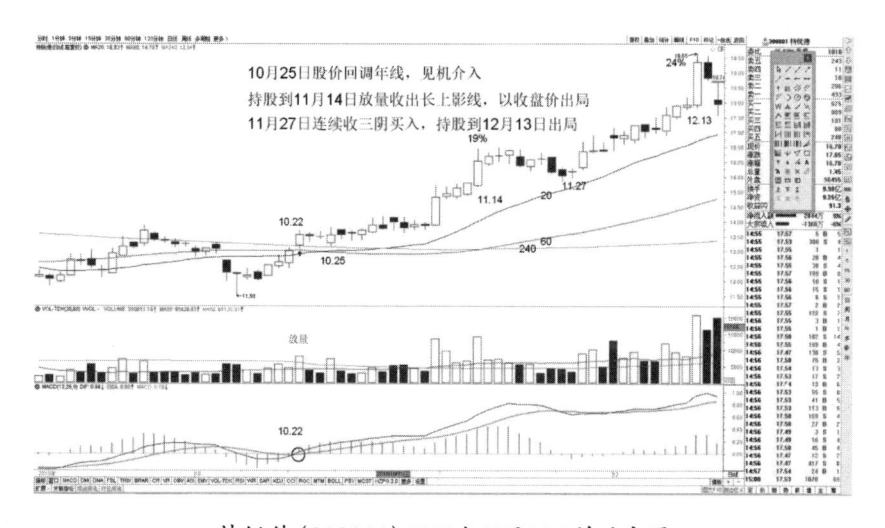

特锐德（300001）2018年10月22日的后市图

10月25日股价最低价回调到年线，提前在此挂单可以成交，也可以在开盘价介入；持股到11月14日，该股放量上涨4.84%却收出长上影线的K线，决定出局，获利19%；11月27日连续回调收阴，见机介入，持股到12月13日放量上涨8.04%，并且与20日均线背离较大，决定出局，获利24%。

小结：

该股为什么不在回调收阴买入而是等到回调在年线附近买入呢？就是因为该

股走势有两个弱点：一是周线MACD在0轴之下附近处金叉；二是年线走向是向下的。周MACD还在0轴之下是弱势的表现，虽然10月22日之后两天收小阴线，但这是虚晃了两枪，需要耐心等待，探明年线的支撑力度。

第7节 放量长阴，经过回调整理，等待MACD回撤到0轴之上附近处金叉后出现买入机会

股价在相对高位，高开低走出现放量长阴，作者认为这往往是主力的洗盘打压行为，随后要经过短暂或者是长期的整理走势。那么整理到什么时候算基本完毕要进入拉升走势呢？作者一般以MACD在0轴之上附近金叉为介入的区域信号。

因为0轴是多空分界线。MACD的快慢线在0轴上方可以认为是多头行情，同时0轴也是很重要的一个变盘点位。大的行情爆发，不管是上涨还是下跌，不管是大周期还是小周期，基本是从0轴附近开始。

例1，亚星锚链（601890）2017年2月20日放量长阴线，此后向下调整28个交易日，到3月29日MACD在0轴附近处金叉为止，股价重新站上年线先后有两天，此时60MA向上，周MACD金叉快线爬上0轴，20MA现在向下暂时不要介意，后市拉升概率大，等待股价收阴介入，见下图：

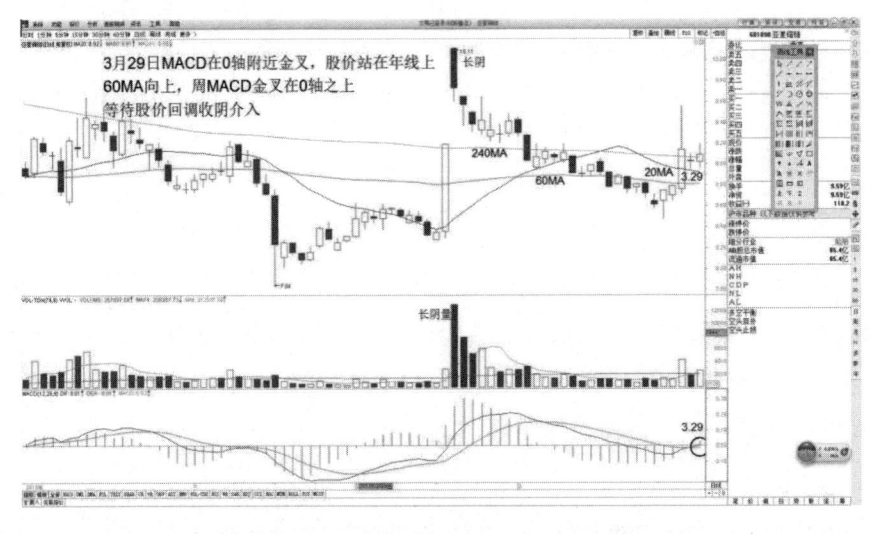

亚星锚链（601890）2017年2月20日走势图

该股后市走势以及具体的操作方法见下图：

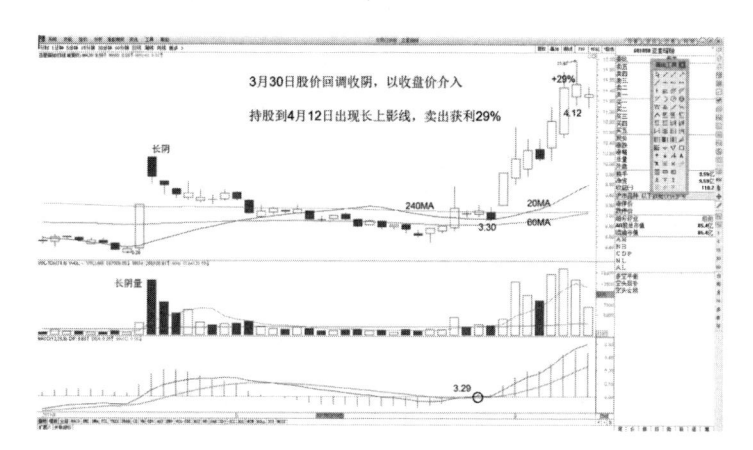

亚星锚链（601890）2017年2月20日的后市图

3月30日股价回调收阴，以收盘价买入；持股到4月12日，缩量收出带长上影线的阳线，卖出获利29%。

小结：

放量长阴，随后整理一个月，MACD在0轴附近金叉，60MA向上，周MACD金叉快线爬上0轴，拉升概率大。

例2，天坛生物（600161）2017年3月27日出现长阴量，此后向下调整10个交易日，即到4月12日MACD在0轴之上附近处第二次金叉，此时20MA、60MA和年线都是向上运行，周MACD在0轴之上，绿柱缩短，股价有向上拉升的欲望，等待股价回调收阴介入，见下图：

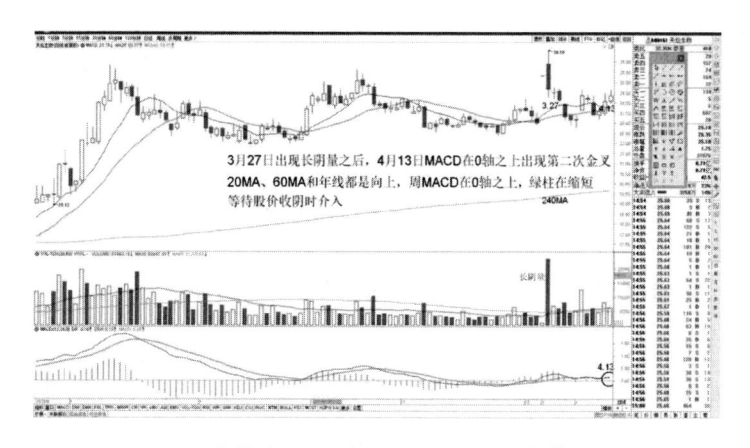

天坛生物（600161）2017年3月27日走势图

该股后市走势以及具体的操作方法见下图：

天坛生物（600161）2017年3月27日的后市图

4月14日股价回调收阴，以收盘价买入；4月20日股价放量创新高，收出上影线，卖出获利12%。

小结：

周MACD在0轴之上，绿柱缩短，20日均线、60日均线和年线都是向上运行，股价有拉升欲望。

例3，华西股份（000936）2010年8月20日放量下跌收出一根大阴线，换手率是6.88%，下跌幅度是6.87%。高位墓碑阴线洗盘可怕，地下埋的墓碑更阴险，但是一旦被识破投资者就能赚大钱。那就是要抓住大阴线加上MACD在0轴之上附近处金叉的介入机会。

既然有了这种操作警觉，当10月10日MACD回撤到0轴附近几乎要金叉时，股价放量收出一颗假阴十字星，发现收盘价6.78元正好是左前方巨量阴的开盘价。巨量阴后几天的股价已经解放了巨量阴开盘价的筹码持股者，显然巨量阴是主力洗盘行为而不是出货。这样此后的走势是拉升下跌，再拉升再下跌，股价都是围绕6.78元上下波动，这样我们就等待KDJ金叉时寻求买入机会。

依照前述分析，10月8日就是买入的大好机会，机不可失失不再来。10月11日股价放大量涨停，发现股价要拉升的预期，可以在盘中寻求低点买入，见下图：

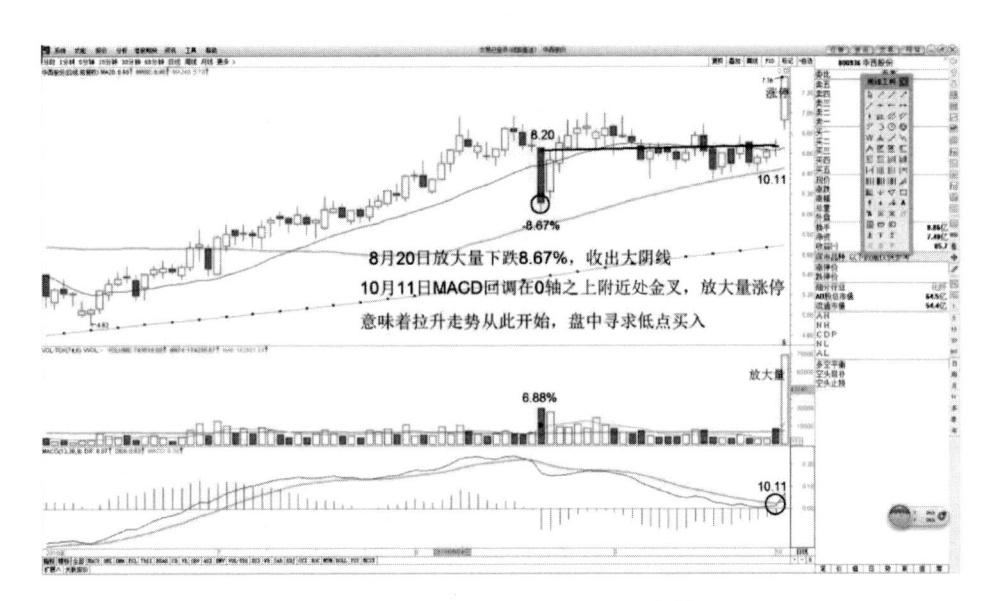

华西股份(000936)2010年10月8日走势图

该股后市走势以及具体的操作方法见下图：

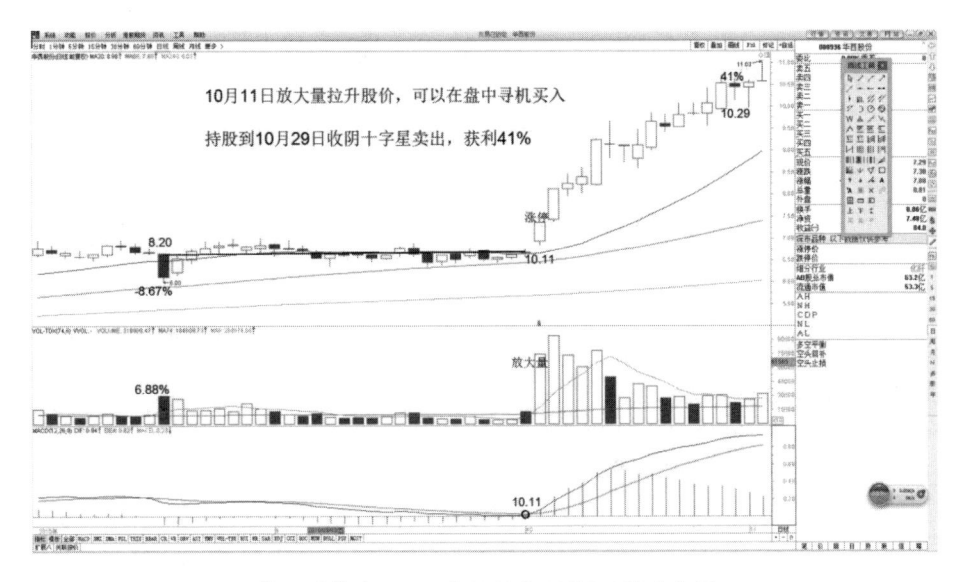

华西股份(000936)2010年10月8日的后市图

前一日就已经对股价要拉升有操作模式上的警惕，所以当日盘中放量拉升迹象明显时，可在盘中寻机买入；持股到10月29日股价高开低走，收出阴十字星出局，获利41%。

小结：

出现地下墓碑后27个交易日，MACD在0轴之上附近金叉前后是一个好的介入时间段。

例4，广汽集团（601238）2017年5月23日连续两天下跌收出长阴线，经过10个交易日的整理，6月6日MACD在0轴之上附近处金叉，股价站到20MA之上已经有三天，此时20MA向下，60MA和年线都是向上的，周MACD金叉在0轴之上。虽然20MA是向下运行，但是它的走势平缓，在利多条件下很快就会拐头向上，所以等待股价回调收阴介入，见下图：

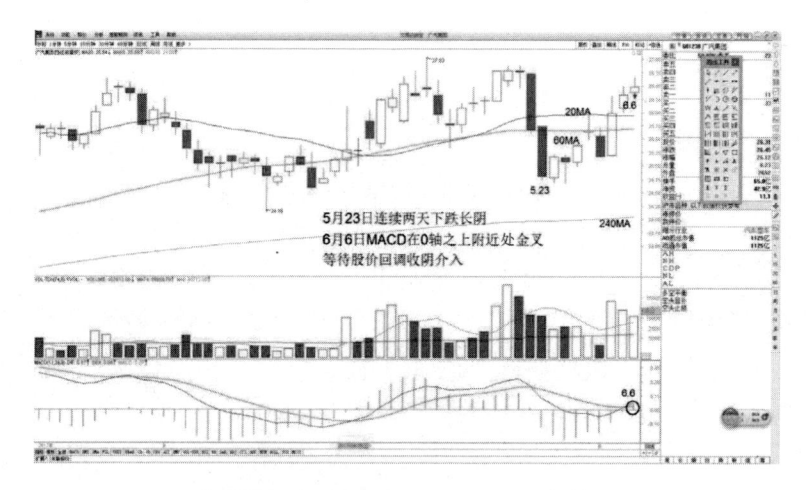

广汽集团（601238）2017年6月6日走势图

该股后市走势以及具体的操作方法见下图：

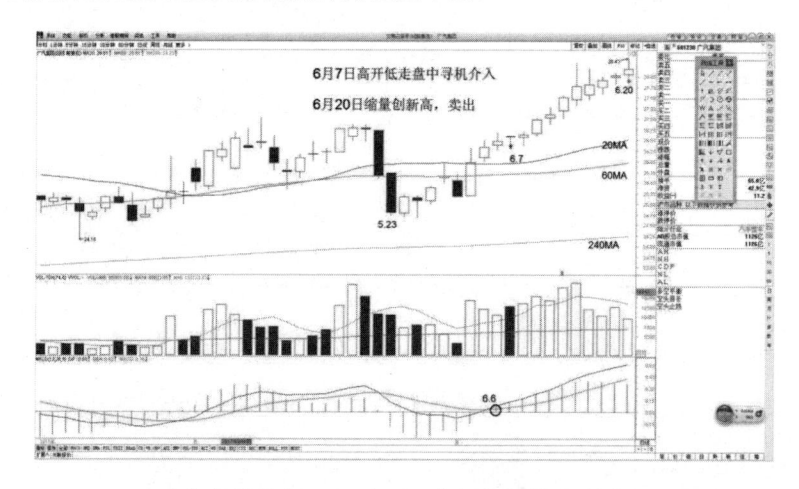

广汽集团（601238）2017年6月6日的后市图

第 4 章　MACD 在 0 轴附近金叉

6月7日高开低走，盘中在打压股价时，寻机介入；持股到6月20日，缩量创新高收出上影线出局，获利6.6%。

小结：

连续两条阴线可以合并一起看，就是一根很大的阴线，经过10个交易日的整理，MACD在0轴之上附近金叉，介入的机会就来到了，收益大于风险。

例5，苏州科达（603660）2017年5月23日连续两天下跌收出大阴线，调整到6月7日MACD在0轴之上附近处放量金叉，股价站上20MA三天，20MA和60MA都是向上运行，周MACD在0轴之上，绿柱缩短，等待股价回调收阴介入，见下图：

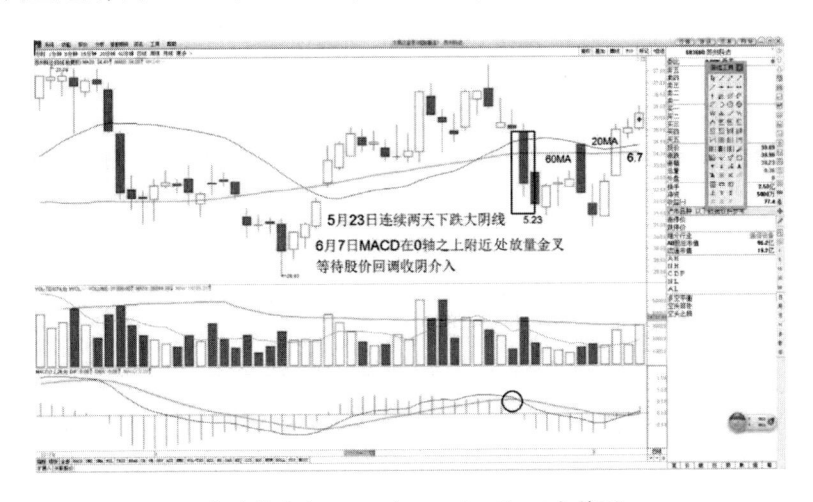

苏州科达（603660）2017年6月7日走势图

该股后市走势以及具体的操作方法见下图：

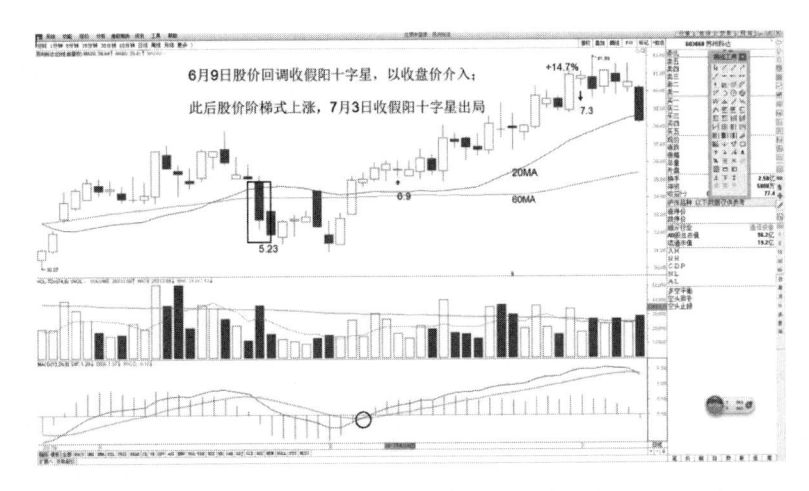

苏州科达（603660）2017年6月7日的后市图

6月9日股价回调，收假阳十字星，以收盘价介入；此后股价阶梯式向上攀升，上涨一根大的阳线，横盘个两三天再上涨一根大的阳线，持股到7月3日，收一颗假阳十字星，发现前日的大阳线可能是在缩量创新高，出局获利14.7%。

小结：

5月23日连续两天的阴线可以累计看作一根阴线，至此MACD从高位死叉，直到6月7日MACD回撤到0轴之上附近处金叉为止，赚钱的机会来临。

例6，宁波高发（603788）2017年5月23日连续三天收长阴下跌，致使MACD高位死叉向下，到6月7日MACD在0轴之上附近处金叉，股价在20日均线之上，周MACD在0轴之下附近处金叉向上，说明调整基本结束准备拉升，等待股价收阴介入，见下图：

宁波高发（603788）2017年6月7日走势图

该股后市走势以及具体的操作方法见宁波高发（603788）2017年6月7日的后市图。

6月8日也是股价回调收阴，为什么不进场呢？因为5月23日说是连续三天收出三根阴线，实质上是连续5天收阴，虽然6月7日前有连续4天收阳，但是仍然没有收复前高位置而出现长上影线，说明上方抛压很重，仍然有向下调整的可能，到了6月12日股价回调20MA并破20MA认为调整到位，可以买入。

持股到7月7日，股价高开低走收阴，并且MACD的红柱已经缩短到极限，以收盘价出局，获利13%。

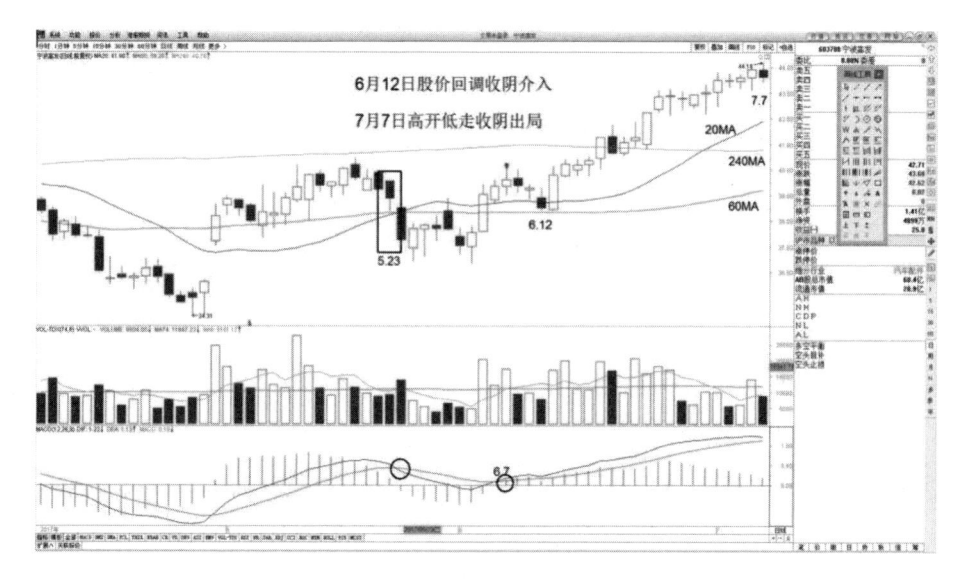

宁波高发（603788）2017年6月7日的后市图

小结：

该股的走势与前面的苏州科达（603660）的走势基本相同，都是5月23日大阴线的下跌，促使MACD高位死叉向下，都是6月7日MACD在0轴之上附近处金叉。不同的是下跌的阴线一只是连续两天，另一只是连续三天，介入的时间有所不同，连续下跌三天介入的时间稍晚一点，两只股票的收益一只是14.7%，另一只是13%，非常接近。

第8节　MACD在0轴之上附近处金叉后出现MACD似死非死走势，介入后获利的概率较大

MACD在0轴之上第一次金叉，股价经过上涨之后向下调整，当MACD出现似死非死向上拐头走势时，一般是介入的好机会。

MACD似死非死走势是金叉的一个变异形态，往往表现似是而非，给人一种股价下一步走势捉摸不定的感觉，也能掩盖主力后续走势，无论是要强势拉升还是强势下跌。似死非死这种走势使一些投资者容易进行错误的操作，达到主力如

期洗盘的目的。

似死非死MACD在0轴上或者0轴下附近都可介入。尤其是MACD在0轴之上金叉后，再出现MACD在0轴之上附近处呈似死非死的走势，此时周MACD在0轴之上，月MACD也是在0轴之上那就更好，介入后获利的概率最大。

综合以往所学，股票短线上涨需要放量，最好突破5日均线，K线攻击5日均线成功，20日均线上拐，走平也可观察，5日均线最好上拐。

盘中发现MACD上拐不能立即参与，当日行情没有走完之前，MACD的红柱完全有可能下来，需要到了尾盘才能确认。

MACD"将死不死"买入法的特征：MACD两条曲线数值相同、刚触碰或两条曲线非常接近将要死叉（未死叉），然后DIF开口上行，红柱线重新拉长。

MACD"将死不死"买入法还要同时满足下列条件：

（1）当天股价刚突破20日均线或已在20日均线上方运行时再出现放量阳线。

（2）当天成交量至少大于5天均量，5天均量要大于10天均量。

例1，哈高科（600095，现为湘财股份）2010年9月1日MACD在0轴之上放巨量金叉，股价略高于8月12日的巨量阴的开盘价。原来放巨量阴是洗盘吓跑了一些散户。当日的换手率是9.82%，下跌了8.78%，没有来得及跑的人在此足足套了三周，当日放开了不跑还等什么。实际逃跑的这些量全部被主力收集。然而主力不会那么傻立即就拉升，需要有有洗盘过程，到了9月27日MACD出现似死非死走势，恰恰是所谓看懂技术走势的人出局，而识破主力的诡计的人认为正是进场的大好机会，因为三大重要均线都呈向上走势，周MACD金叉在0轴之上，KDJ马上要金叉，因为股价不可能有大的回调，一旦回调MACD就可能要死叉，所以我们就可以毫不犹豫地在当日和次日两天在收盘价位置买入，见下图：

哈高科(600095)2010年9月27日走势图

该股后市走势以及具体的操作方法见下图：

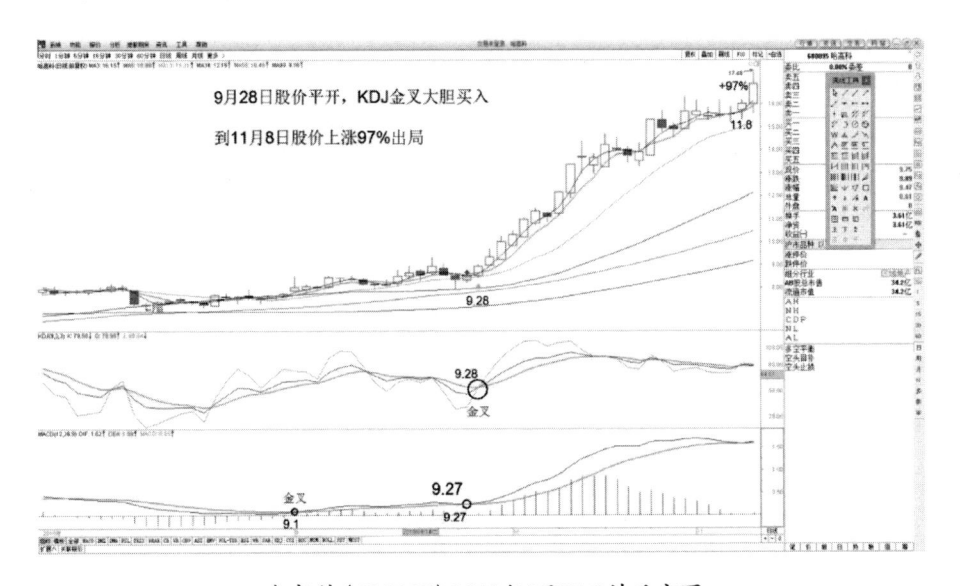

哈高科(600095)2010年9月27日的后市图

9月28日股价平开，一度下探破前一日收盘价，KDJ金叉大胆介入；持股到11月8日，红柱缩短，MACD处于要死不死的状态，出局获利97%。

小结：

该股9月1日当ＭＡＣＤ在0轴附近放巨量金叉时，发现稍高于左边巨量阴的开盘价，此时对该股后市走势已经处于严密的关注状态，等到9月27日ＭＡＣＤ出现似死非死的走势，觉得介入机会来到，9月28日ＫＤＪ金叉是绝佳的买入机会。

例2，中新科技（603996，现*ST中新）2016年5月6日ＭＡＣＤ就在0轴之上附近处金叉，股价向上拉升12%左右后回调，到了5月19日ＭＡＣＤ在0轴之上附近处出现似死非死走势，怀疑主力从此位置后，有要开始拉升股价的可能。但是什么时候拉升？什么时候介入？这些我们散户必须做细致充分的分析研究，得出比较合乎情理的预判结论，以便指导后市的操作。

可以看到，从5月6日股价拉升后到调整，5月12—18日中有四天回探20ＭＡ，只有最后一天即5月18日放量下跌9.6%破20ＭＡ，觉得蹊跷，因为前四天都没有破20ＭＡ，尤其是5月17日这天股价在20ＭＡ之下低开后上涨了9.06%，所以判断5月18日的下跌大阴线是拉升前的骗线操作。既然判定5月18日收出阴线是骗线操作，那么当5月19日以22.35元高开，但是股价仍然还在20ＭＡ之下时，我们散户就应觉醒，主力拉升股价就要开始了，机不可失，不能犹豫，在20ＭＡ价位22.81元处挂单重仓买入，结果买入成功，当天股价涨停，见下图：

中新科技（603996）2016年5月19日走势图

该股后市走势以及具体的操作方法见下图：

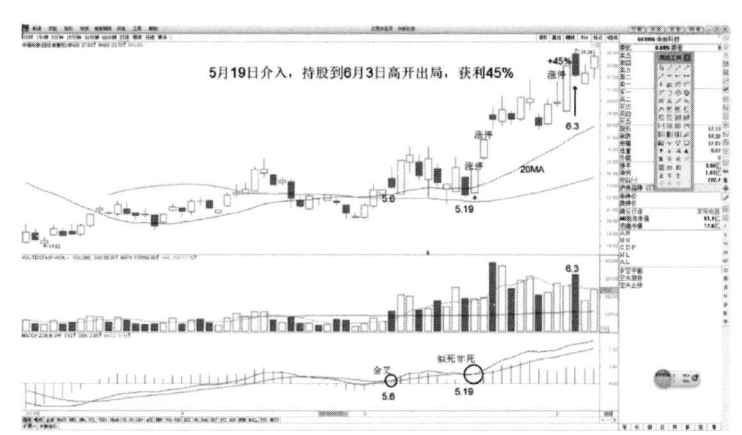

中新科技（603996）2016年5月19日的后市图

5月19日抓住机会在20MA提前下单买入；持股到6月3日由于昨日是涨停，所以股价高开便以开盘价卖出，获利45%。

小结：

把握MACD金叉后出现似死非死走势的介入机会，机会稍纵即逝，一般不是等待股价回调收阴介入，而是出现似死非死的当天抓住机会介入。

例3，山西汾酒（600809）2017年5月23日在0轴之上附近处金叉，股价放大量上涨9.18%，随后进行调整，到6月5日MACD在0轴之上附近处出现似死非死走势，周MACD在0轴之上几乎要金叉，20MA和60MA虽然方向向下，但是它俩走势平缓，而且距离很近，一旦拉升它俩马上就会改变方向，根据以上情况就在当日收盘价介入，次日如果低开可以加仓，见下图：

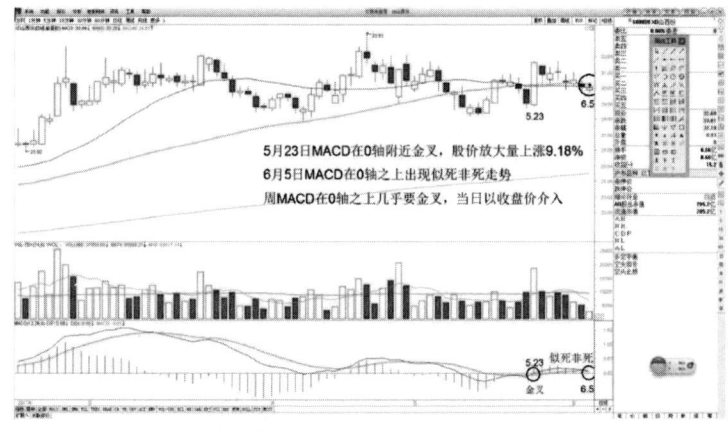

山西汾酒（600809）2017年5月23日走势图

该股后市走势见下图：

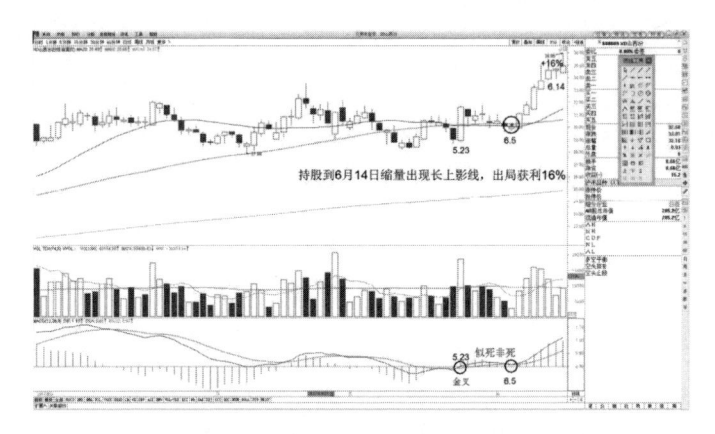

山西汾酒（600809）2017年5月23日的后市图

6月6日果然低开0.33%，继续加仓，收盘上涨4.06%并且20MA已经拐头向上，增加持股信心；到了6月14日股价收出长上影线，出局获利16%。

小结：

5月23日MACD金叉股价上涨后马上回调在0轴之上附近处出现似死非死走势，周MACD在0轴之上几乎要到金叉状态，20MA和60MA走势平缓，之间距离很近，抓住机会介入收益大于风险。

例4，八一钢铁（600581）2017年2月9日MACD在0轴之下附近处金叉，到了2月28日MACD在0轴之上附近处出现似死非死走势，此时20MA、60MA和年线都是向上运行，之间距离不算远，周MACD金叉在0轴之上运行，KDJ要金叉，以收盘价买入，见下图：

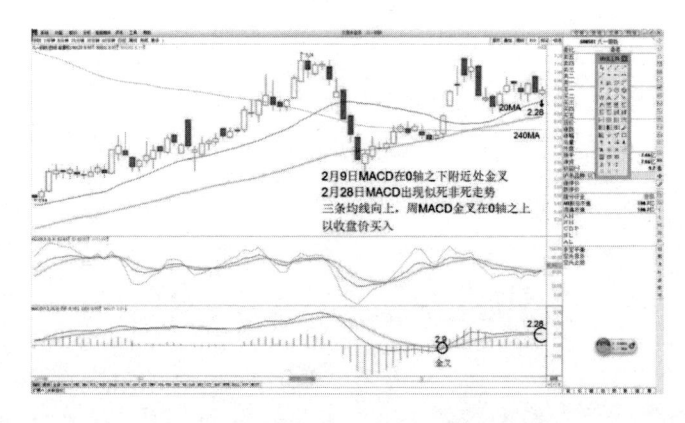

八一钢铁（600581）2017年2月9日走势图

该股后市走势与介入过程见下图：

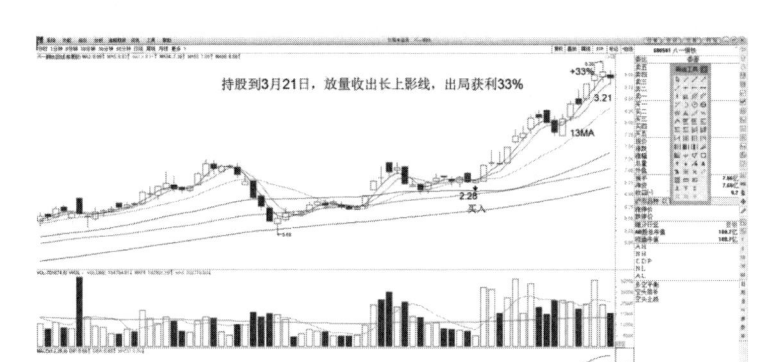

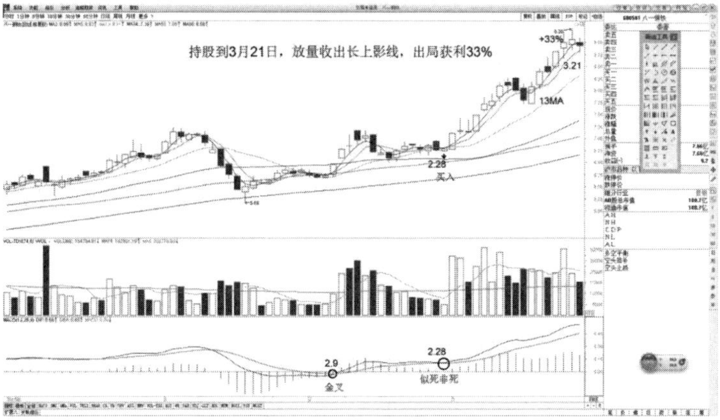

八一钢铁（600581）2017年2月9日的后市图

2月28日买入，持股到3月21日放大量收出长上影线的星线，出局获利33%。

小结：

MACD在0轴之上附近处出现似死非死走势，此时20MA、60MA和年线都是向上运行，之间距离不算远，周MACD金叉在0轴之上运行，日KDJ要金叉，大胆介入，盈利大于风险。

例5，中旗股份（300575）2018年12月25日MACD在0轴之上金叉之后，2019年1月4日和1月10日MACD出现似死非死的走势。此时20日均线和60日均线都是向上运行的，周MACD金叉在0轴之上，所以决定1月4日以开盘价买入，而1月10日以收盘价买入，见下图：

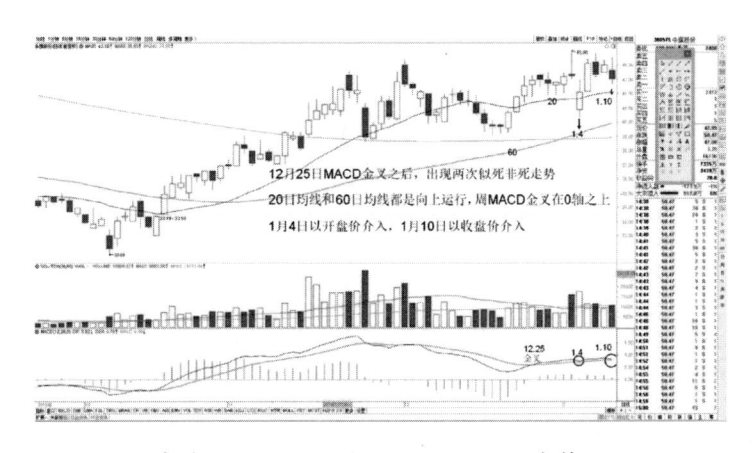

中旗股份（300575）2018年12月25日走势图

该股后市走势与介入过程见下图：

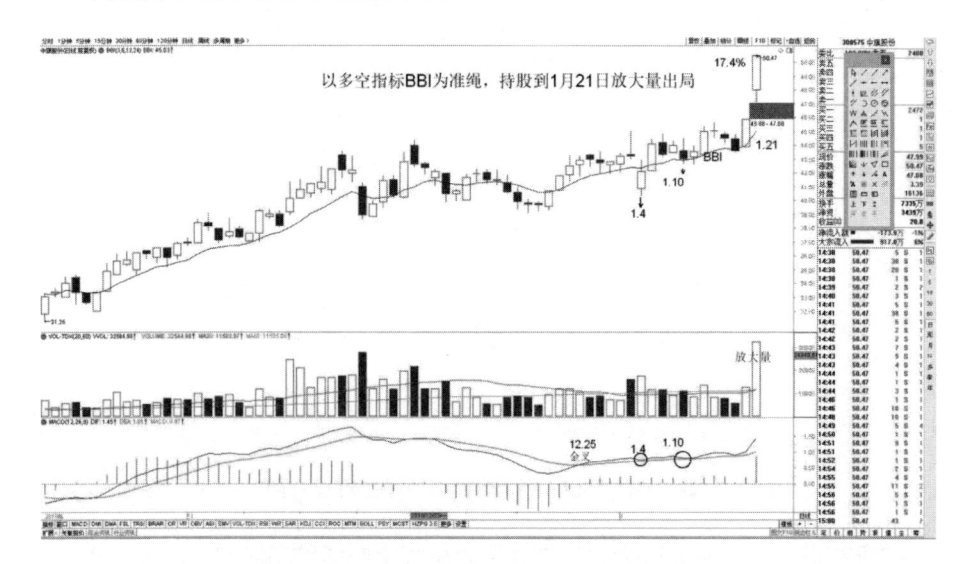

中旗股份（300575）2018年12月25日的后市图

以多空指标BBI为准绳，持股到1月21日股价放大量跳空涨停，决定出局。

小结：

股价处于上升趋势中，周MACD金叉在0轴之上支持中期上涨行情，主力使用MACD似死非死模棱两可的走势迷惑大家，在细节上看穿主力的雕虫小技，可以赚大钱。

第5章

MACD在0轴之上第一次金叉

MACD在0轴上的第一个金叉，可以理解为波浪理论中的第三浪的起点。当底背离出现时，才是第五浪的开始。那么为什么不在第二个金叉时买入呢？因为后面的行情走势是无法确定的，第二个金叉一般都是第五浪的开始（三浪延长除外），而五浪相对比较复杂，可能是衰竭浪，也可能是延长浪，所以为了安全起见只买第一个金叉就相对可靠些。

第1节 日线MACD在0轴之上第一次金叉介入的条件

（1）股价放量过前高最好，MACD金叉距0轴越近越好。

（2）周MACD金叉在0轴之上，并且周KDJ金叉向上。

例1，无锡银行（600908）2017年4月11日MACD在0轴之上第一次放大量金叉，换手率达41.85%，股价平前高区，周MACD金叉在0轴之上，周KDJ金叉向上，这是一个次新股，出现放这么大的量的走势而且金叉点在0轴之上距离0轴很近，可等待股价回调在5MA时见机介入，见下图：

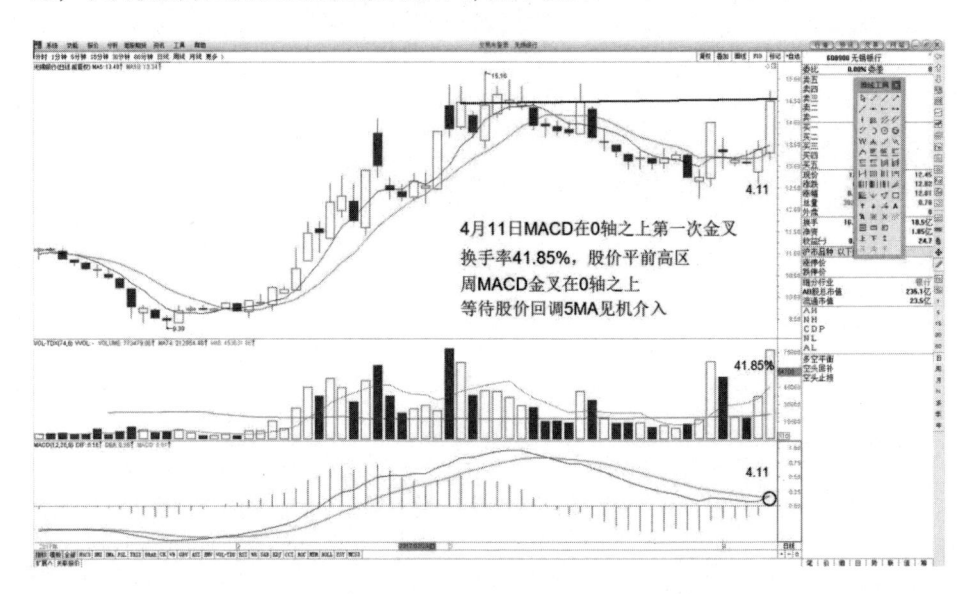

无锡银行（600908）2017年4月11日走势图

第 5 章　MACD 在 0 轴之上第一次金叉

该股后市走势以及具体操作过程见下图：

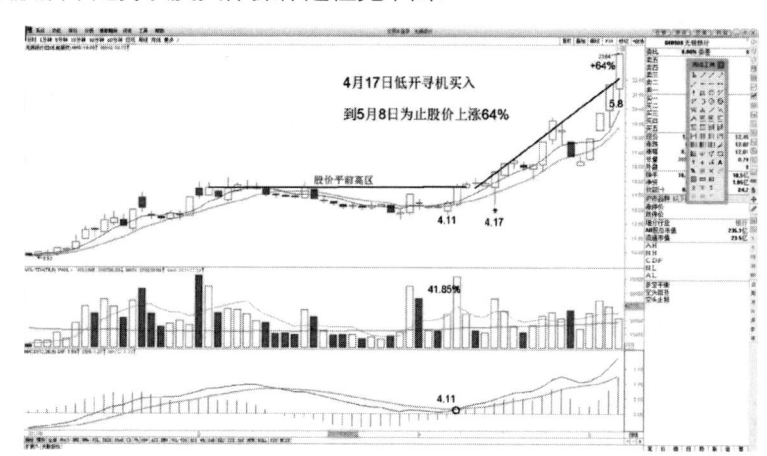

无锡银行（600908）2017年4月11日的后市图

4月17日低开在5日均线之下，在开盘价或者在下影线位置分批买入持股，到4月25日，连续两天大涨18%，决定获利出局，获利30%。

小结：

该股有两点特殊亮点：

（1）放大量，换手率是41.85%；

（2）MACD金叉在0轴之上且距0轴很近。

例2，中信银行（601998）2016年11月8日MACD在0轴之上第一次金叉，股价放量上涨突破前期高位，MACD回撤离0轴且距离很近，完全符合要求，周线MACD金叉开口在0轴之上，周KDJ金叉向上，等待股价回调在5MA处寻机买入，见下图：

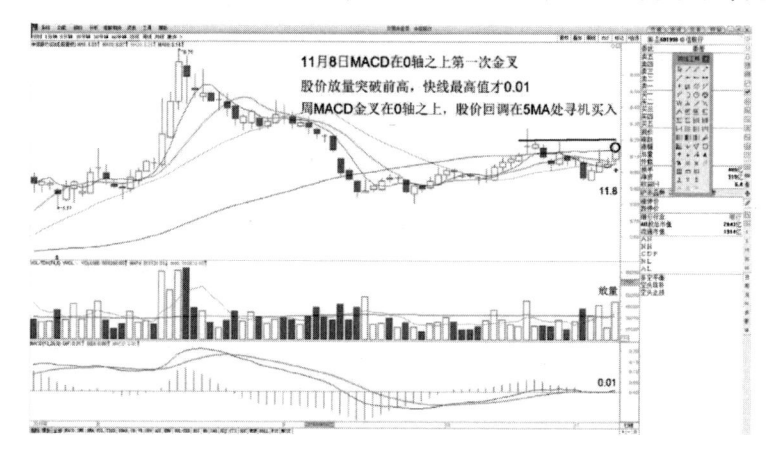

中信银行（601998）2016年11月8日走势图

该股后市走势以及具体操作过程见下图：

中信银行（601998）2016年11月8日的后市图

11月9日，提前在5MA位置以6.09元挂单买入，结果成交；11月23日放大量收出一条带长上影线的阳线，好像获利应该出局，但是看到日线MACD开口很大，次日不会跳水式下跌，谨慎坚持持股；11月28日，量升价涨，但是这两天都是出现长上影线，并且这三天MACD红柱走平，说明多方力量乏力，确定出局，获利14%。

小结：

该股MACD在0轴之上第一次金叉，靠0轴很近，快线最高值才0.01，这是难得的，其他基本上满足介入的两个条件，大胆买入，关于出局点，把握上影线尺度就好，11月28日出局是正确的。

例3，中国电建（601669）2017年3月21日MACD在0轴之上死叉回调到0轴第一次金叉，股价放量上涨但是没有突破前期高点区域，周线MACD在0轴之上金叉，周KDJ金叉向上，日线MACD在0轴位置金叉，等待股价回调在5MA之下位置寻机介入，见下图：

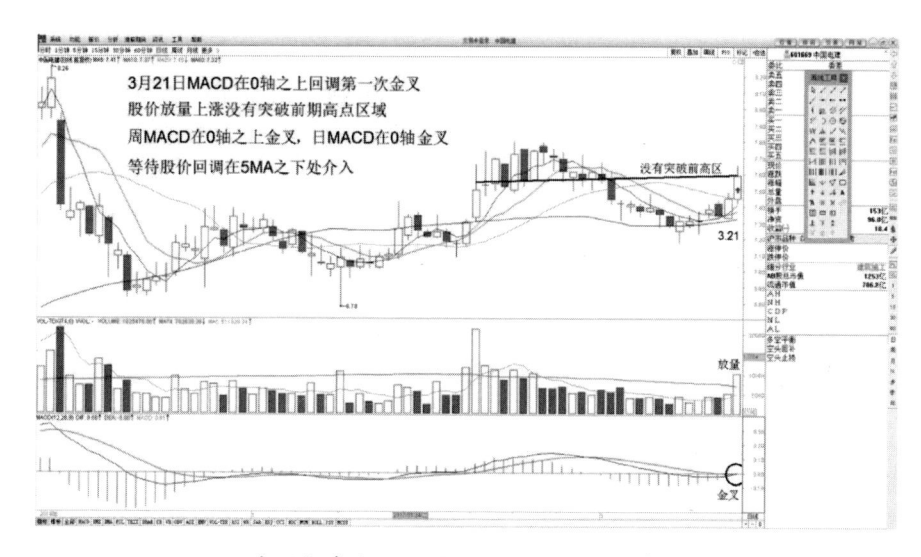

第 5 章　MACD 在 0 轴之上第一次金叉

中国电建（601669）2017年3月21日走势图

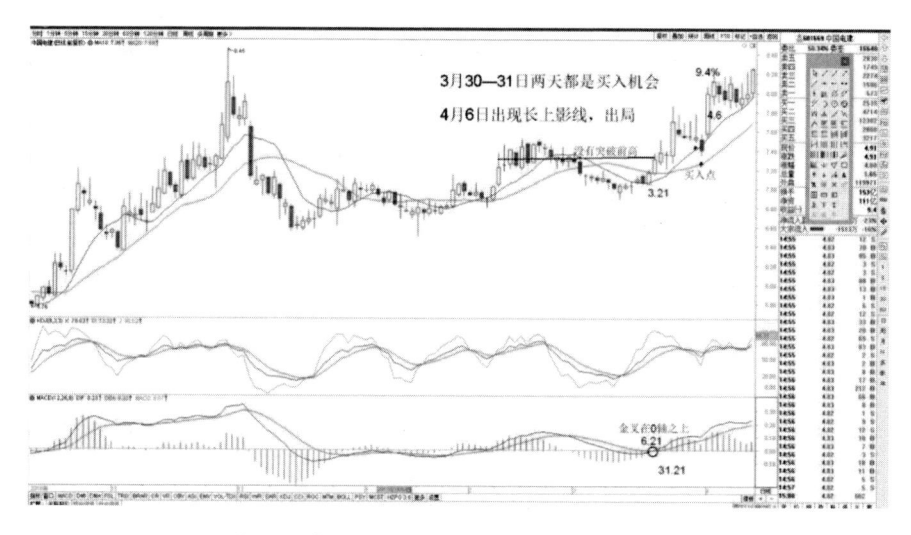

中国电建（601669）2017年3月21日的后市图

3月30—31日两天股价都是破5MA，不过31日跌破比较深，可寻机介入，4月6日收出长上影线，获利9.4%，出局。

小结：

该股MACD回撤在0轴位置金叉，这是极其特殊位置的金叉，0轴具有推动反弹的特殊推动力，这一点上它优于股价过前高的条件，所以凡是遇到此种走势一定多加留意。

例4，深物业A（000011）2016年8月5日MACD在0轴之上第一次金叉，股价放量上涨收盘价突破前期高位区域，MACD快线最高值是0.16符合要求，周线MACD金叉开口在0轴之上，周KDJ金叉向上，等待股价回调在5MA之下买入，见下图：

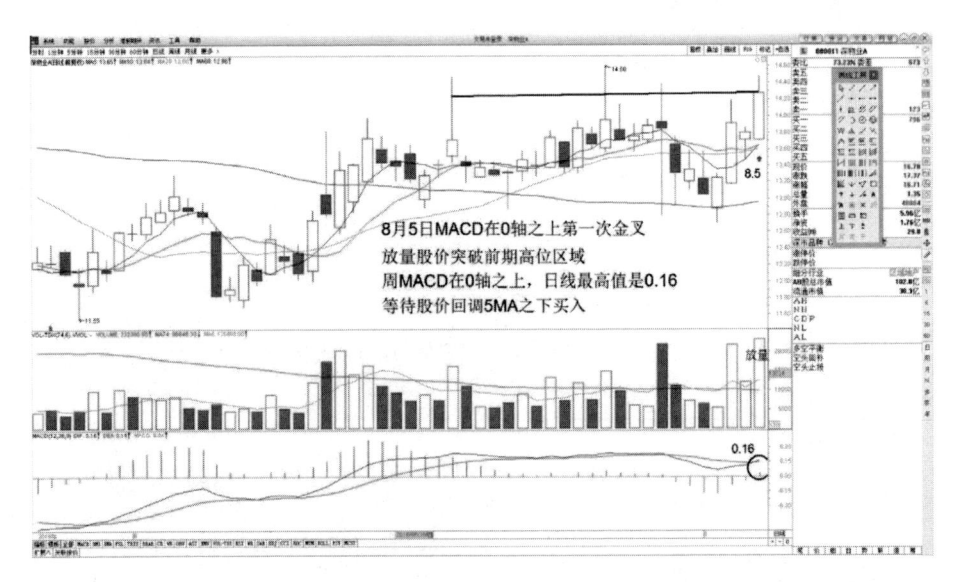

深物业A（000011）2016年8月5日走势图

该股后市走势以及具体操作过程见下图：

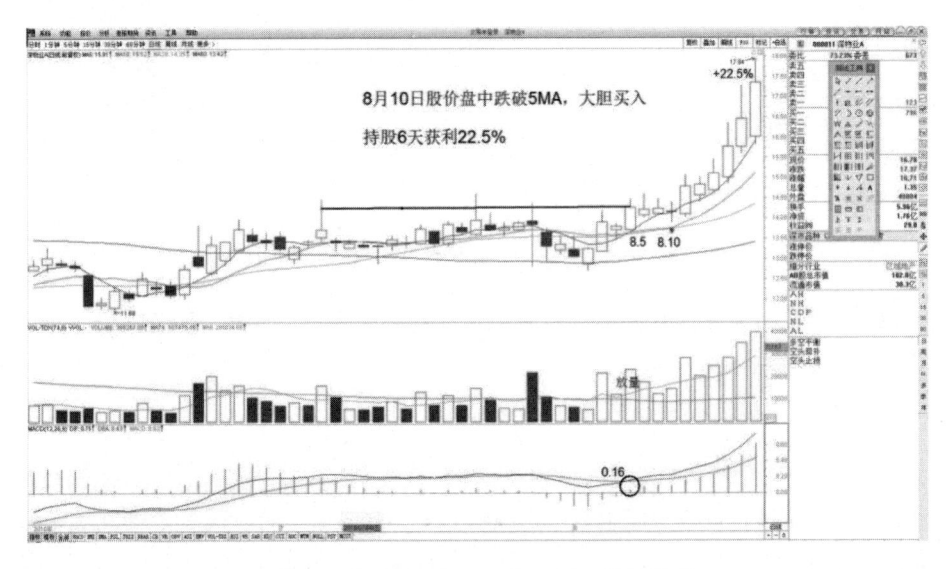

深物业A（000011）2016年8月5日的后市图

8月10日，股价盘中回调到5MA之下，大胆寻机买入；8月18日，股价在均匀放量沿着5MA上升，不过这一天收出一条长上影线，决定出局，不等待股价破5MA出局，6天获利22.5%。

小结：

该股MACD在0轴之上第一次金叉，基本上满足介入预定的两个条件，大胆买入，关于出局点很好把握，见到上影线获利落袋为安。

例5，京蓝科技（000711）2016年7月27日在0轴之上第一次金叉，股价缩量一字板涨停突破前期高点，周线MACD金叉开口在0轴之上，周KDJ金叉向上，由于股价是跳空一字板涨停，上涨比较凶猛，所以等待股价回调在10MA处寻机买入，见下图：

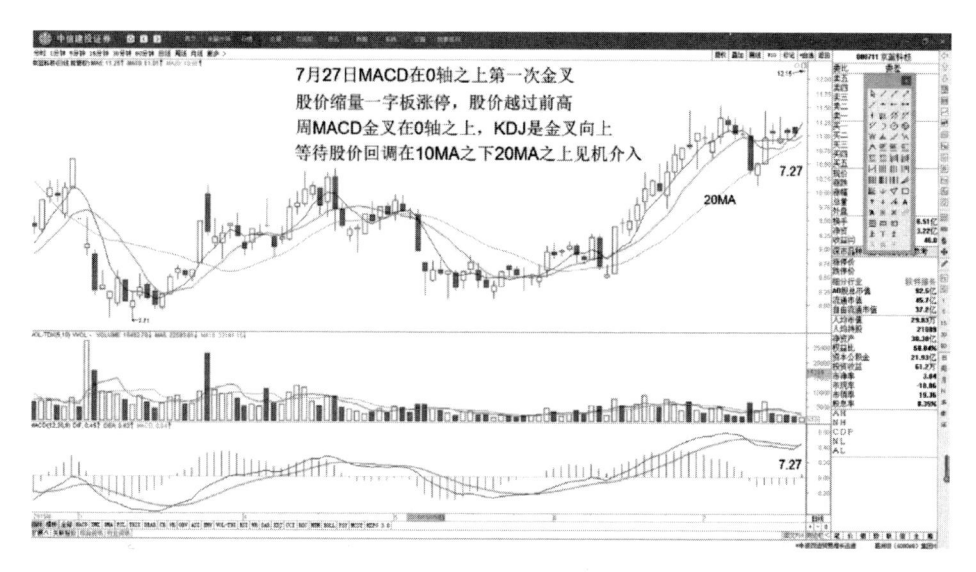

京蓝科技（000711）2016年7月27日走势图

该股后市走势以及具体操作过程见京蓝科技（000711）2016年7月27日的后市图。

7月28、29日连续两天放量下跌，这里大部分是获利盘和恐慌抛盘，也有主力的接盘；8月1日主力继续凶猛打压洗盘，我们可以在10MA之下寻机介入；8月10日涨停，次日冲高收十字星出局，获利13.64%。

小结：

突然一字板涨停的股票走势，注意随后的洗盘打压可能是比较凶的走势，介入时不要急。

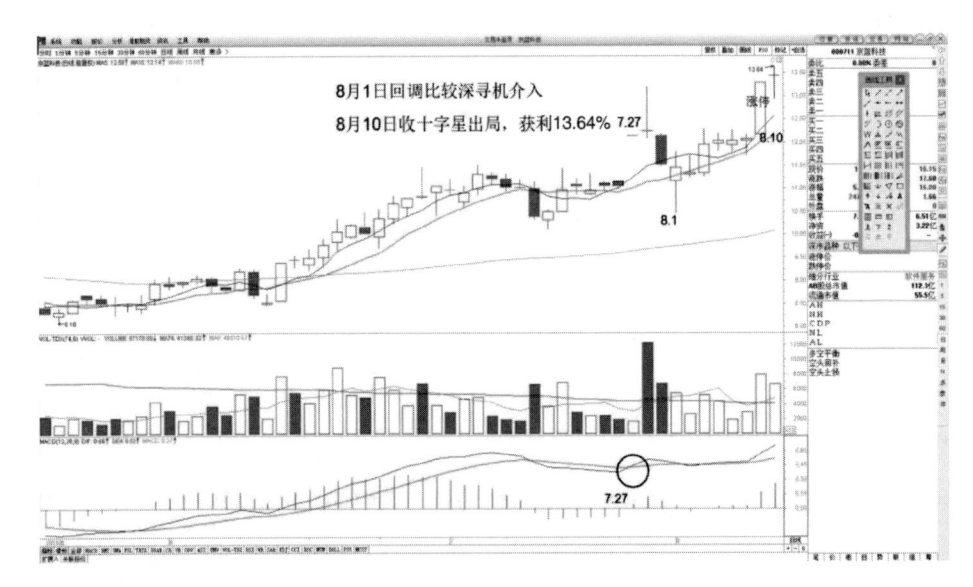

京蓝科技（000711）2016年7月27日的后市图

例6，延华智能（002178）2017年2月6日MACD在0轴之上第一次金叉，股价放量上涨4.4%突破两个月的高点，周MACD在0轴之上金叉向上，周KDJ金叉向上，等待股价回调在10MA之下20MA之上位置见机介入，见下图：

延华智能（002178）2017年2月6日走势图

该股后市走势以及具体操作过程见下图：

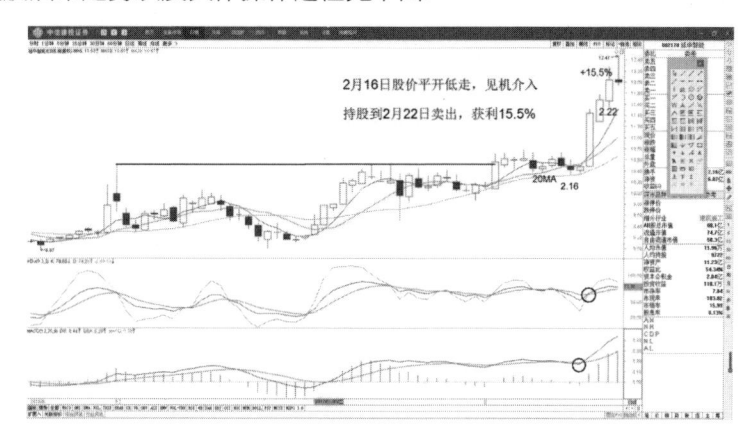

延华智能（002178）2017年2月6日的后市图

2月16日股价回调两天平开低走，股价在10MA与20MA之间徘徊，以收盘价介入；2月22日连续四天收阳，出现长上影线，确定出局，获利15.5%。

小结：

MACD在0轴之上第一次金叉放量突破前高，周MACD金叉在0轴之上，周KDJ金叉向上，等待股价回调在20MA之上附近大胆介入。

例7，华峰超纤（300180）2016年3月28日MACD在0轴之上第一次金叉，股价已经反弹了52%并碰上前期顶部区域，股价放量上涨，周MACD金叉刚爬上0轴，周KDJ金叉向上，由于股价前期是辘轳把式下跌，主力洗盘获得丰厚的廉价筹码，虽然股价拉升了52%，但是仍然认为该股后市走势还有上涨空间，按照操作规则等待股价回调见机介入，见下图：

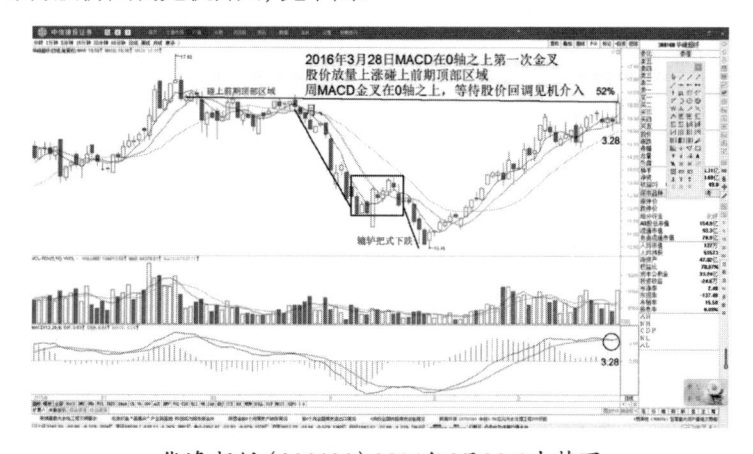

华峰超纤（300180）2016年3月28日走势图

该股后市走势以及具体操作过程见下图:

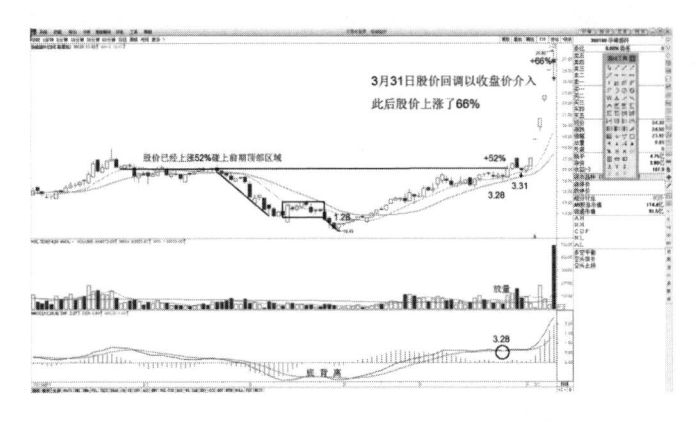

华峰超纤（300180）2016年3月28日的后市图

3月31日股价回调收阴,以收盘价买入;持股到11月24日,股价上涨66%,出局。

小结:

MACD在0轴之上第一次金叉,由于前一波涨幅相对比较小、力度不强,MACD在0轴上方第一次金叉后,后面的上升行情会比前一波上升行情涨幅大、力度强。可以大胆买入,如果买错了可在买入价附近止损。

例8,文投控股（600715）2016年7月14日MACD回调到在0轴之上第一次金叉,股价放量上涨没有突破前高,此时周MACD在0轴之上死叉向0轴靠近,绿柱在缩短,周KDJ金叉向上,可以根据日线以下级别做短线操作,但是由于月线MACD在0轴之上金叉,日线MACD金叉时快线最高值是0.02,可以提前埋伏,等待股价回调5MA寻求机会买入,中线持有,见下图:

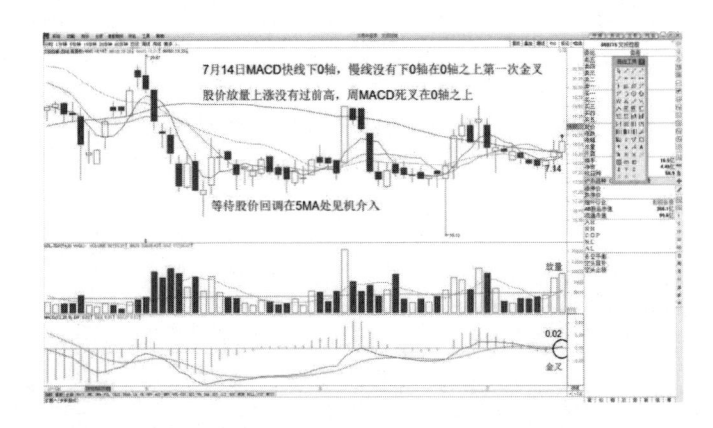

文投控股（600715）2016年7月14日走势图

该股后市走势以及具体操作过程见下图：

文投控股（600715）2016年7月14日的后市图

7月19—22日四天，在5MA买入都会成功；其后持股选择顶背离或者长上影线位置为出局点位。

小结：

该股走势是呈下降三角形整理走势，到了变盘前夜，该股放量上涨没有突破前高，这是个弱点，周MACD在0轴之上死叉也是个弱点，但是周线和日线MACD都离0轴很近，这是很大的优点，所以后期才有很大的反弹空间。

第2节　MACD在0轴之上第一次金叉失败案例

因为任何一种炒股获利模式都不可能百分之百成功，能够保证60%以上的成功率就不错了。作者这个MACD在0轴之上第一次金叉满足所给定的条件，介入获利成功率能够达到75%。下面找出一些失败的案例，以供读者参考，引以为戒。

（1）日线MACD在0轴之上第一次金叉，可是周线MACD金叉还在0轴之下距0轴较远，同时周KDJ的J线拐头向下或者J线值数字过百，作者认为周线呈现弱势，无力支撑日线的反弹行情，所以此时的日线MACD在0轴之上的第一次金叉，很难走出一波满意的反弹行情。

例1，中新科技（603996，现*ST中新），2017年3月24日MACD爬到0轴之上后第一次放量金叉，快线最高值是0.11，股价突破短期几个小高点介入前期底部横盘区，遗憾的是周MACD虽然金叉，可是还在0轴之下，并且周KDJ的J值过百，说明日线级别的反弹是弱势反弹，放弃关注，见下图：

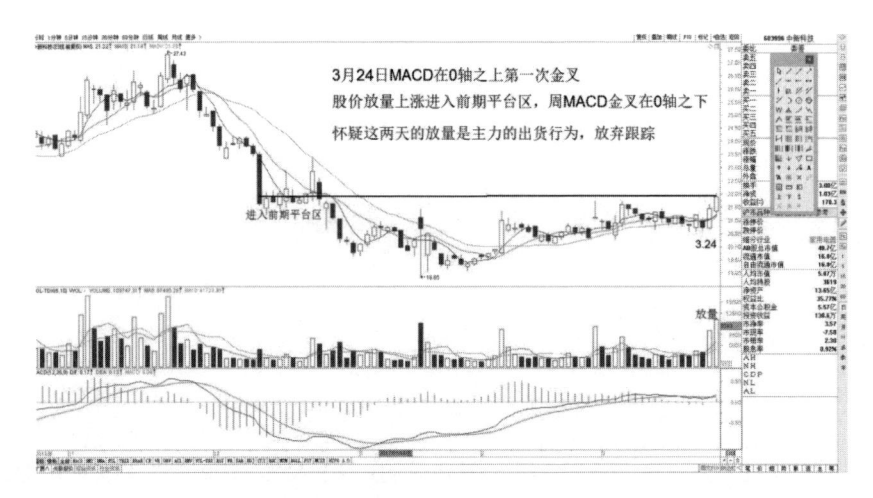

中新科技（603996）2017年3月24日走势图

该股后市走势以及具体操作过程见下图：

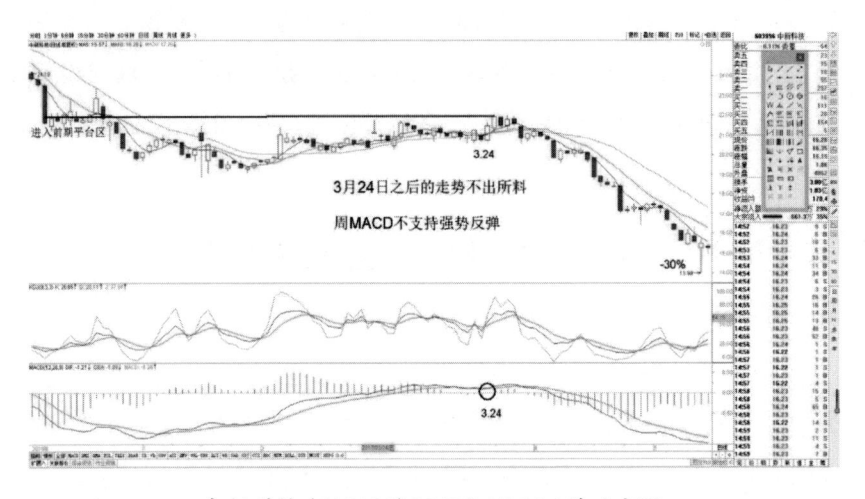

中新科技（603996）2017年3月24日的后市图

小结：

该股周线MACD金叉在0轴下方并且离0轴还很远，并且周KDJ的J值过百，应该放弃日线MACD在0轴之上第一次金叉的短线反弹行情，把它作为日线级别的弱势反弹来处理。

如果周线的MACD金叉在0轴下方向0轴靠近，那么该股短期有继续上攻的意愿，可以考虑参与日线级别短线行情。

例2，晨光文具（603899）2017年3月27日MACD在0轴之上第一次金叉，但是此时的周MACD在0轴之下金叉离0轴还比较远，并且KDJ的J线已经拐头向下，说明周线级别呈现弱势不支持日线级别的反弹行情，所以不看好该股的后市行情，放弃跟踪观察，见下图：

晨光文具（603899）2017年3月27日走势图

该股后市走势见下图：

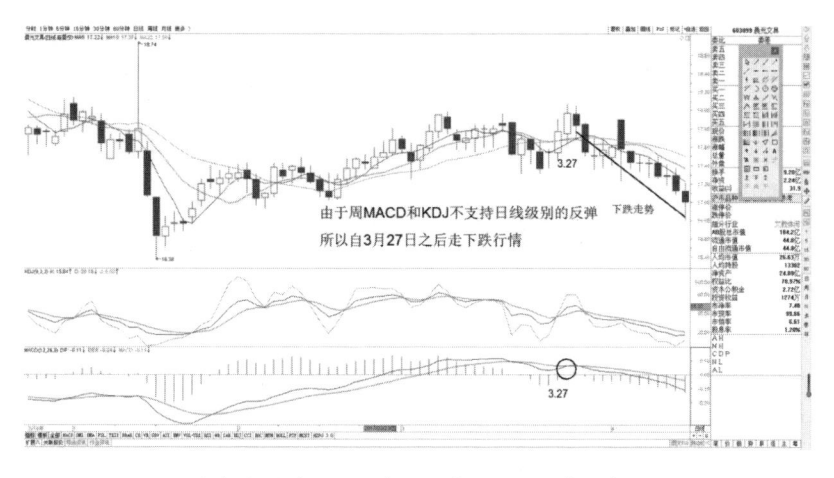

晨光文具（603899）2017年3月27日的后市图

小结：

该股的周MACD在0轴之下金叉离0轴还比较远，并且KDJ的J线已经拐头向下，不支持日线的反弹行情，应该放弃跟踪观察。

例3，中信海直（000099）2017年3月9日MACD在0轴之上第一次金叉，股价跳空高开4.56%，然后放量低走收出一根光头大阴线，最后上涨1.59%。此时的周MACD金叉在0轴之下，周KDJ的J线向下，所以对该股的后市走势看淡，放弃跟踪观察。

不是说凡是周MACD在0轴之下就一定不看好后市走势，个别的日线级别走势也有走好的，周MACD金叉在0轴之上时，日线级别走势也有走不好的，这些都是小概率，因为我们炒股就是炒概率！不要去赌，去冒风险，这样才能在股市活得长久。

就该股而言，既然周线MACD不支持日线级别的反弹行情，而日线却要利用MACD在0轴之上第一次金叉机会，使股价跳空高开4.52%，这显然有骗线的嫌疑，让一些技术知识浅薄、操作经验又不太丰富的人跟风，最后死死地把他们套在高位上。因为一般股价想往上拉升，在此位置不应该有这么大的动作，这里的操作也不专业，见下图：

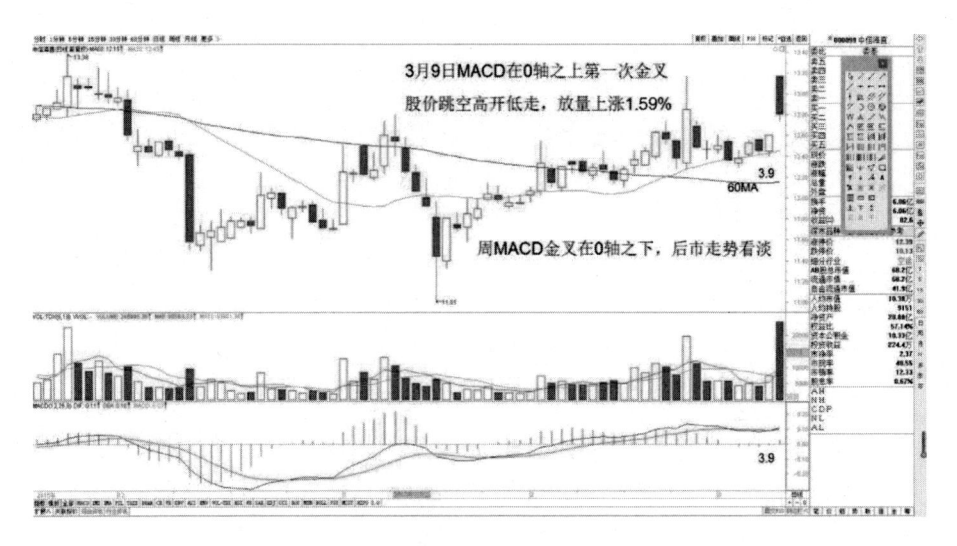

中信海直（000099）2017年3月9日走势图

该股的后市走势见下图：

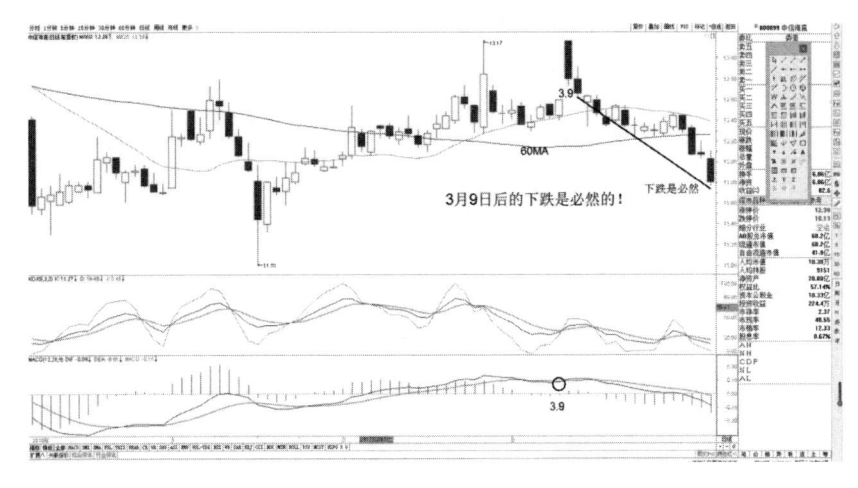

中信海直（000099）2017年3月9日的后市图

小结：

日线MACD在0轴之上第一次金叉，60日均线向下，周线MACD金叉在0轴之下，周KDJ的J线向下，大概率应该看淡后市。

例4，芭田股份（002170）2018年12月4日MACD在0轴之上第一次金叉，股价高开低走放大量过前高，由于周MACD金叉还在0轴之下，周KDJ的J线向下，日线级别只能是弱势反弹，也就是说即使有反弹也不会太高太久，因此看淡后市，只观察不介入，见下图：

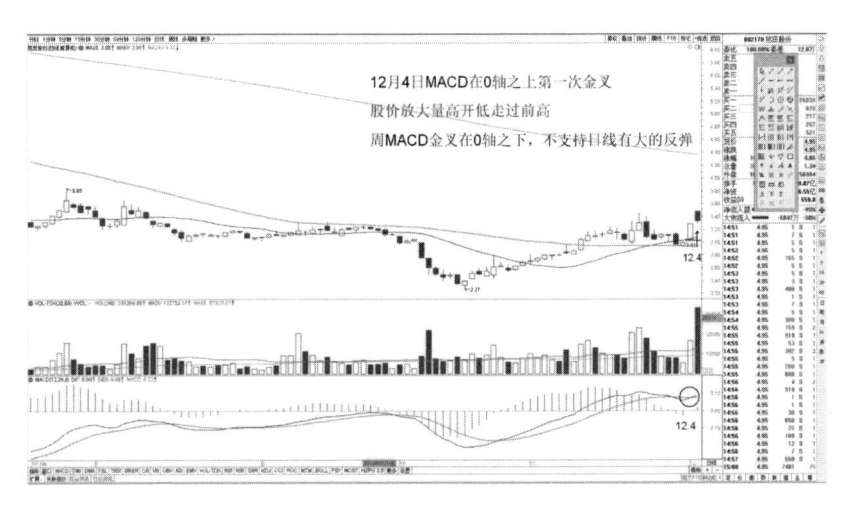

芭田股份（002170）2018年12月4日走势图

169

该股的后市走势见下图：

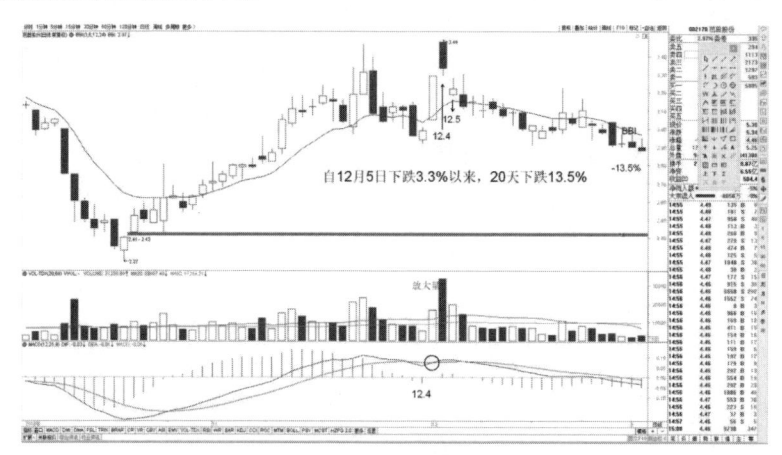

芭田股份（002170）2018年12月4日的后市图

12月5日低开高走下跌3.30%，经过20个交易日股价下跌13.5%。

小结：

MACD在0轴之上第一次金叉是利多，股价放量上涨过前高也是利多，但是周MACD金叉在0轴之下，周KDJ的J线向下，说明不支持日线的反弹，加之放量的大阴线使投资者增加了对股价拉升的怀疑，所以只观察不介入的操作是正确的。

例5，辅仁药业（600781，现ST辅仁）2018年12月4日MACD在0轴之上第一次金叉，股价放量上涨创新高，虽然20日均线向上走，但是60日均线是向下走的，而且周MACD金叉在0轴之下，同时周KDJ的J线是向下走的，这样的走势后市不看好，见下图：

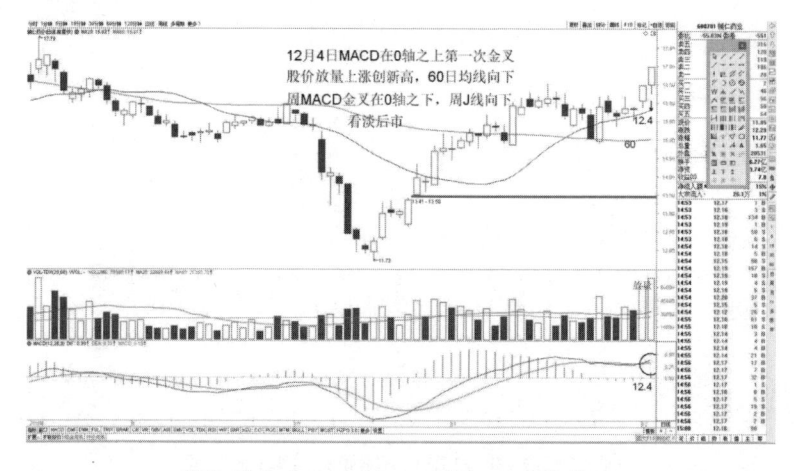

辅仁药业（600781）2018年12月4日走势图

第5章　MACD在0轴之上第一次金叉

该股后市走势见下图：

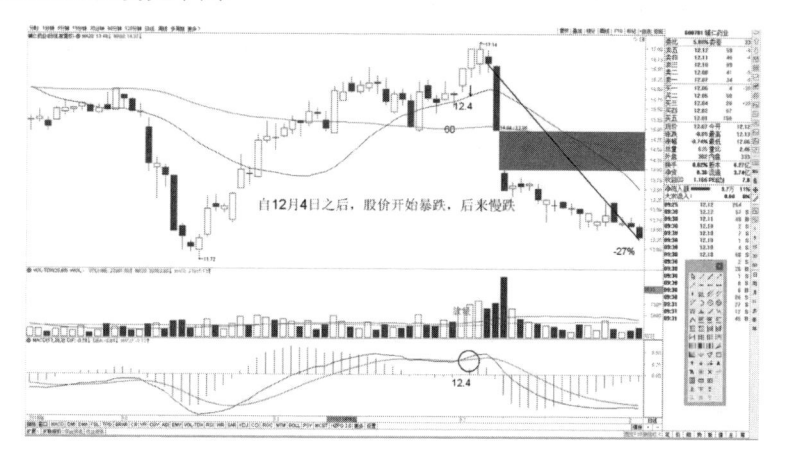

辅仁药业（600781）2018年12月4日的后市图

该股自12月4日之后，开始两天连续跌停，后来慢跌，18个交易日累计下跌27%之多。

小结：

日线MACD在0轴之上第一次金叉，60日均线向下，周线MACD金叉在0轴之下，周KDJ的J线向下，后市看淡。

例6，深圳燃气（601139）2016年8月16日MACD在0轴之上第一次金叉，虽然20日均线和60日均线都是呈向上走势，而且周MACD金叉也是在0轴之上，这些利好应该是介入的好条件，但是，此时的股价已经与MACD出现顶背离现象了，这是走势的致命利空条件，所以该股的后市走势看淡，放弃介入，见下图：

深圳燃气（601139）2016年8月16日走势图

171

该股的后市走势见下图：

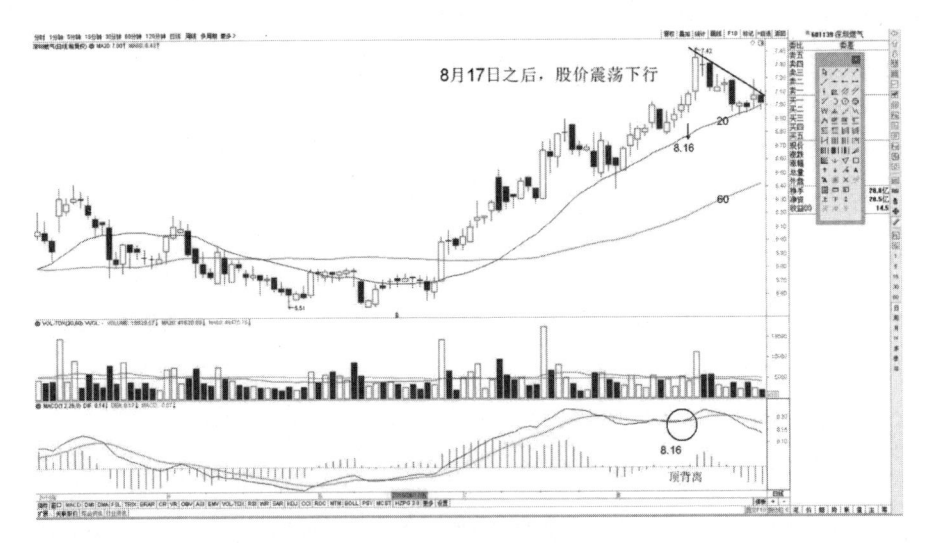

深圳燃气（601139）2016年8月16日的后市图

8月17日股价向上拉升3.81%之后，其后近两周是一路震荡下行走势。

小结：

股价走势不论有多少利好，只要是出现顶背离，好的走势不会坚持很久是大概率的，放弃介入是首选。

（2）个股MACD在0轴之上第一次金叉，日线60MA向下，周MACD在0轴之下不管金叉还是死叉，后市走势都看空，应放弃跟踪介入的念头。

MACD在0轴之上第一次金叉，主要看60日均线的压力如何，60日均线下压则多半是真的压力，这是因为60日均线可以理解为MACD的0轴线，0轴线是多空的分水岭，同时也是可能发生波段行情的介入点。如果60日均线走平，在能量不耗尽的情况下配合放量往往能够期待有一波行情。

其次要看周MACD是否在0轴之下，在0轴之下不管金叉还是死叉，起码知道周线级别不支持该股中期向上的行情。

例1，读者传媒（603999）2017年3月16日MACD在0轴之上第一次金叉，虽然20MA向上，60MA和年线却都是呈向下走势的，由于60MA下压角度较大，虽然20MA与60MA之间的间隔较小，但是关键周MACD死叉在0轴之下，行情很难短期有所改变，见下图：

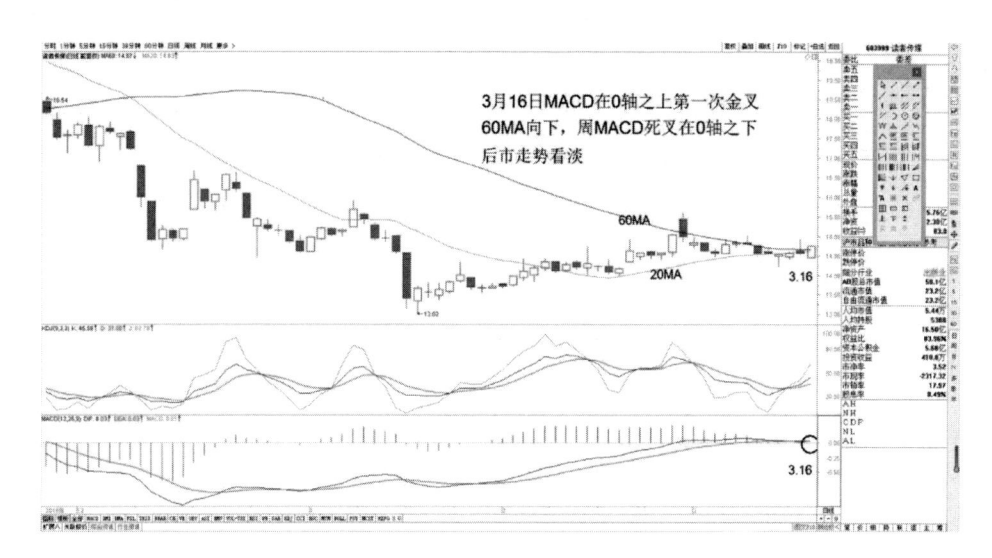

第5章 MACD在0轴之上第一次金叉

读者传媒（603999）2017年3月16日走势图

该股的后市走势见下图：

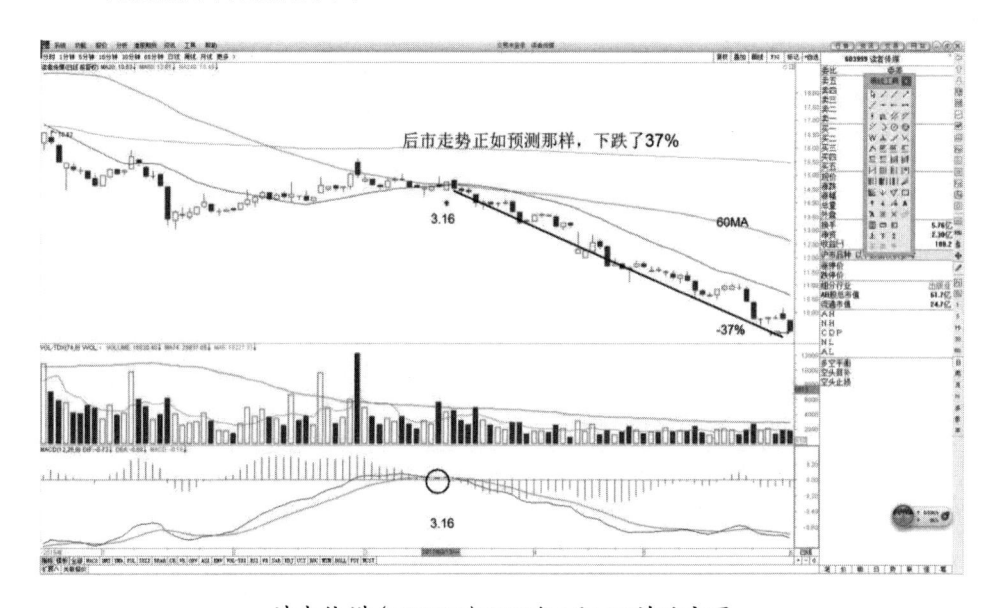

读者传媒（603999）2017年3月16日的后市图

小结：

MACD在0轴之上附近金叉时，60MA走势向下，加之关键因素周MACD死叉在0轴之下，由此后市行情不易走好。

例2，金证股份（600446）2016年11月14日MACD在0轴之上第一次金叉，股价虽然放量但是没有站上60MA，而且60MA向下走势压制的角度较大，所以股价走势一直呈在艰难的抗拒中无能为力的状态，而周MACD金叉在0轴之下，后市走势看淡，放弃跟踪观察，见下图：

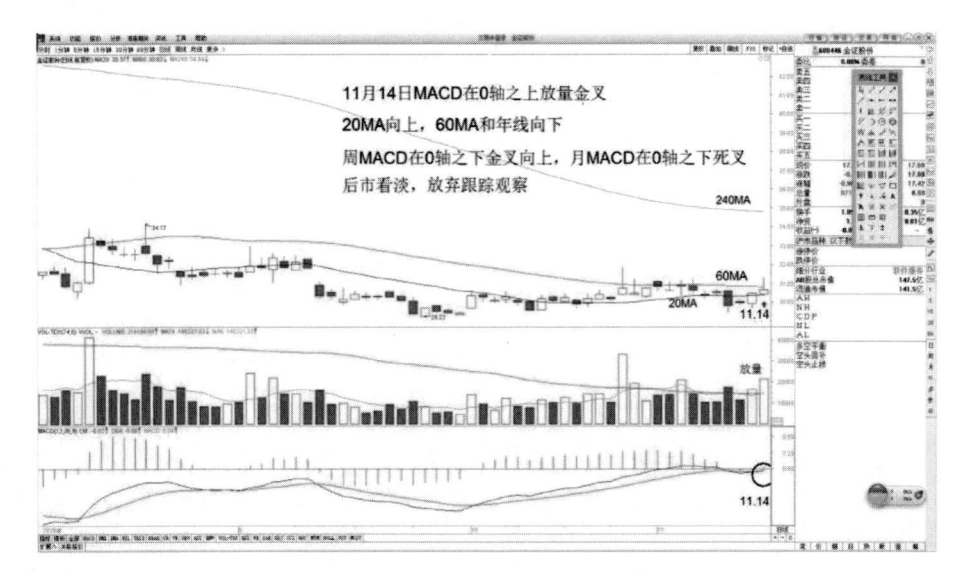

金证股份（600446）2016年11月14日走势图

该股后市走势以及具体的操作方法见下图：

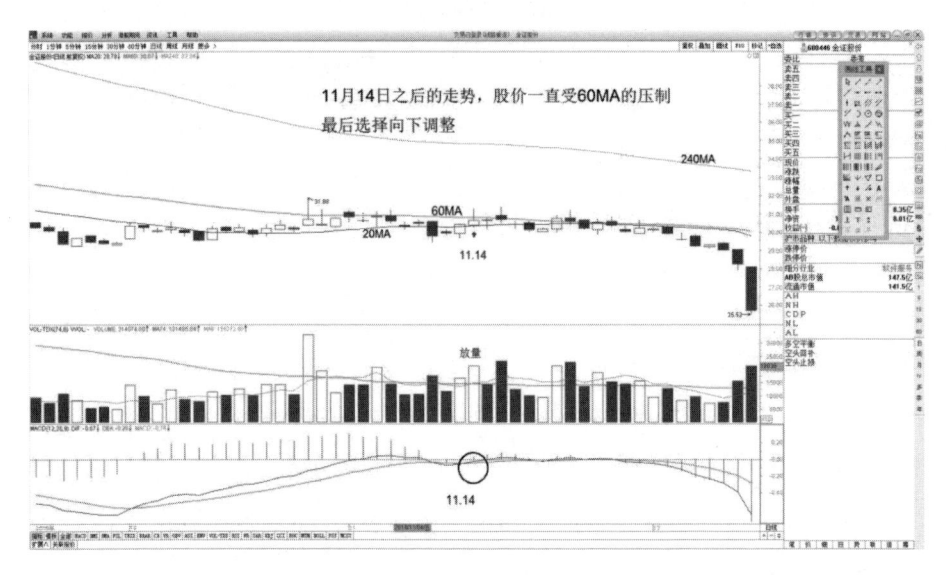

金证股份（600446）2016年11月14日的后市图

自11月14日后，股价一直受60MA的压制，在20MA与60MA之间以小阴小阳运行着，最后还是抗拒不了长期技术指标弱势的制约，选择了向下调整。

小结：

长期技术指标呈现弱势，60MA反压，股价能否冲上60MA是关键，否则行情很难走好。

例3，兆日科技（300333）2018年12月5日MACD在0轴之上附近处第一次金叉，股价虽然站上60日均线四天，但是60日均线却是向下运行的，60日均线下压多半是真的压力，这是因为可以把60日均线理解为MACD的0轴线，0轴线是多空的分水岭，同时也是波段行情的介入点。而且周MACD金叉还在0轴之下，不支持日线级别大的反弹行情，所以放弃介入，见下图：

兆日科技（300333）2018年12月5日走势图

该股后市走势见下图：

从图中可以看到，自12月5日起，硬挺在60日均线上方横盘一周走势，到了12月14日（星期五）下跌6.23%现了原形，随后在两周之内累计下跌12%，可见我们事先预测的还是可靠的。

小结：

MACD在0轴之上的第一次金叉，如果60日均线是向下运行，周MACD金叉在0轴之下，尽量不介入。

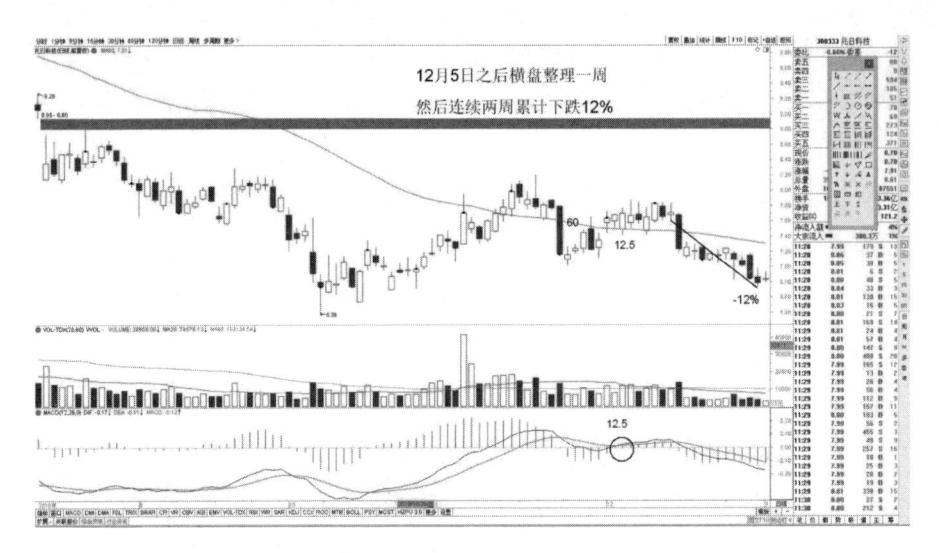

兆日科技（300333）2018年12月5日的后市图

例4，长城电工（600192）2018年8月9日MACD在0轴之上附近处第一次金叉，股价放量站上60日均线，虽然20日均线是向上的，但是60日均线向下运行，60日均线下压多半是真的压力，这是因为可以把60日均线理解为MACD的0轴线，0轴线是多空的分水岭，同时也是波段行情的介入点。加之周MACD金叉在0轴之下，不支持日线级别大的反弹行情，所以看空后市，放弃介入，见下图：

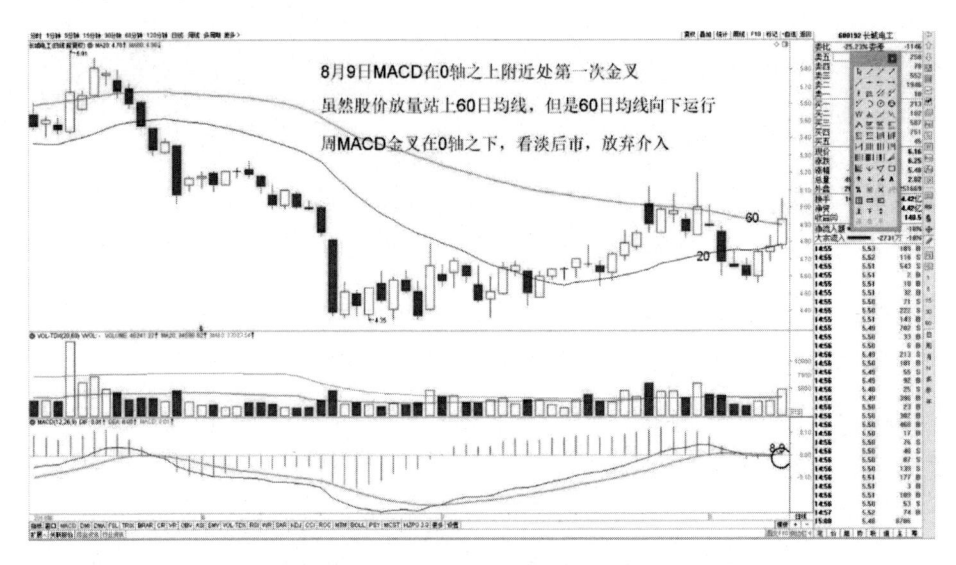

长城电工（600192）2018年8月9日走势图

第 5 章　MACD 在 0 轴之上第一次金叉

该股后市走势见下图：

长城电工（600192）2018年8月9日的后市图

自8月9日MACD在0轴之上第一次金叉开始，经过40个交易日股价累计下跌20%。其中，9月18日虽然盘中在10点23分直线拉涨停，仅仅停留到10点41分即现了原形，当天收了一条长长的上影线，从此以后出现小阴小阳以及大阴的下跌走势。在40个交易日中累计下跌20%。

小结：

MACD在0轴之上第一次金叉，如果60日均线向下运行，周MACD金叉在0轴之下，则尽量不去碰。

例5，杭州解百（600814）2018年12月3日MACD在0轴之上附近处第一次金叉，股价跳空放量上涨平前高，站到20日均线之上。60日均线向下运行，周MACD金叉在0轴之下，该股后市看淡，不去介入，放弃跟踪，见下图：

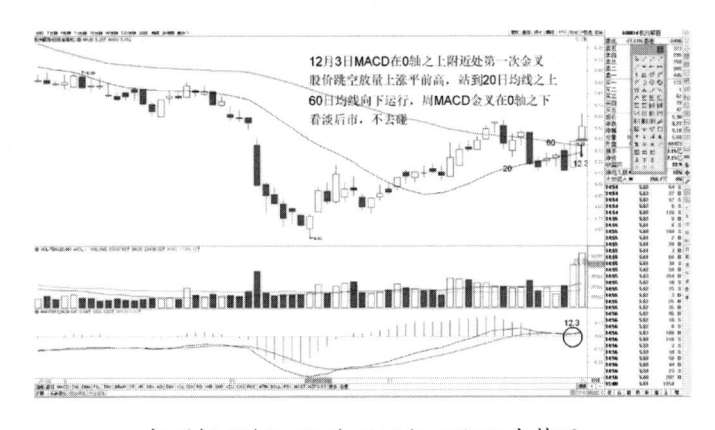

杭州解百（600814）2018年12月3日走势图

该股后市走势见下图：

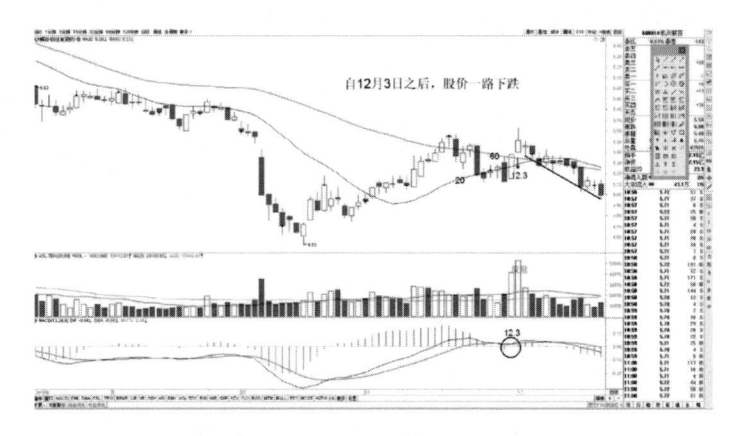

杭州解百（600814）2018年12月3日的后市图

该股自12月3日之后，股价受60日均线的下压影响一路下跌。

小结：

MACD在0轴之上第一次金叉，如果60日均线向下运行，而周MACD金叉又在0轴之下，后市走不好是大概率。

本章主要论述MACD在0轴之上第一次金叉时，遇到种种各式各样的走势，该如何应对操作。哪些介入之后是盈利大于风险，哪些介入之后是风险大于盈利或者根本就不应该介入，这里做一个简单概括性的总结：

① 日线MACD在0轴之上第一次金叉，可是周线MACD金叉还在0轴之下，距0轴较远，同时周KDJ的J线拐头向下或者J线值数字过百，作者认为周线呈现弱势，无力支撑日线的反弹行情，所以此时的日线MACD在0轴之上的第一次金叉，很难走出一波反弹行情；

② 个股MACD在0轴之上第一次金叉，日线60MA向下，周MACD在0轴之下不管金叉还是死叉，后市走势看淡，放弃跟踪介入的念头；

③ MACD在0轴之上第一次金叉，关注的重点是金叉时是否有顶背离嫌疑，同时是否出现上影线或者量价背离等情况，如出现，失败的概率比较大。另外还需要观察20日跟60日均线之间的距离，过大则表明前期上涨幅度大，风险大。如果金叉之际出现了大阴线则要更加慎重；

④ 日线MACD在0轴之上第一次金叉距0轴越近越好，股价放量过前高更好，周MACD金叉在0轴之上并且周KDJ金叉向上，可以适当参与，盈利大于风险。

第6章

MACD在0轴上第二次金叉的位置与第一次持平

0轴上方的第一个金叉往往是第三浪的开始,那么为什么不买第二个金叉呢?因为后面的行情是无法确定的。第二个金叉一般都是第五浪的开始(三浪延长除外),而五浪相对复杂些,可能是衰竭浪,也可能是延长浪。只买0轴之上第一个金叉的思路就是锁定相对确定性的行情,放弃不确定性高的行情。

那么,是不是0轴之上第二次金叉就不可能选到好的股票买点呢?不是的。在众多的MACD在0轴之上第二次金叉中,作者选择了第二次金叉的位置与第一次的位置持平的股票,这种股票介入后获胜的概率就比较大。这是为什么?因为0轴上方的第一次金叉往往是第三浪的开始,而当第一次金叉行情并没有上涨多少时,也就是说第三浪受压行情没有展开,经过整理后,恰恰MACD在0轴之上第二次金叉与第一次金叉的位置基本持平,所以认为这才是第三浪的开始。

选择第二次金叉的位置在MACD的中部或者是下部位置持平的股票。此时该股的周、月MACD必须在0轴之上金叉向上,日线MACD当然也是金叉向上,介入时间一般选择KDJ金叉时获胜概率较大。

请看上海、深圳、中小板和创业板块四个板块中的案例:

例1,中国建筑(601668)2017年7月12日在0轴之上第二次金叉的位置与第一次金叉的位置持平,此时的月MACD金叉在0轴之上,周MACD在0轴之上快要金叉,该股在日线级别上是KDJ已经金叉向上,MACD刚金叉,所以以当天的收盘价介入,此后股价上涨11%,见下图:

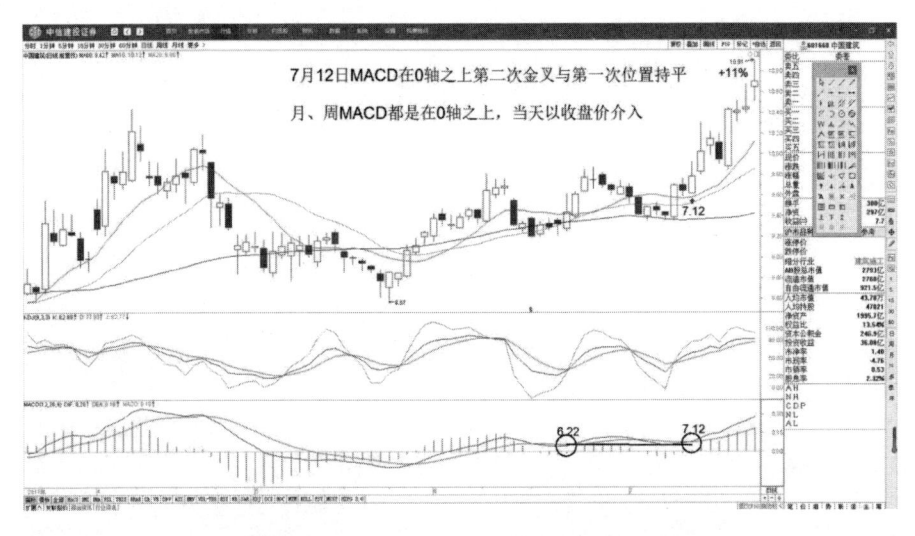

中国建筑(601668)在2017年7月12日的后市图

第6章 MACD在0轴上第二次金叉的位置与第一次持平

小结：

MACD在0轴之上两次金叉的位置持平，月、周的MACD都是在0轴之上，当天寻机可以买入。

例2，中炬高新（600872）2017年7月31日MACD在0轴之上第二次金叉，虽然金叉的位置与第一次金叉位置相比有点偏低，但是MACD前期在0轴之上有两次虚晃要死叉，这样就可补第二次金叉位置偏低的不足。

此时该股的月线、周线以及日线的MACD都是金叉在0轴之上，由此等待股价回调收阴寻机介入，见下图：

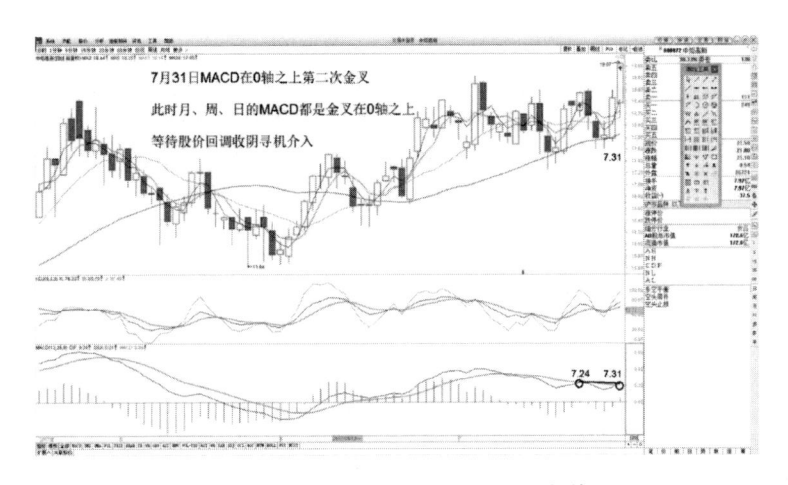

中炬高新（600872）2017年7月31日走势图

该股的后市走势以及具体的操作过程见下图：

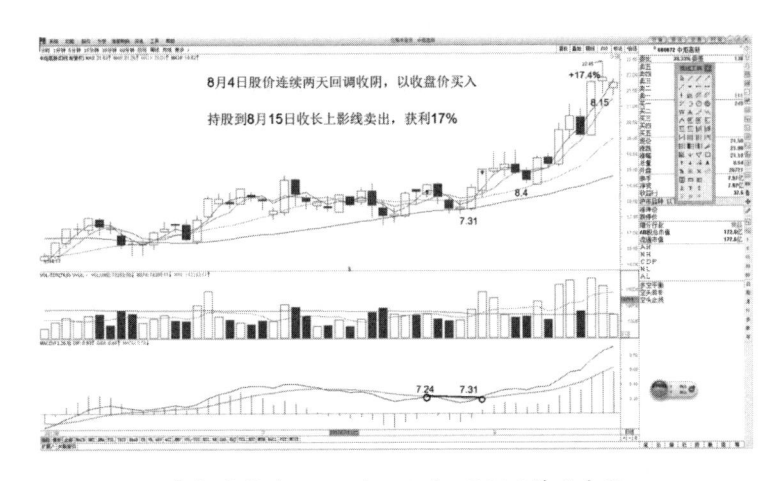

中炬高新（600872）2017年7月31日的后市图

8月4日股价连续两天回调收阴,以收盘价买入;持股到8月15日股价收出一颗带有上下影线的十字星,卖出获利17%。

小结:

MACD第二次金叉位置虽然比第一次位置偏低一点,但是前期有两次似死非死走势的调整,可补偏低的不足,该股的其他条件满足要求,照样是获利大于风险。

例3,农业银行(601288)2017年4月26日MACD在0轴之上第二次金叉与第一次金叉的位置持平,此时的周MACD金叉在0轴之上,该股现在已经连续5天收出阳线,耐心等待股价回调收阴时寻机介入,见下图:

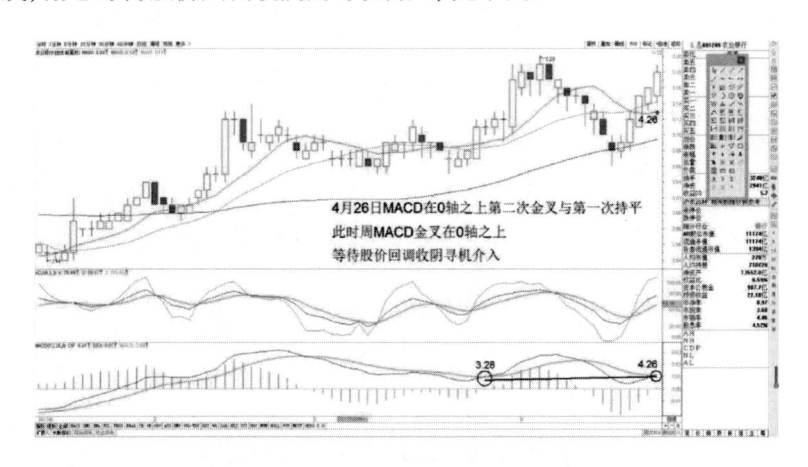

农业银行(601288)2017年4月26日走势图

该股后市走势以及具体操作见下图:

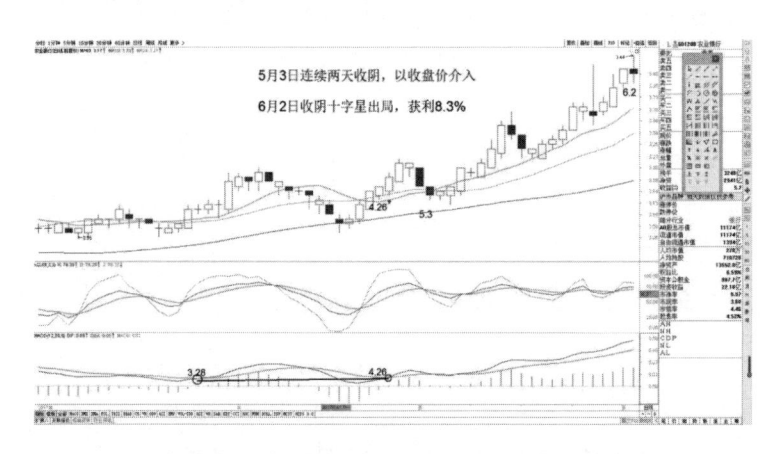

农业银行(601288)2017年4月26日的后市图

第 6 章　MACD 在 0 轴上第二次金叉的位置与第一次持平

5月3日股价连续两天回调收阴,以收盘价买入。持股到6月2日,股价收出一颗阴十字星,以收盘价卖出,获利8.3%。

小结:

股票MACD在0轴之上两次金叉的位置持平,周MACD金叉在0轴之上,该股已经连续5天收出阳线,耐心等待股价回调收阴时介入。

例4,哈森股份(603958)2017年4月24日MACD在0轴之上第二次金叉的位置与第一次金叉的位置持平,此时周MACD在0轴之下金叉并已经向上靠近0轴,次日等待股价回调到10日均线处寻机介入,见下图:

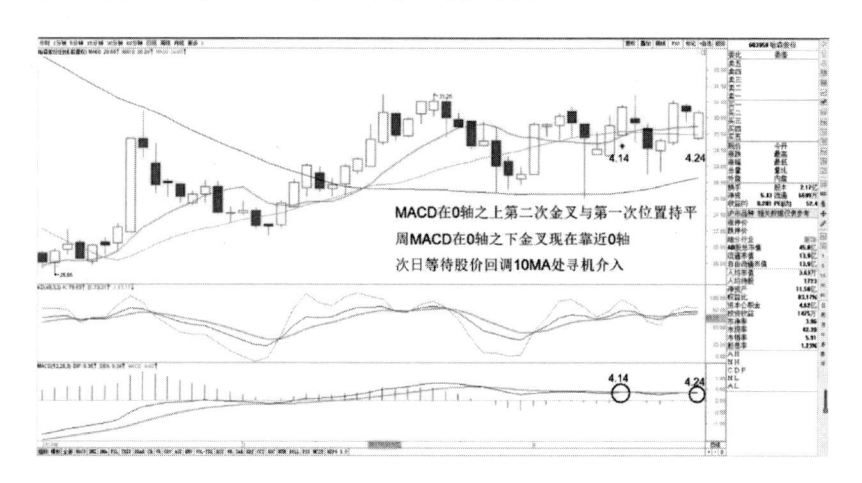

哈森股份(603958)2017年4月24日走势图

该股后市走势以及具体操作见下图:

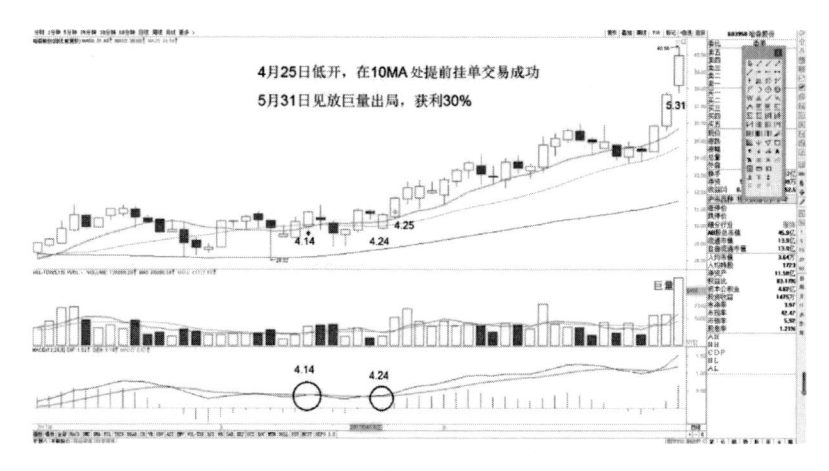

哈森股份(603958)2017年4月24日的后市图

183

4月25日股价低开,在10MA处提前挂单买入,结果成功交易。持股到5月31日,在连续三天收阳累计上涨15%的情况下,当日放巨量还是决定出局,获利30%。

小结:

MACD在0轴之上相隔10天两次金叉的位置持平,周线MACD在0轴之下金叉已经靠近0轴,此种走势介入,收益大于风险。

例5,中电电机(603988)2016年11月7日MACD在0轴之上第二次金叉的位置与第一次金叉的持平,该股MACD在0轴之上两次金叉相隔18天,股价基本上处于横盘状态,此时周MACD在0轴之上金叉开口向上,初步设想该股蓄势比较充分,等待股价回调收阴介入,见下图:

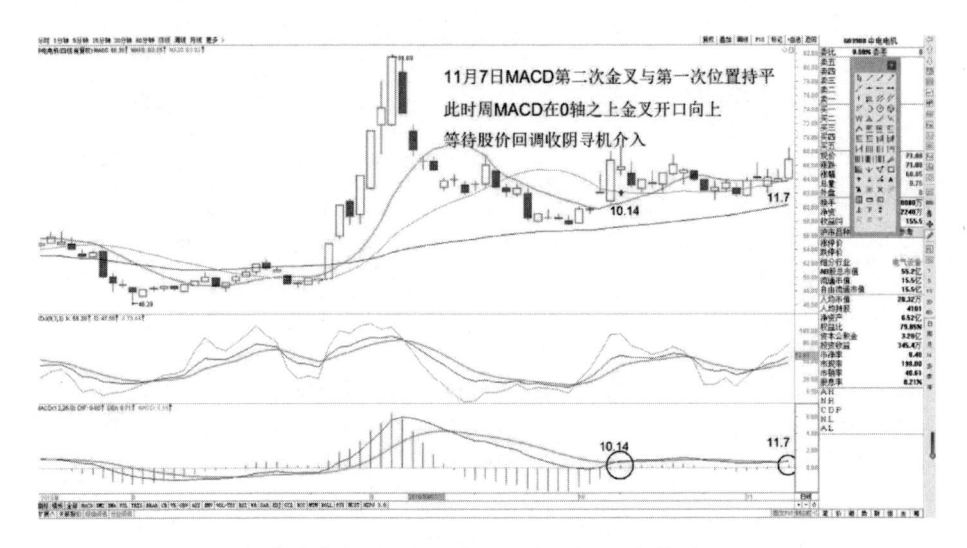

中电电机(603988)2016年11月7日走势图

该股后市走势以及具体操作见中电电机(603988)2016年11月7日的后市图。

11月9日连续两天下跌收阴,虽然股价一度创新低没有抓住机会,最后还是以收盘价买入;11月22日股价放量上涨9.76%,收出一个光头光脚的大阳线,考虑收益已经颇丰,决定卖出,获利29%。

小结:

该股10月14日MACD在0轴之上第一次金叉之后,股价没有怎么上涨,而第

第 6 章　MACD 在 0 轴上第二次金叉的位置与第一次持平

二次MACD金叉位置又与第一次的金叉位置持平，股价处于横盘整理中，所以抓住股价回调机会大胆介入，收益相对大于风险。

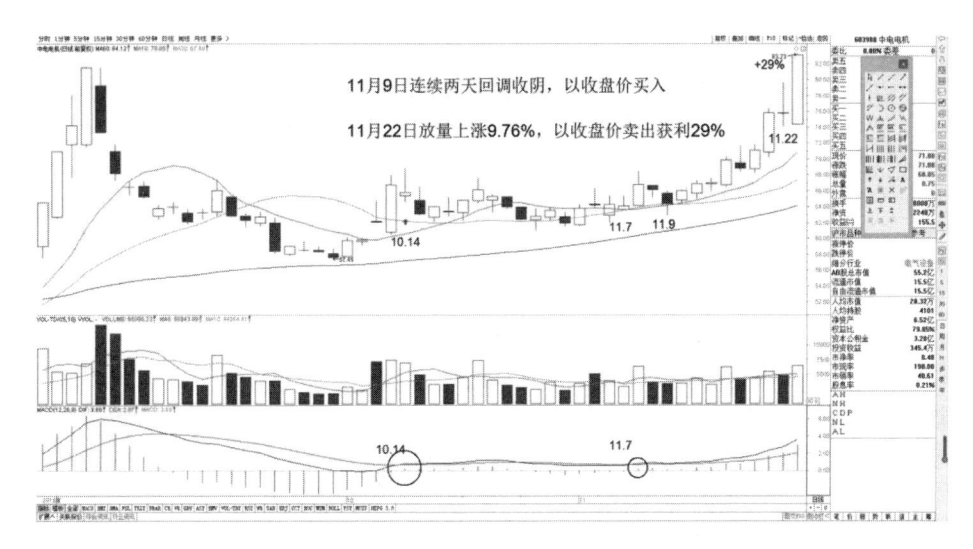

中电电机（603988）2016年11月7日的后市图

例6，丽珠集团（000513）2017年6月1日MACD在0轴之上第二次金叉，位置与第一次金叉的位置持平，此时的月线、周线和日线的MACD都是金叉在0轴之上，等待股价回调收阴寻机介入，见下图：

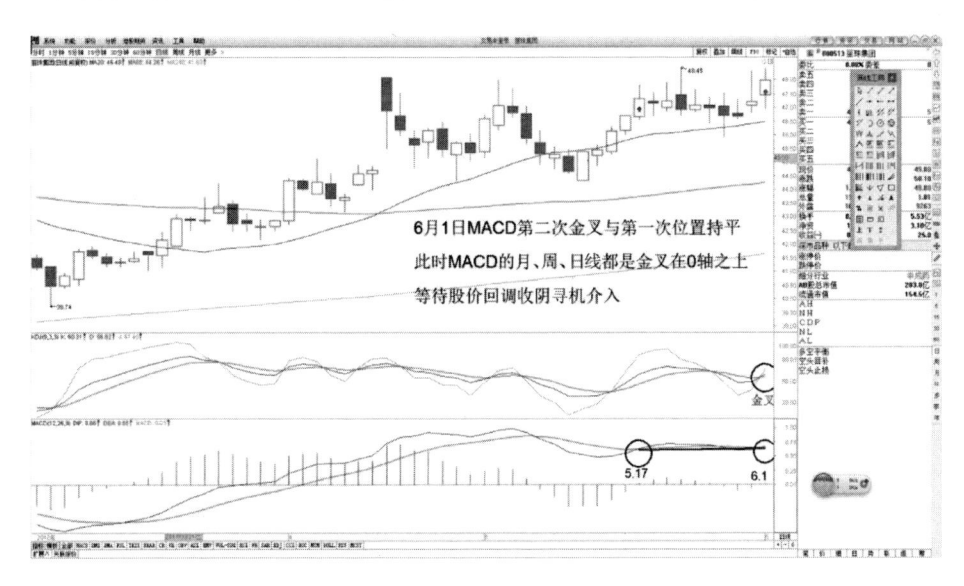

丽珠集团（000513）2017年6月1日走势图

185

该股的后市走势以及具体的操作过程见下图：

丽珠集团（000513）2017年6月1日的后市图

6月5日回调收阴，以收盘价买入；持股到6月12日，已经有四根阳线决定出局，获利8.2%。

小结：

MACD在0轴之上两次金叉持平，月、周以及日线的MACD都是金叉在0轴之上，等待股价回调收阴介入，获利5%以上概率很大，但是不要贪心。

例7，浙富控股（002266）2014年12月31日MACD在0轴之上相隔12天两次金叉，两次金叉的位置持平，当日股价涨停，此时的月线、周线和日线的MACD都是金叉在0轴之上，等待股价回调破当日的收盘价买入，见下图：

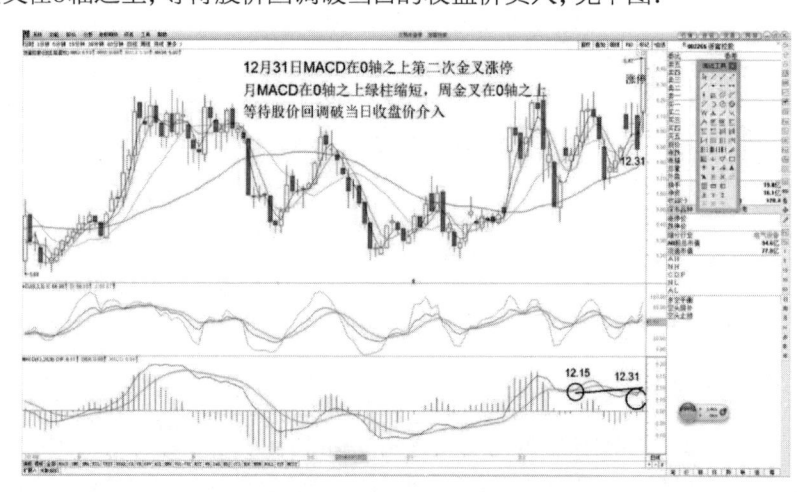

浙富控股（002266）2014年12月31日走势图

第 6 章　MACD 在 0 轴上第二次金叉的位置与第一次持平

该股的后市走势以及具体的操作过程见下图：

浙富控股（002266）2014年12月31日的后市图

1月5日盘中跌破昨天收盘价，见机介入；持股到1月7日，连续三天收出长上影线，以收盘价卖出，获利10%。

小结：

MACD在0轴之上相隔12天两次金叉，而且两次金叉位置持平，周MACD金叉在0轴之上，股价涨停，等待股价回调破收盘价介入，收益大于风险。

例8，汇川技术（300124）2017年8月14日MACD在0轴之上第二次金叉的位置与第一次金叉的位置持平，此时该股的周、月MACD金叉在0轴之上，该股当日放量上涨2.75%，股价有冲破上方压力线的欲望，次日高开在当日的收盘价位置见机介入，见下图：

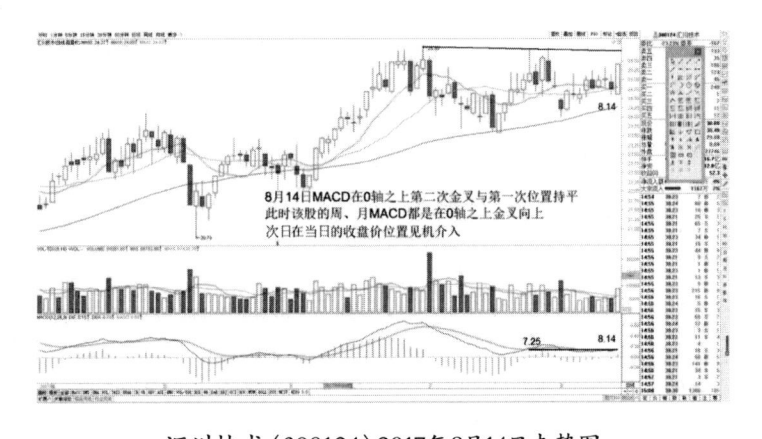

汇川技术（300124）2017年8月14日走势图

187

该股的后市走势以及具体的操作过程见下图：

汇川技术（300124）2017年8月14日的后市图

8月15日股价高开0.04%后下探，在昨天收盘价下方买入；8月17日股价低开高走收出一条长上影线，以收盘价卖出，获利4%；随后在8月29日和9月28日KDJ金叉时买入，分别获利6.1%和6.2%。

小结：

MACD在0轴之上第二次金叉位置与第一次持平，此时周、月的MACD金叉在0轴之上，日线第一次金叉股价没有怎么涨，则第二次金叉介入获利的概率较大。

失败案例：

例9，粤泰股份（600393，现ST粤泰）2017年6月5日MACD在0轴之上第二次金叉的位置与第一次金叉的位置基本持平，此时该股的周、月MACD金叉在0轴之上，该股当日放大量上涨3.77%，股价创新高，股价已经累计上涨了85%，怀疑这是虚浪拉升，有诱多嫌疑，放弃介入，见粤泰股份（600393）2017年6月5日的后市图。

小结：

当MACD在0轴之上第二次金叉，判定介入后成功与否时，往往需要审慎判断。你看该股MACD在0轴之上第二次金叉所有硬件部分都满足要求，找不出什么毛病，但对有操作经验的投资者来说，会发现它在满足条件之外，已经上涨了

第 6 章　MACD 在 0 轴上第二次金叉的位置与第一次持平

85%，红柱代表做多力量，红柱在缩短，感觉到走势显出强弩之末之态，所以看淡后市，放弃介入。

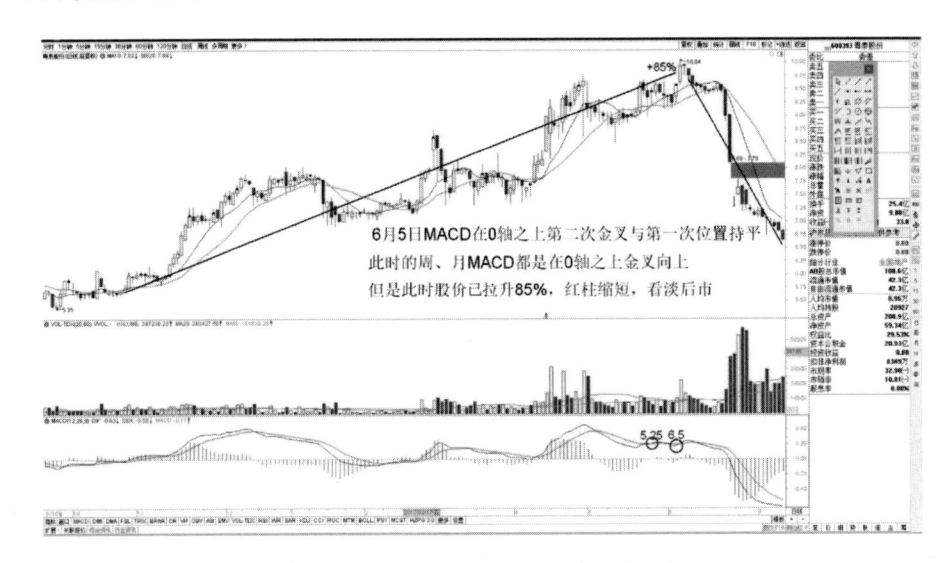

粤泰股份（600393）2017年6月5日的后市图

189

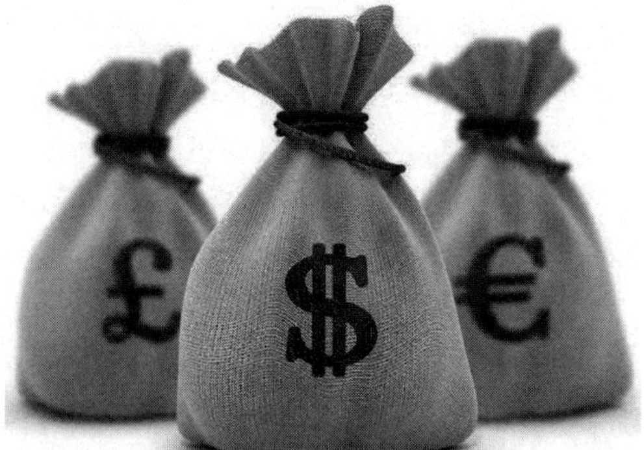

第7章

MACD背离

MACD背离有两种情况：

（1）两条曲线与股价的背离；

（2）柱体与股价的背离。

在背离之中又分为底背离和顶背离。先谈谈两条曲线与股价的背离。

第1节 顶背离

（1）股价经过一段上涨，股票走势一峰比一峰高，而MACD指标中的DIF不与股价同步向上反而向下或走平，这叫MACD的两条曲线与股价顶背离。

股价是看趋势，不是一定要看什么最高、最低、收盘价，是看一个大概趋势，而下面的DIF是要和前面的峰比较大小的，所以要精确一些。

（2）当股价K线图上的股票走势一峰比一峰高，股价趋势一直是在向上涨，而MACD指标图形上的由红柱构成的图形的走势是一峰比一峰低，即当股价的后一个高点比前一个高点高时，MACD指标的后一个高点比指标的前一个高点低，这叫作柱体与股价顶背离。

MACD指标的背离一般出现在强势行情中比较可靠，股价在高价位时，通常只要出现一次顶背离的形态即可确认为股价即将反转的信号；而股价在低位时，一般要反复出现几次底背离后才能确认。因此，MACD指标的顶背离研判的正确性要高于底背离，请看上证指数MACD的两条曲线顶背离，见上证指数2017年4月7日与MACD两条曲线顶背离图。

指数的两个高点连线是向上走的，而对应DIF的两个高点的连线是向下走的，方向不一致，由于指数在高位，这叫作顶背离。

个股与DIF顶背离案例：

当股价K线图上的股价走势一峰比一峰高，股价一直在向上涨，而DIF指标的高点比指标的前一次高点低（或者走平），这叫顶背离现象。顶背离现象一般是股价在高位即将走势反转的信号，表明股价短期内即将下跌，是卖出股票的信号。

第 7 章　MACD 背离

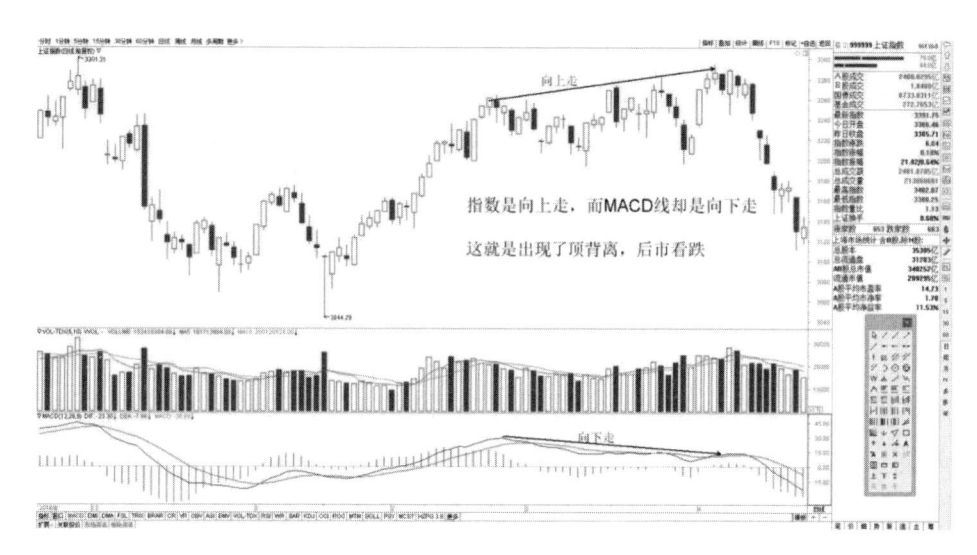

上证指数2017年4月7日与MACD两条曲线顶背离

例1，拓日新能（002218）2015年4月8日—6月15日，股价宏观看是走上升趋势，而DIF不是跟随走上升趋势，而是几乎走平，这就是股价与MACD处于顶背离状态，意味着股价要转下跌走势，见下图：

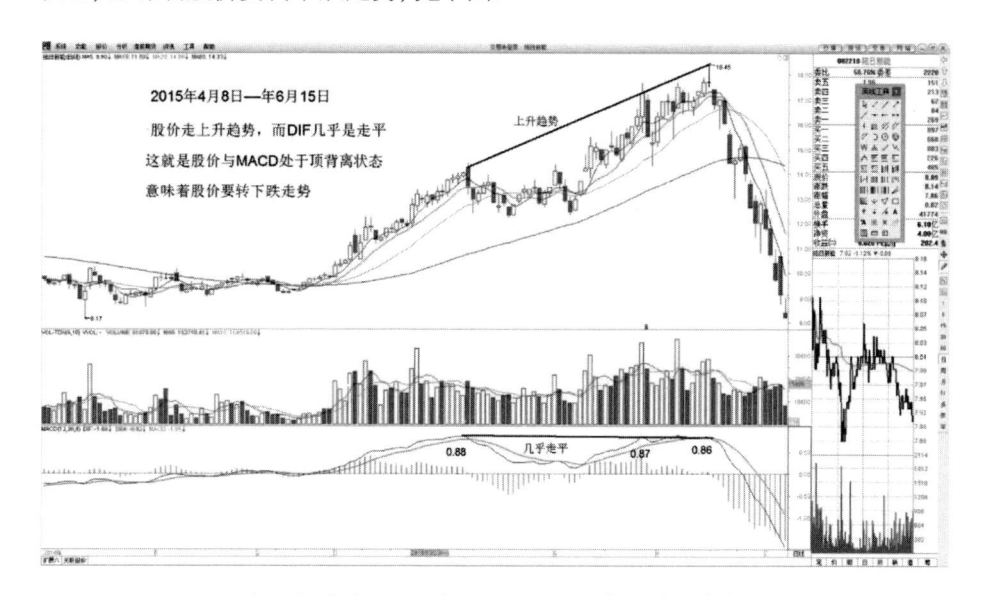

拓日新能（002218）2015年4月8日走平的顶背离

个股与柱体顶背离案例：

口诀：买"小"卖"小"。解释：大绿后面跟小绿——小绿买，大红后面跟小红——小红卖。

这里的"大"和"小",指的是红柱和绿柱堆量的大和小,而不是指单根红柱和绿柱长短,至于DIF和DEA两条线,可暂时不考虑,我们只关注红柱和绿柱堆量的大和小。

例2,东晶电子(002199)2010年3月22日股价与红柱的堆量大小比较,股价在上涨,可是MACD的红柱堆量出现一大一小,3月22日对应的却是一个小堆量,说明上涨的能量比前面小,上升动能不足,股价必然要下跌,这就是股价在上涨,能量在萎缩,股价与红柱堆量出现顶背离,根据卖小口诀,为规避大幅下跌风险,卖出。

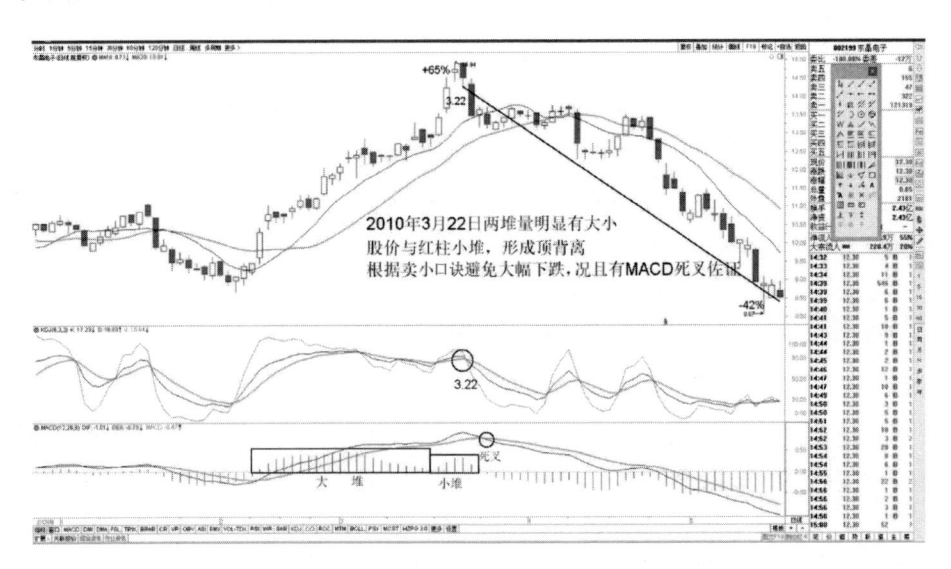

东晶电子(002199)2010年3月22日的后市图

也有口诀说:买小卖小,缩头缩脚。小指的是,红绿柱堆的大小;缩头缩脚,指红绿柱的长短。

(1)当股价一波比一波低时,绿柱的堆反而一堆比一堆小,证明产生了底背离,应该买进。买点在绿堆小时,一根比一根短买进,也就是缩脚,买进。

(2)当股价一波比一波高时,红柱的堆反而一堆比一堆小,证明产生了顶背离,应该卖出。卖点在红堆小时,一根比一根短时卖出,叫缩头,卖出。

例3,梦网集团(002123,现为梦网科技)2019年4月9日股价与红柱的小堆量形成顶背离,此时股价也与DIF形成顶背离,双重指标背离表明上升动能实在不足,股价必然要下跌,可信度高,股价与红柱堆量出现顶背离,根据卖小口诀,为规避大幅下跌风险,卖出!此后经过17个交易日股价下跌28%,见下图:

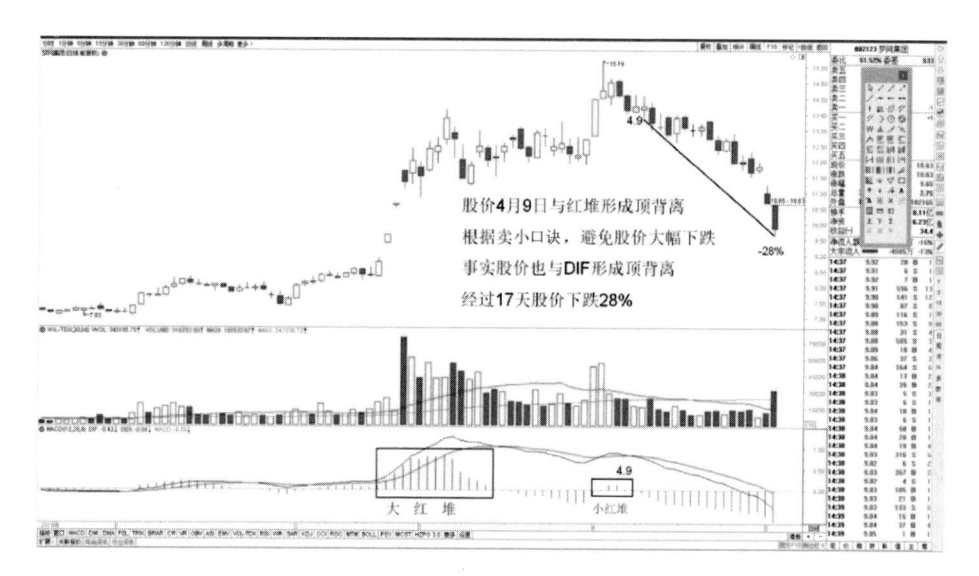

梦网集团(002123)2019年4月9日的后市图

第2节 底背离

  股价经过一段下跌,股票走势一个谷底比一个谷底低,而MACD指标中的DIF不与股价同步向下反而向上或走平,这叫两条曲线与股价成底背离。

  股价是看趋势,不是一定要按什么最高、最低、收盘价,是看一个大概、一个趋势,而下面的DIF是要和前面的谷值比较大小的,所以要精确。

  当股价K线图上的股票走势一个谷底比一个谷底低,股价是一直在向下跌,而MACD指标图形上的由红柱构成的堆量的走势是一个比一个大,即股价的后一个堆量比前一个堆量大,这叫作股价与柱体成底背离。

195

MACD指标实战操盘详解

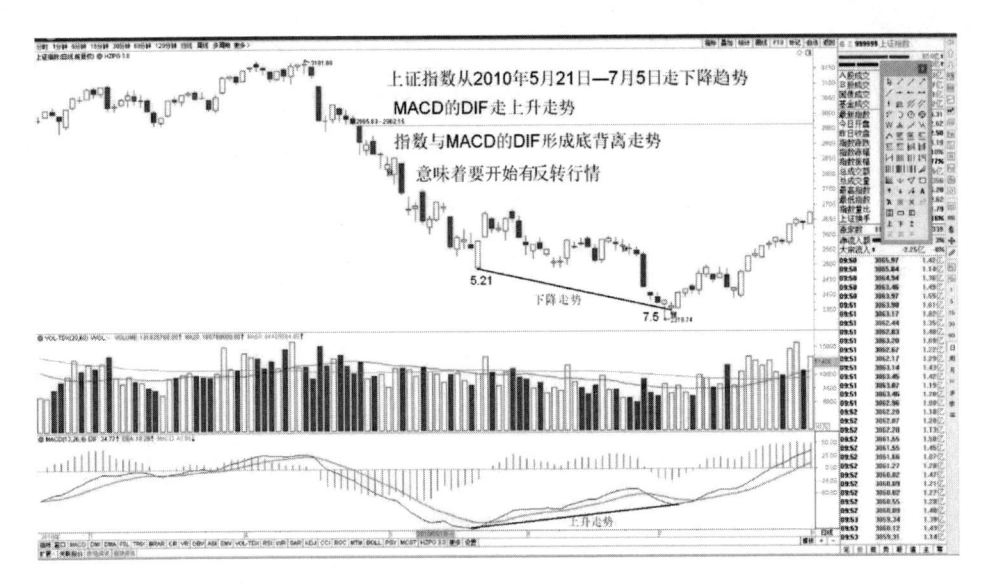

上证指数2010年5月21日—7月5日的后市图

（1）个股与DIF底背离案例：

例1，深圳新星（603978）在2019年1月2日—2月1日走下降趋势，而DIF在此阶段是走上升趋势，这样股价与MACD中的DIF出现了底背离走势，意味着股价要走反转走势，可以试探性买入，见下图：

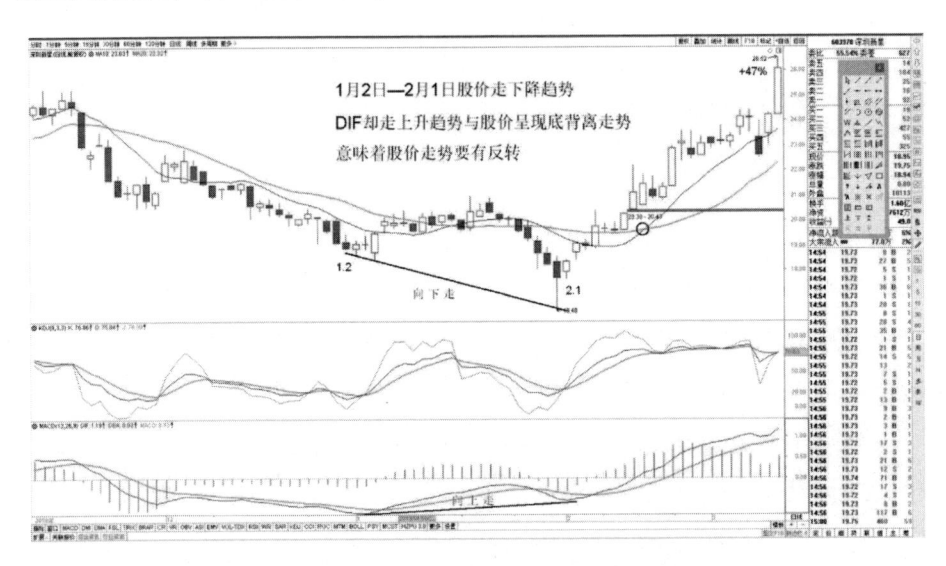

深圳新星（603978）2019年2月1日的后市图

(2) 个股与柱体的底背离案例：

例2，云意电气（300304）2015年8月4日左边有一个大堆绿柱和一个小堆绿柱，而小堆绿柱对应的是股价第二个底，说明下跌的动能没有前面大堆绿柱那么大，在衰减，这就是股价与绿柱出现底背离，应该买入，股价后市经过9个交易日上涨29%，见下图：

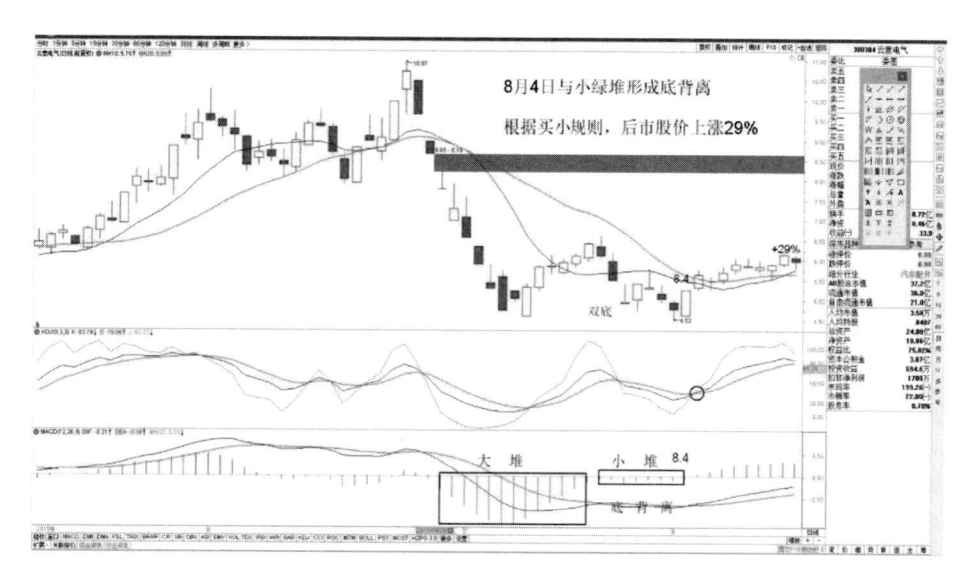

云意电气（300304）2015年8月4日的后市图

解释：

当股价面临一波气势汹汹的下跌，或一波气势磅礴的上涨时，我们的操作思维首先应该是避其锐气，保持观望。也就是说，当它经历一波下跌后，当股价处于最低价时，此时MACD上出现的是一波大的绿柱堆。这个时候我们不应考虑进场，而是应该等待有一波反弹再探底，在MACD中出现了"小绿柱堆"（绿柱堆明显比前面的大绿柱堆要小），且当小绿柱走平或收缩时，这时就意味着下跌力度衰竭，此时为最佳买点，就是买在小绿柱堆的结束时。

同理上涨时也是一样。当一波股价拉升时MACD出现大红柱堆，此时不要害怕股价到顶考虑出货，而是应该等待其股价回调过后，第二次股价再次冲高时，MACD上出现与前面大的红柱堆相比比较明显的小红柱堆，此时意味着上涨动力不足，考虑出场，这就是所谓的卖小。

实际上这就是指标背离的一个应用范畴。红柱堆的缩小，在大的上升趋势

中，这种情况可能对应着周期的上升三浪或五浪的衰竭；反之，绿柱堆的缩小往往对应的是下跌三浪或者五浪的衰竭走势

例3，湖南发展（000722）8月6日股价与DIF没有形成底背离走势，但是这一天股价却与小绿堆形成底背离走势，根据"买小"规则，可以买入，结果持股7天，股价上涨43%，见下图：

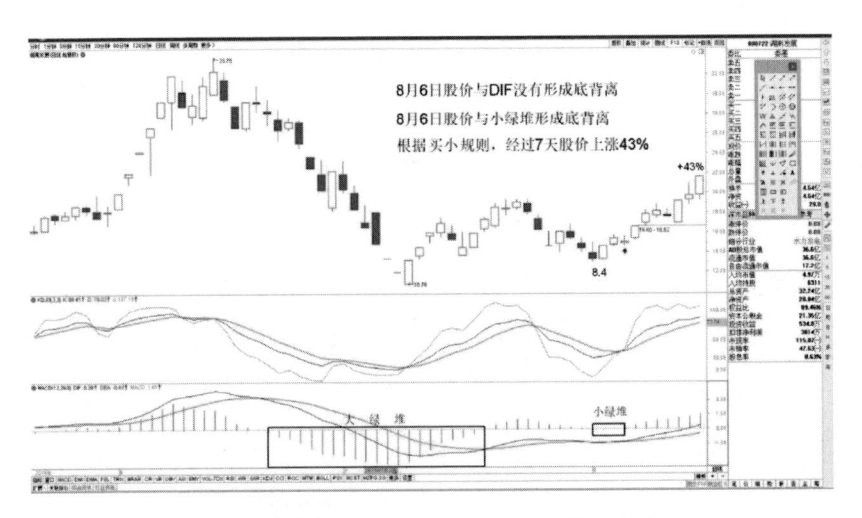

湖南发展（000722）2015年8月6日的后市图

例4，哈高科（600095，现为湘财股份）2019年2月11日股价与DIF没有形成底背离走势，但是这一天股价却与小绿堆形成底背离走势，根据"买小"规则，可以买入，结果持股24天，股价上涨44%，见下图：

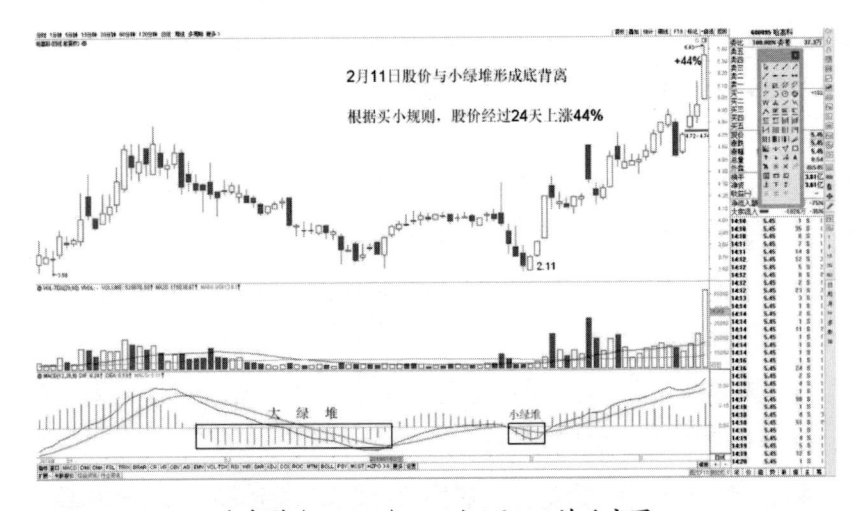

哈高科（600095）2019年2月11日的后市图

小结：

柱体相对比较明显，但在股价上升的过程中，形成的红柱堆却出现了后一个小于前一个的情况，则应注意风险，择机卖出；反之，在股价下降的过程中，形成的绿柱堆出现了后一个小于前一个的情况，则应关注，择机积极买入。实际上这就是指标背离的一个应用范畴。红柱堆的缩小，在大的上升趋势中，这种情况可能对应的是周期的上升三浪或五浪的衰竭；反之绿柱堆的缩小往往对应的是下跌三浪或者五浪的衰竭走势。

注意识别假背离，假背离通常具有以下特征：

我们所说的用背离确定顶部和底部，技术指标在高于80或低于20背离，比较有效，最好是经过了一段时间的钝化。而在20~80之间往往是强势调整而不是背离，后市很可能继续上涨或下跌；

（1）背离陷阱

任何技术工具都有其独特优势，但优势有时也会转化为缺陷，而这经常也成为主力骗线制造陷阱的入手点。MACD背离在应用中虽然成功率比较高，但同样存在背离陷阱。

其中主要表现在：在连续暴跌后，指标开始斜向上形成底背离，但股价并没有因此反弹，只是盘平甚至盘跌，而且在指标升到压力位后却继续向下突破，此时底背离陷阱显现。

值得注意的是，背离陷阱之后再次出现的高级别底背离，这往往就是真正的底部。同理，股价在连续暴涨后也容易出现类似的顶背离陷阱。

究其原理，主要还是能量级别与指标反映程度难以配比。MACD运行主要特点就在于稳健性，但这恰恰暴露其在暴涨暴跌行情中的缺陷，即对此类行情中蕴藏的能量无法靠一次背离就释放完毕，进而需要多次背离或者形成更高级别背离后，才能给出真正的反转点信号。

有鉴于此，投资者在股价连续暴跌暴涨同时MACD出现大开口突破之际，仍不适宜马上应用一般背离原理进行反转操作，最好是等待出现多次背离并重回低点形成高级别背离后，再动手，这样的安全性才较高。

所以当价格出现暴跌或暴涨的走势时，若完全根据背离特征进行操作的话，常会出现较大的失误。

（2）MACD背离看线还是看柱，哪种比较准确。

MACD的背离看DIF线的话比较敏感，背离所反映的股价变动趋势较弱。

看柱的话敏感度差一些，但是一旦背离股价变动趋势会很强。

另外看背离还要看是什么级别的背离，5分钟图上的背离再强也不过是个小时级别的波动，周线级别的背离再弱也会有很大的波动。最后，小的趋势要服从大的趋势。如果是日K线顶背离，则表明股价要出现日线级别调整，顶背离后出现了较大的回落但随后又都涨了上去，但观察当时的周K线和月K线，你就会发现它们运行得很好，没有背离或者见顶的迹象产生，所以小的级别要服从大的级别，小级别在修复背离后还将上涨。

（3）MACD的底背离金叉后的上涨。

作者用20日均线的上拐和MACD的底背离来确认趋势的反转。当股票日线走出底背离确认形态的时候一般表示机会到来，不过一定不要以为就绝对安全，在弱势市场底背离之后再次底背离的情况经常发生，我们必须怀着敬畏的心态在股市行走。

在实战中，经常发现有的底背离金叉走势强劲，有的底背离金叉走势平平。那什么样的股票走势强劲呢？放量的个股应该走势强劲，是的，金叉之后，如果是良性的放量则后市充满大涨机会；但是金叉之后不放量，那么后市走势就较弱。

对于普通散户来说，底背离金叉是难得的一次机会，遇到了多半还是要参与的，参与的时机大部分是底背离金叉刚形成的时候，也就是说，金叉当天就可考虑介入。

第8章

10日均线金叉20日均线可以买入的两种走势形态

第1节　横盘——挖坑——10日均线金叉20日均线买入

其实大多数股民都知道很多的指标，但是有很多指标，你不一定熟悉它的应用。这就好比在别人手中的一支百发百中的枪，可是到你手中却就不那么准了。这是为什么？首先枪没有变，但是使用的人变了，人是关键因素。

在股市里不能等待天上掉馅饼的事发生，没有任何一种工具会让你每一步都获得成功。任何一个指标，要想依靠它获得自己满意的成功率，必须靠自己的研究、琢磨、智慧、毅力，最终用血汗甚至用血泪浇筑而成一颗战胜市场的心。当你拥有了这颗心，你就处在了这个股市生态链的高端，这不是一般人能够干得了的。

操作规则：

（1）横盘在10~20个交易日；

（2）挖坑在15%~20%；

（3）挖坑后等KDJ金叉时，激进投资者可试探性少量资金进入，持股两三天获利5%以内出局。

（4）等待10日均线金叉20日均线，可以重仓买入；

例1，九鼎投资（600053）在横盘13个交易日之后，向下跌幅15%挖坑，10月19日KDJ金叉，激进投资者可以轻仓介入，短线操作。2018年10月30日，10日均线金叉20日均线，可以重仓买入，见下图：

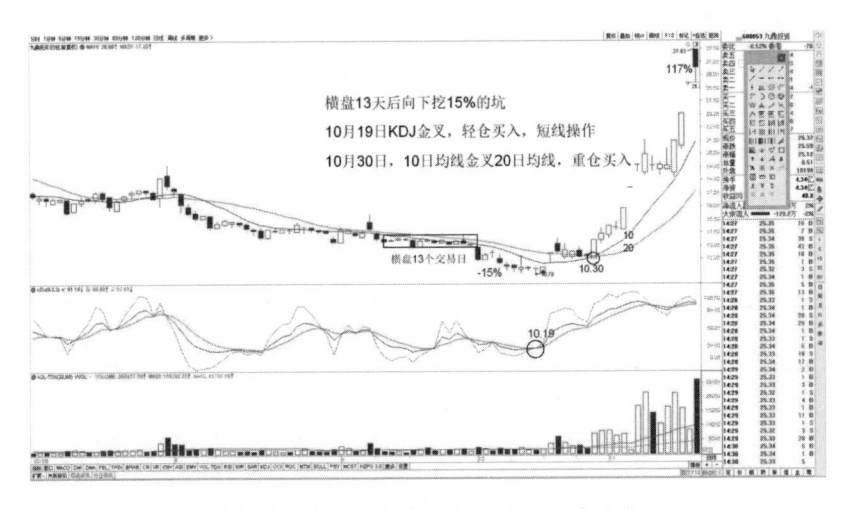

九鼎投资（600053）2018年10月30日的后市图

第 8 章　10 日均线金叉 20 日均线可以买入的两种走势形态

自10月30日起,经过15个交易日股价上涨117%。

小结:

关于10月19日KDJ金叉轻仓介入短线操作问题,在这里说一下,股价挖坑后到KDJ金叉这一段时间根据股价走势的形态确定有长有短。不管长短,从KDJ金叉起大概率拉升到10日均线或者20日均线,只有两三天左右,反弹的幅度在5%以内,然后就回调,所以提醒投资者介入后,把握好这个尺度,随机应变。

而"九鼎投资"这只股票,在横盘13个交易日之前,很长一段时间处于横盘状态,况且下跌15%也不深,又因10日均线与20日均线之间的距离不大,所以当KDJ金叉后,股价两天就碰触20日均线。

例2,鲁信创投(600783)在横盘17个交易日之后,向下跌幅16%挖坑,10月19日KDJ金叉,激进投资者可以轻仓介入,短线操作。2018年11月1日,10日均线金叉20日均线,可以重仓买入,见下图:

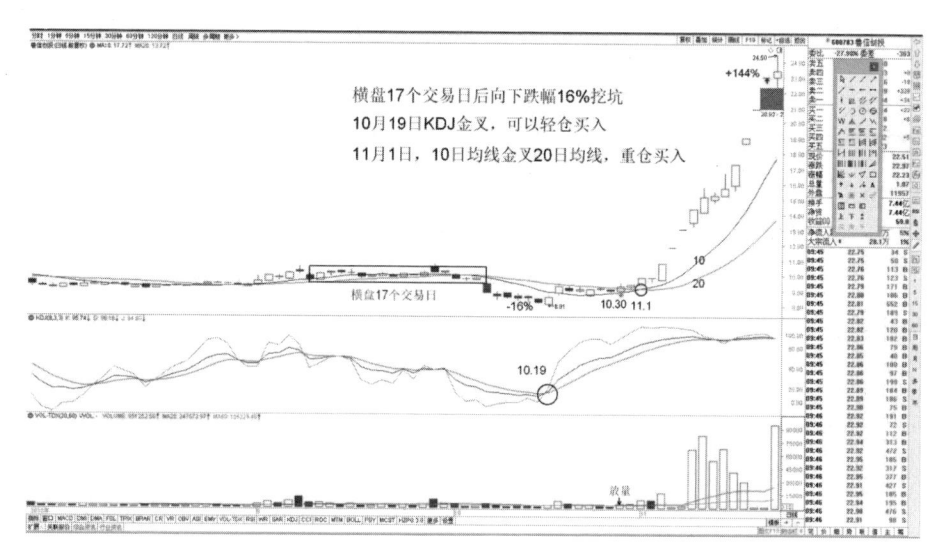

鲁信创投(600783)2018年11月1日的后市图

11月1日10日均线金叉20日均线时买入,股价经过13个交易日上涨144%。

小结:

10月19日KDJ金叉之后,股价反弹到10日均线后,股价始终站在10日均线之上做圆弧形攀升，这是一种良性的走势。当10月30日股价放量（与前一日比较是放倍量）站上20日均线时，这是拉升前的试盘信号，次日回调便可以提前买入，不必等待10日均线金叉20日均线时才买入。

11月19日在连续两天一字板涨停后，稳健投资者决定卖出，这里有虚浪拉升嫌疑，随后便是凶狠的派发，作者个人在此深有体会。

关于虚浪拉升作者在此说一下，所谓虚浪拉升绝不是真正想拉升，而是为了出货诱骗跟风者而拉升。

有的主力会先把价位拉高5%左右，而且在高位放巨量，显示的就是实盘的买。多数人会认为主力在买进，风险不大，所以也积极跟进买入，然后，主力再逐渐出货，股价逐渐下跌，如果主力做得好，可以出很多货。在这里，主力在高位买进的可能确实是实盘，比如买进50万股，但随后他可以以低价抛出100万或者200万股，对出货来说还是划算的。

例3，华创阳安（600155）在横盘23个交易日之后，向下跌幅15%挖坑，10月21日低开高走时，激进投资者可以轻仓介入，短线操作。2018年10月30日，10日均线金叉20日均线，可以重仓买入，见下图：

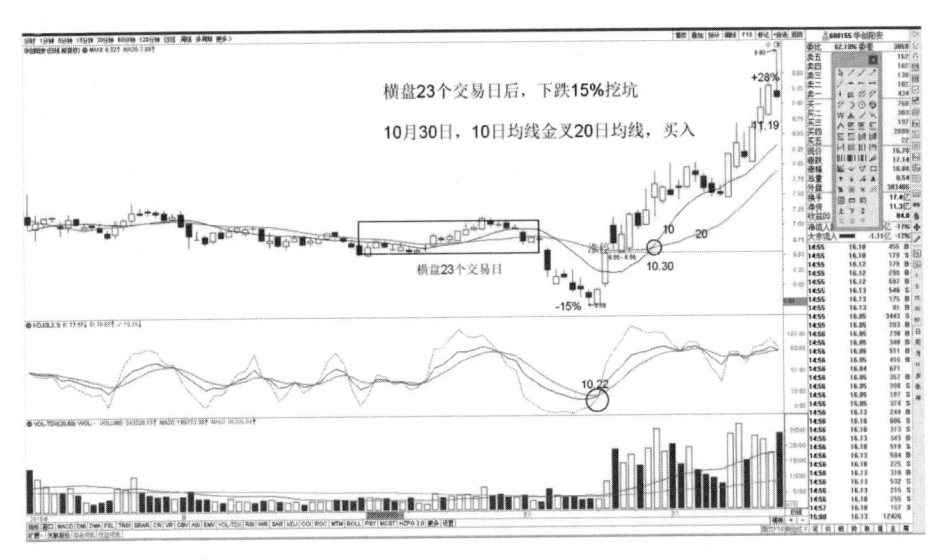

华创阳安（600155）2018年10月30日的后市图

第 8 章　10 日均线金叉 20 日均线可以买入的两种走势形态

自 10 月 30 日起，经过 15 个交易日股价上涨 28%。

小结：

10 月 21 日低开高走止跌，激进投资者可以轻仓介入，短线操作，也可以在 10 日均线金叉 20 日均线时重仓买入。11 月 19 日缩量创新高，应该出局。

例 4，东方通信（600776）在横盘 11 个交易日之后，向下跌幅 22% 挖坑，10 月 19 日 KDJ 金叉，激进投资者可以轻仓介入，短线操作。2018 年 11 月 2 日，10 日均线金叉 20 日均线，可以重仓买入，见下图：

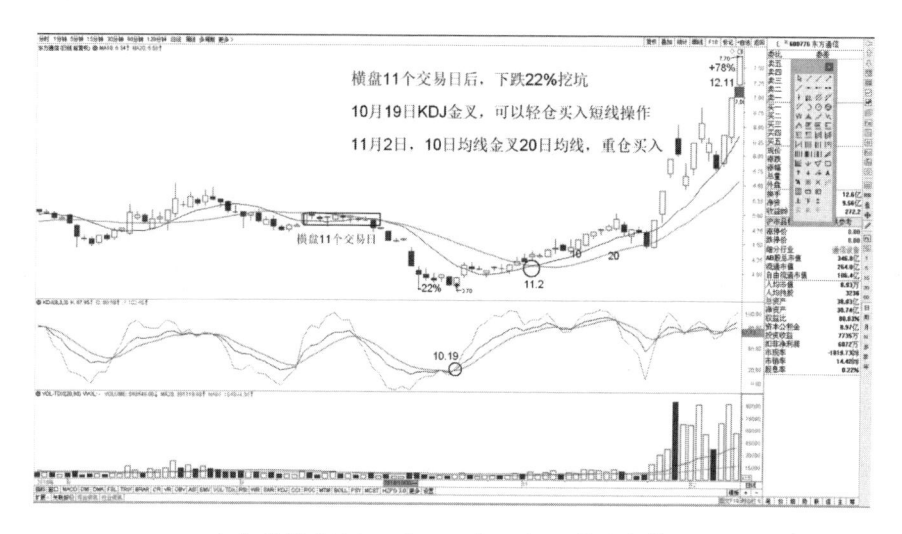

东方通信（600776）2018 年 11 月 2 日前后走势图

自 11 月 2 日起，10 日均线金叉 20 日均线时买入，股价经过 28 个交易日上涨 78%。

该股在 2015 年的最高价 22 元多下跌到 3.7 元也算是跌到低谷了，而反弹到 7.7 元，后市还有很大的空间，该股的主力是否后市还有作为，只要留心观察便知。

东方通信后市走势见东方通信（600776）2018 年 11 月 2 日的后市图。

东方通信后来成为股市里一只特大的妖股，从 2018 年 11 月 2 日起到 2019 年 3 月 7 日止，股价上涨 868%，在此期间好多股民只能望"股"兴叹。也有胆大的人追进去，但是最后能够真正获得丰厚利润的人还是极少数。好多人只是懊悔和埋怨自己，我怎么没能早期发现这样的大牛股？

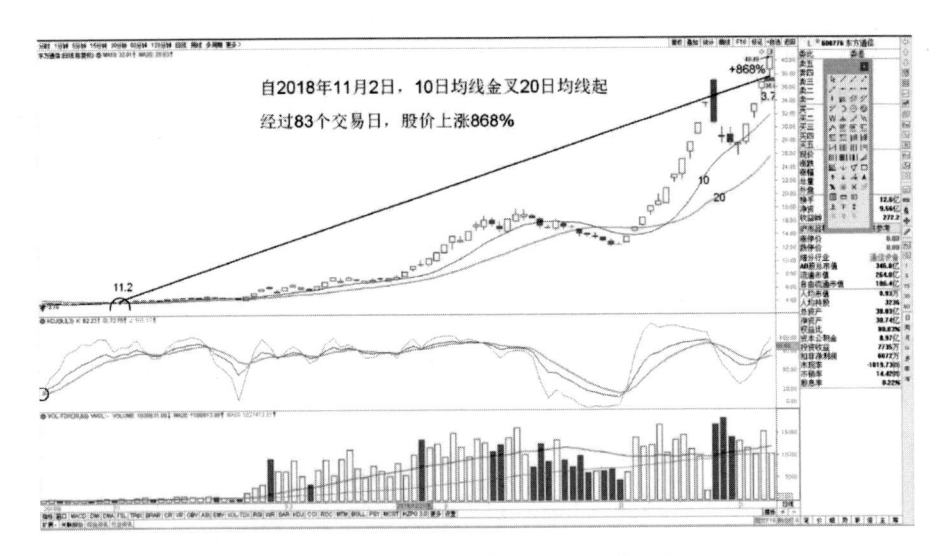

东方通信(600776)2018年11月2日的后市图

小结:

你需要掌握的股票走势是:横盘——挖坑——10日均线金叉20日均线——买入。但是当时符合这样的走势的股票,不是一只两只,那可能也是几十只,至于哪一只是大牛股,哪一只是赝品,那就看自己的经验和运气了。但是这种操作走势起码让大牛股是在你的选股模式中也可以说在你的眼皮底下出现过,至于你为什么没有选它,那是你根本没有看上。

在当时除了东方通信(600776)出现这种走势外,中信建投(601066),也是出现横盘——挖坑——10日均线金叉20日均线的走势,见下一个例子。

例5,中信建投(601066)横盘15个交易日下跌17%挖坑,1月3日KDJ金叉激进投资者可以轻仓介入,短线操作。2018年1月14日,10日均线金叉20日均线,可以重仓买入,见中信建投(601066)2019年1月14日的后市图。

中信建投也是当时股市里一只大牛股,2019年1月14日到2019年3月7日,股价上涨190%。

小结:

1月14日,10日均线金叉20日均线,重仓买入是对符合这种走势股票的普遍操作模式,不过这里对于该股的走势,需要强调一下,1月9日股价已经越过前期横盘的上沿,现在是股价回调部位。1月14日重仓买入,一定注意股价再次越过前期的高点时的走势表现,如果是当天坚定越过并且以后一直是向上,那就应坚定持

第 8 章　10 日均线金叉 20 日均线可以买入的两种走势形态

股；如果是越过后股价表现迟疑不前，技术指标有向下走势，那就及早出局。

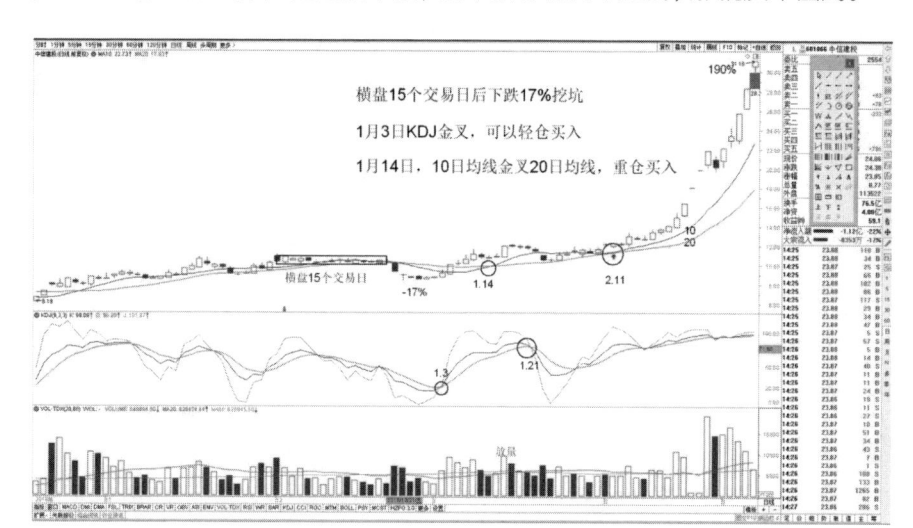

中信建投（601066）2019年1月14日的后市图

该股1月15日涨停，股价越过前高，而随后两三天踌躇不前，KDJ的J线掉头向下，我们及早出局，可以等待2月11日的介入机会的到来。

例6，全柴动力（600218）横盘12个交易日下跌10%挖坑，1月3日KDJ金叉，激进投资者可以轻仓介入，短线操作。2018年1月14日，10日均线金叉20日均线，可以重仓买入，见下图：

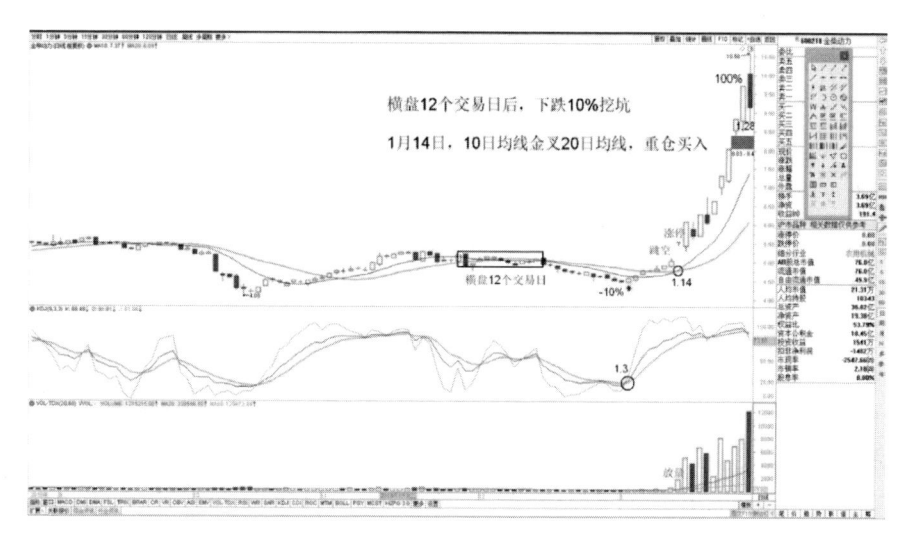

全柴动力（600218）2019年1月14日前后走势图

全柴动力也是当时股市里的一只大牛股，2019年1月14日到2019年1月28日，股价上涨100%。

全柴动力在1月14日，10日均线金叉20日均线这一天，走势符合大牛股的启动走势特征，表现为：

（1）跳空高开，越大越好，最好是当天能够涨停；

（2）当天放量，起码是前一天的3倍以上；

（3）股价在底部区域。

下面请看全柴动力1月14日的走势，股价跳空高开9.92%，当天的换手率是4.8%，前一天的换手率是1.46%，所以说当天的成交量是前一天的3.29倍，现在股价是在底部区域，综上该股符合大牛股的启动走势特征，因此重仓买入。

要说是大牛股，眼下仅这一轮上涨走势好像还不够，后市走势如何请看下图：

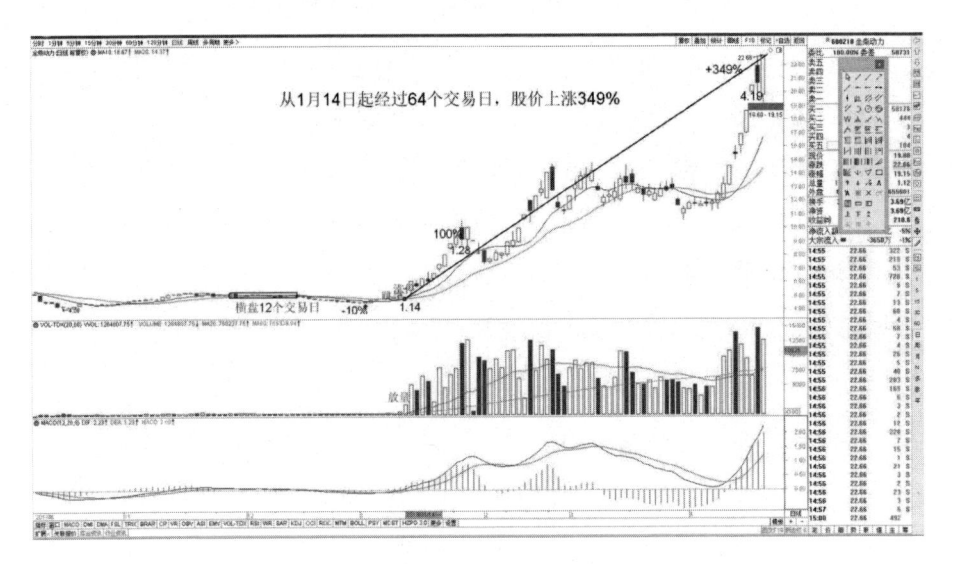

全柴动力（600218）2019年1月14日的后市图

符合大牛股启动走势的三个条件，不一定出现在横盘——挖坑——10日均线金叉20日均线走势的当天，也许是提前或者落后一段时机。但主要是趋势出现符合大牛股启动走势三个条件的股票，它们能够走出成为大牛股的概率性很大。

请看下面的两个例子：

紫鑫药业（002118）在2019年1月10日股价提前走出大牛股启动走势：跳空

上涨5.09%，留下缺口，成交量是前日的3.6倍，股价是在底部区域。走出这样的三个条件，请看该股的走势，见下图：

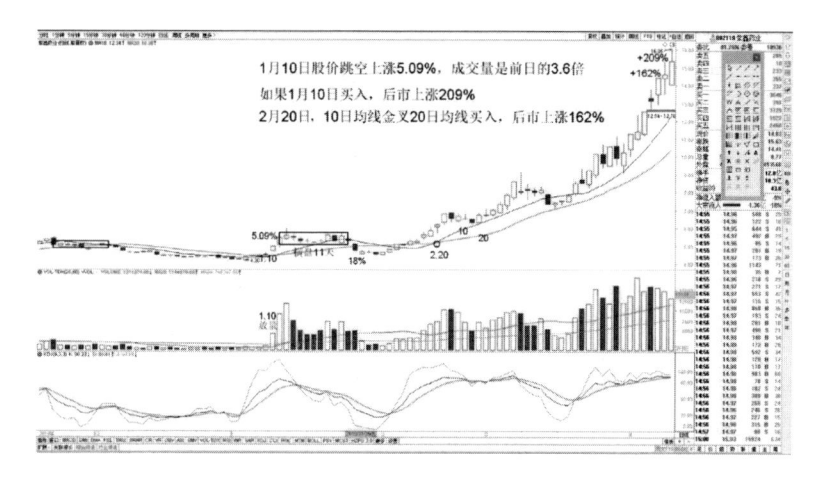

紫鑫药业（002118）2019年1月10日的后市图

在该股1月10日符合大牛股启动走势的三个条件时进场，或2月20日在10日均线金叉20日均线金叉时进场，后市一种是股价上涨209%，另一种是股价上涨162%，相差47%。看来符合大牛股的三个条件，优于均线金叉条件。

浙江龙盛（600352）2019年3月22日落后于1月24日的10日均线金叉20日均线的买入点，而3月22日股价走势符合大牛股启动走势的三个条件：跳空高开9.96%，留下大缺口，成交量是前日的4倍，股价也是在底部区域。走出这样的三个条件，请看该股的走势，见下图：

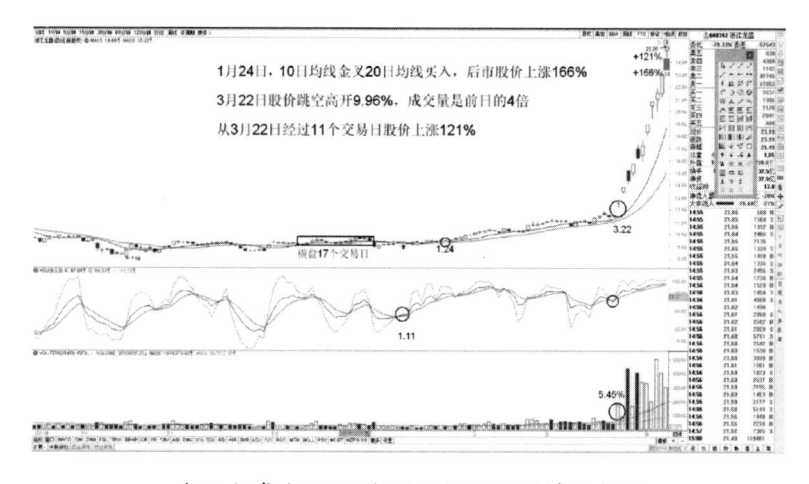

浙江龙盛（600352）2019年3月22日的后市图

小结：

不论符合大牛股启动走势的三个条件出现在10日均线金叉20日均线之前还是之后，都不影响出现大牛股走势。

紫鑫药业（002118）大牛股出现的日期比均线金叉的日期提前25个交易日，虽然上涨一段后回调，但是如果一直是在持股状态，最后的总体收益比均线金叉多47%。而2月20日的均线金叉后的股价走势，沿着10日均线走比较流畅，波动不大。

浙江龙盛（600352）大牛股出现的日期比均线金叉的日期落后38个交易日，虽然介入大牛股比介入均线金叉少收益45%，但是介入大牛股的收益给人一种短平快的感觉，在11个交易日中股价就上涨121%，确实是很爽。

以上两个例子给人一个疑问，提前走势满足这样三个条件为什么后期就能够成为大牛股呢？这个问题反映出股价上涨的核心还是量和价的问题。量在价先，其他的均线、K线以及一切技术指标，都是在价出现之后，根据开盘价、收盘价、最高价和最低价才能做出来，所以它们都有滞后性。

你看，要求当天放量起码是前一天的3倍以上，这说明有这么大的量加入，其中必有奥妙。其次是要求当天跳空上涨，越大越好，最好是当天能够涨停。一般情况高开一两个点或者三四个点都是平常的事，这里要求高开五六个点、七八个点甚至要求是开盘后十五六分钟就能涨停，这样强力凶猛的走势，不是一般的主力能够做到的，何况股价走势在底部区域。我们对于这样股票的走势，后市能不有所期待吗？它后市不走好，那为什么要花费这么大的气力做这样惊人的举动？这里核心的动力就是量和价。

例7，紫江企业（600210）在横盘16个交易日之后，向下跌幅14%挖坑，10月19日KDJ金叉，激进投资者可以轻仓介入，短线操作。2018年11月2日，10日均线金叉20日均线，可以重仓买入，见下图：

第8章　10日均线金叉20日均线可以买入的两种走势形态

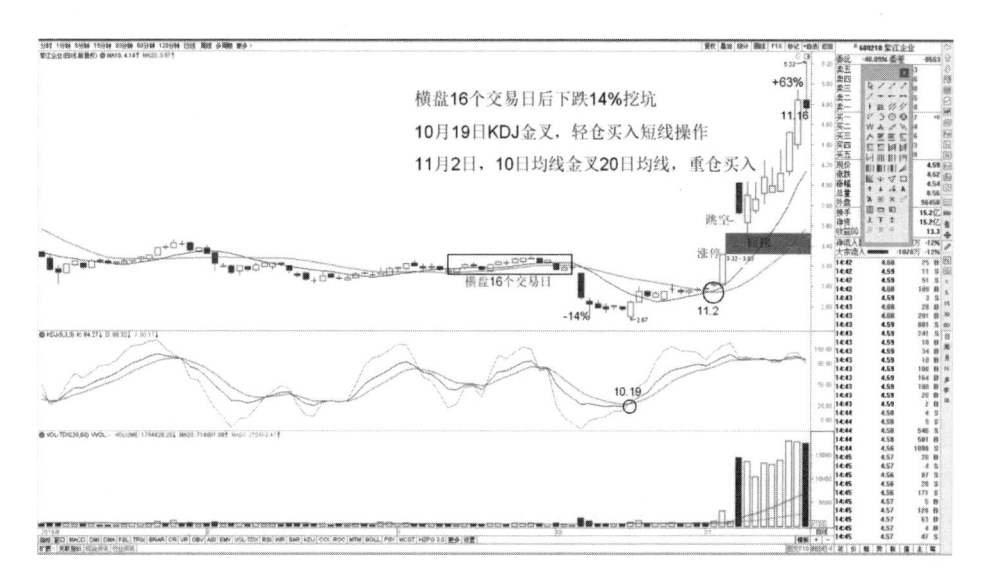

紫江企业（600210）2018年11月2日的后市图

从11月2日，10日均线金叉20日均线时买入，股价经过10个交易日上涨63%。

小结：

10月19日KDJ金叉之后，股价反弹到10日均线附近，股价始终站在10日均线做圆弧形攀升，这是一种良性的走势。等到10日均线金叉20日均线大胆买入。

例8，南京高科（600064）在横盘12个交易日之后，向下跌幅15%挖坑，10月22日KDJ金叉，激进投资者可以轻仓介入，短线操作。2018年11月2日，10日均线金叉20日均线，可以重仓买入，见南京高科（60064）2018年11月2日的后市图。

从11月2日，10日均线金叉20日均线时买入，股价经过12个交易日上涨48%。

小结：

10月22日KDJ金叉之后，股价当天就反弹到10日均线，这时股价寻求高点就应该出局，因为是短线操作。之后始终站在10日均线做圆弧形攀升，这是一种良性的走势。等到10日均线金叉20日均线大胆买入。

211

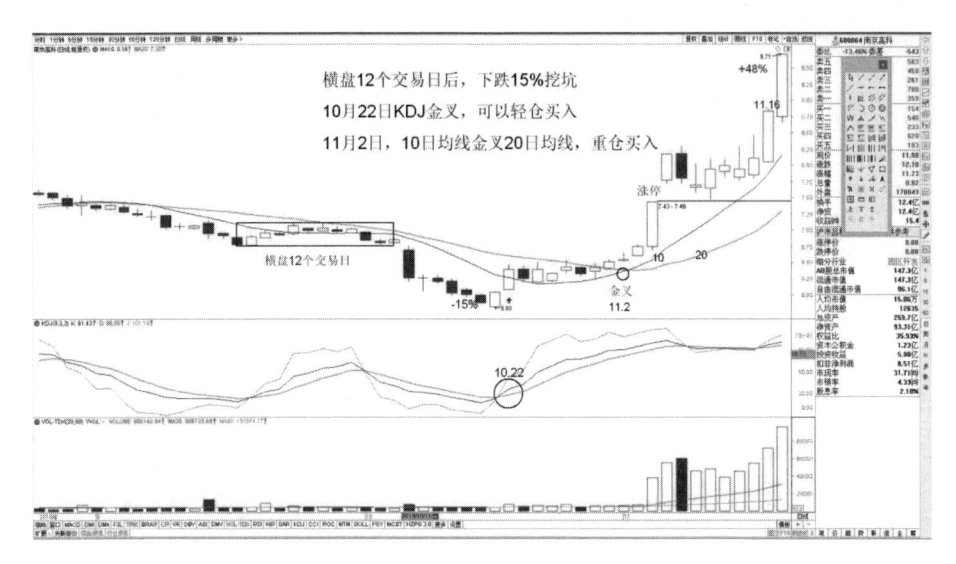

南京高科（600064）2018年11月2日的后市图

例9，亿利达（002686）在横盘21个交易日之后，向下跌幅16%挖坑，10月22日KDJ金叉，股价碰触10日均线，不宜短线介入。2018年11月2日，10日均线金叉20日均线，可以重仓买入，见下图：

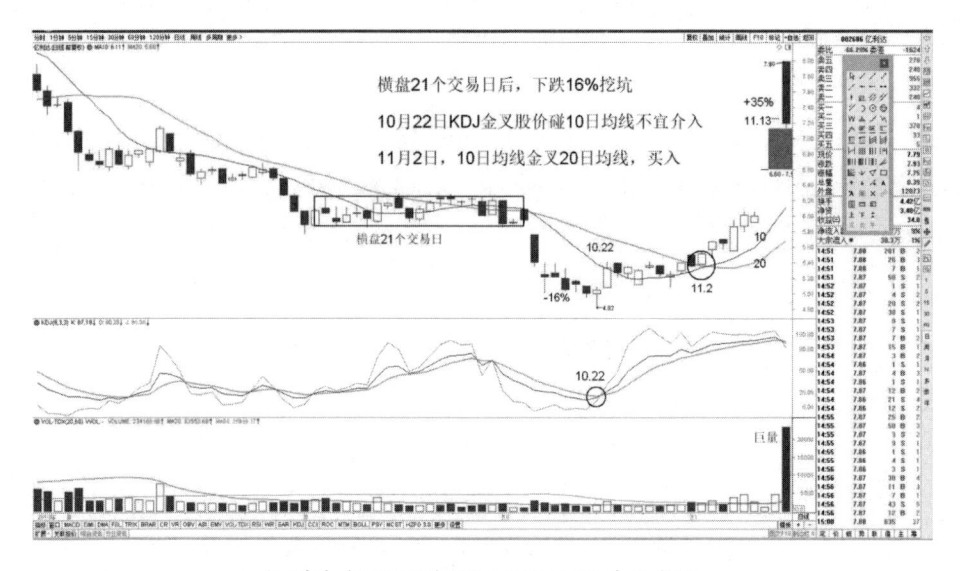

亿利达（002686）2018年11月2日的后市图

小结：

亿利达挖坑后10月22日KDJ金叉，股价放量上涨5.54%，股价越过一周来的

第8章 10日均线金叉20日均线可以买入的两种走势形态

高点，碰到10日均线，股价需要调整不宜介入，然后股价随10日均线做圆弧底线攀升，这种走势是好现象。到了11月2日，10日均线金叉20日均线，大胆介入，后市股价上涨35%。

例10，平潭发展（000592）在横盘18个交易日之后，向下跌幅21%挖坑，10月19日KDJ金叉，可以轻仓介入，短线操作。2018年11月2日，10日均线金叉20日均线，可以重仓买入，见下图：

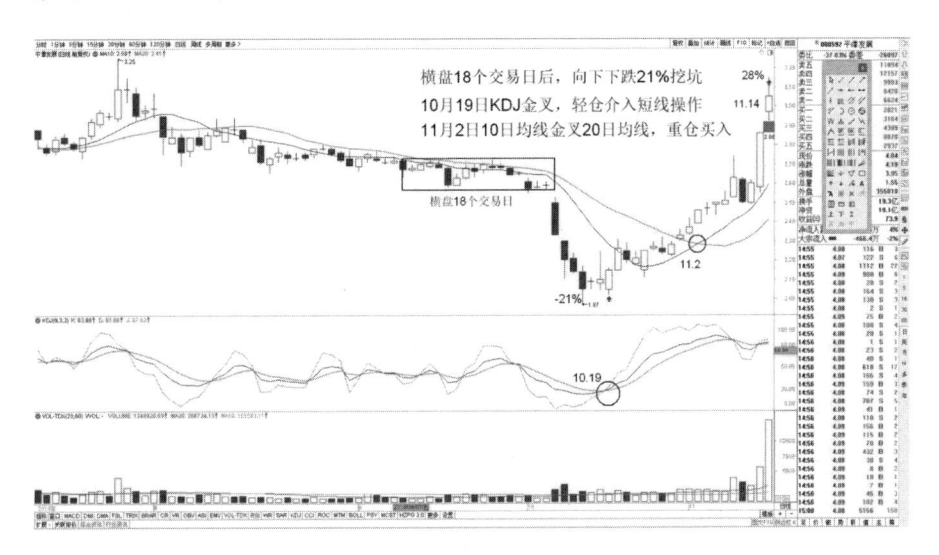

平潭发展（000592）2018年11月2日的后市图

小结：

平潭发展横盘整理18个交易日后，向下21%挖坑这是正常的走势。该股走势独特的地方在于10月19日KDJ金叉，激进投资者可以轻仓介入，但是必须短线操作，所谓短线操作也就是两三天左右，因为股价向下挖坑连续四天急跌21%，致使10日均线与20日均线之间距离拉大，所以股价碰触10日均线就得走人，距20日均线比较远，不宜久留。11月2日，10日均线金叉20日均线，重仓买入，后市股价上涨28%。

例11，新文化（300336）在横盘17个交易日之后，向下跌幅15%挖坑，10月19日KDJ金叉，因为前一天已经收阳，反弹力度减弱，不宜介入。2018年11月2日，10日均线金叉20日均线，可以重仓买入，见下图：

213

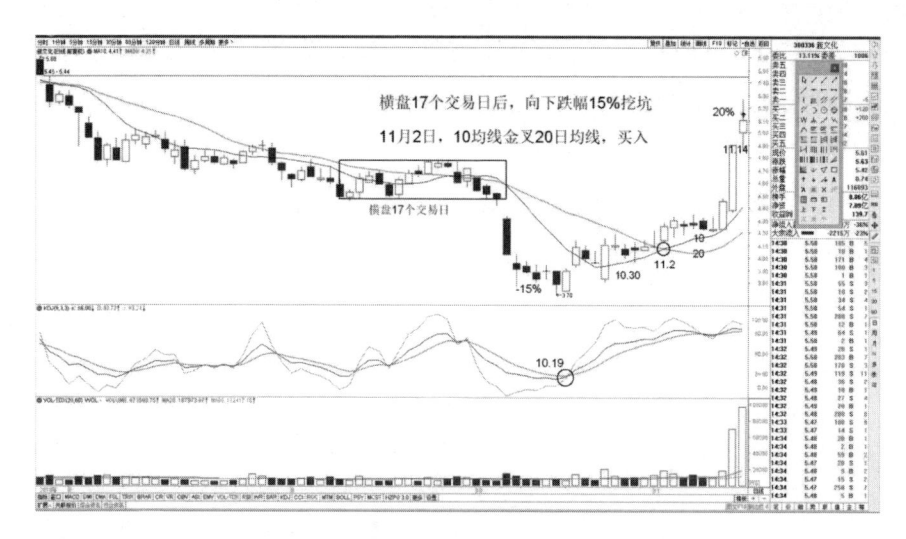

新文化（300336）2018年11月2日的后市图

自11月2日买入之后，经过9个交易日股价上涨20%。11月14日放大量收出带有上下影线的K线，加之是涨停，后市看淡，所以应该出局。

例12，大众公用（600635）在横盘17个交易日之后，向下跌幅15%挖坑，10月22日KDJ金叉，不宜介入，因为在KDJ金叉之前，下跌已有四天趋缓，促使10日均线与20日均线之间距离拉开不大，所以KDJ金叉当天，股价就反弹到10日均线之上，余下到20日均线空间不大。

2018年11月5日，10日均线金叉20日均线，可以重仓买入，见下图：

大众公用（600635）2018年11月5日的后市图

第 8 章 10 日均线金叉 20 日均线可以买入的两种走势形态

自11月5日起，经过11个交易日股价上涨80%。

小结：

该股从宏观看，在横盘17个交易日之前，很长一段时间是处于横盘状态，所以对经过挖坑后的反弹高点应该有所期待。11月20日股价放大量收出一个锤子线，这样宽幅震荡放大量让人不免怀疑主力有出货嫌疑，把风险放在首要考虑的地位，出局为妙。

例13，钱江水利（600283）横盘36个交易日后，向下跌幅15%挖坑，10月19日KDJ金叉，可以轻仓介入短线操作。2018年11月5日，10日均线金叉20日均线，大胆买入，见下图：

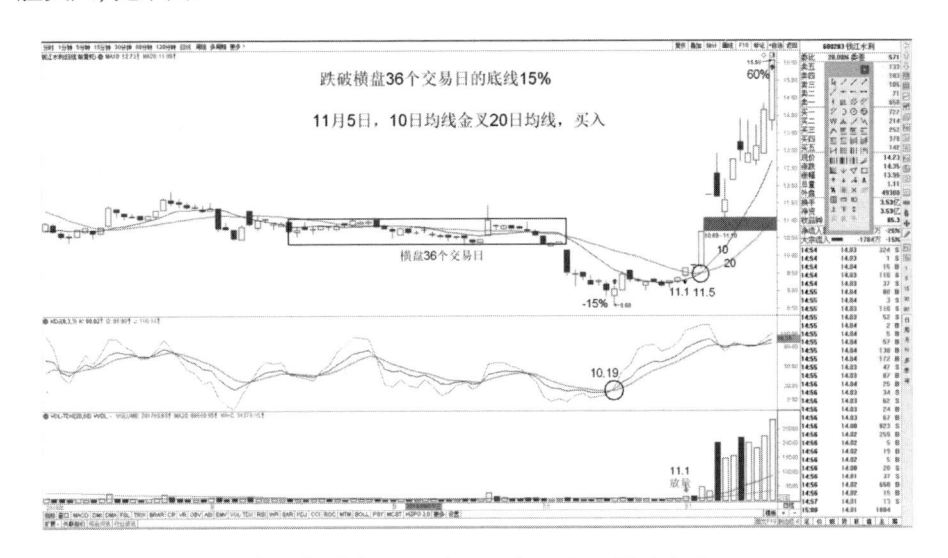

钱江水利（600283）2018年11月5日的后市图

从11月5日，10日均线金叉20日均线时买入，股价经过10个交易日上涨60%。

小结：

钱江水利横盘时间比较长，这是好事，说明调整比较充分。10月19日KDJ金叉之后，股价反弹到10日均线附近，股价始终站在10日均线做圆弧形攀升，这也是一种好的走势。当11月1日股价放量（与前一日比较）站上20日均线时，这是拉升前的信号，次日回调便可以提前买入，不必等到10日均线金叉20日均线时才买入。

1月16日股价涨停，卖出，不要期望明天还有一个上冲，因为前三四天都是带有长上影线的K线，今天的涨停是虚浪拉升，放出的大量多半是出货的量，以上是作者的个人操作经验总结。

例14，国际实业（000159）在横盘13个交易日之后，向下跌幅19%挖坑，10月22日KDJ金叉，激进投资者可以轻仓介入，短线操作。2018年11月5日，10日均线金叉20日均线，可以重仓买入，见下图：

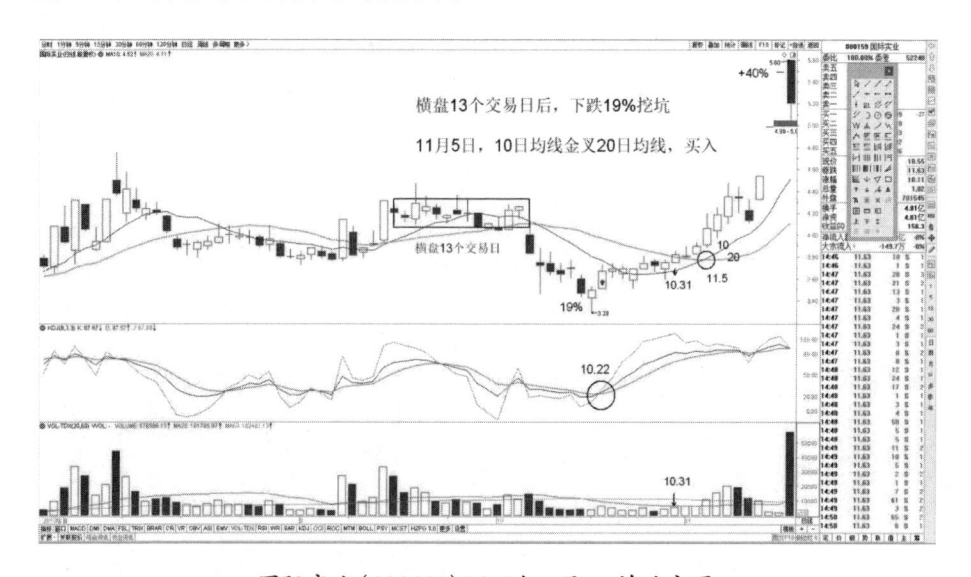

国际实业（000159）2018年11月5日的后市图

从11月5日，10日均线金叉20日均线时买入，股价经过8个交易日上涨40%。

小结：

10月22日KDJ金叉之后，股价反弹到10日均线附近，股价始终站在10日均线做圆弧形攀升，这是一种良性的走势。当10月31日股价放量（与前一日比较）站上20日均线时，这是拉升前的试盘信号，次日回调便可以提前买入，不必等到10日均线金叉20日均线时才买入。

11月14日在连续两天一字板涨停后，稳健投资者决定卖出，这儿有虚浪拉升嫌疑，随后便是凶狠的派发，这是作者的一点个人操作经验。

例15，银鸽股份（600069）2018年10月10日在横盘16个交易日后向下调整了16%，之后小阴小阳震荡筑底走势两周多，到了11月2日股价放量上涨6.69%，

第8章　10日均线金叉20日均线可以买入的两种走势形态

振幅达到9.51%，可认为是10日均线金叉20日均线前的一个试盘行为，11月5日低开1.65%然后高走，最后股价只回调0.99%，这个可认为是拉升前的回调洗盘走势。

再过一天（11月6日）10日均线金叉20日均线，拉升开始大胆跟进，当天股价就涨停，见下图：

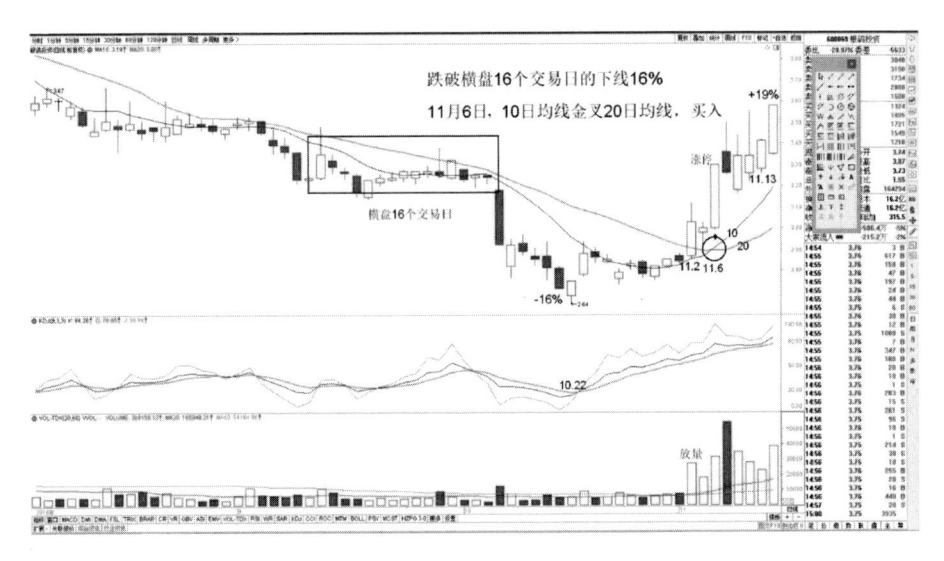

银鸽股份（600069）2018年11月6日的后市图

银鸽股份经过16个交易日的横盘整理后，选择向下调整16%，然后在10月22日KDJ金叉，此时可以少量参与短线操作。

小结：

股价沿着10日均线走出震荡摆动走势，也就是说股价一天上，一天下。可以发现，当10日均线向下运动，股价围绕10日均线向下震荡；当10日均线拐弯向上运动时，股价基本是站在10日均线上，顺势上行。这时就要提醒自己，只要10日均线金叉20日均线前几天，成交量有异动，就要提前准备下手买入，在11月2日发现股价放量，等待次日回探大胆提前买入，不能等待10日均线金叉20日均线的当天再买入，那时可能股价立即拉升就来不及了。

事实果不其然，11月6日，10日均线金叉20日均线，股价当天就涨停了，随后6个交易日股价上涨了19%。

例16，华映科技（000536）横盘19个交易日后，向下调整28%挖坑，10月19日

217

止跌时是低开2.81%，但是之后股价高走收出阳线，全天股价上涨2.25%，10月22日KDJ金叉，激进投资者可以轻仓介入，短线操作。

10日均线由向下到拐弯走上升走势，而股价随着10日均线走上升走势，到11月6日，10日均线金叉20日均线时，买入，见下图：

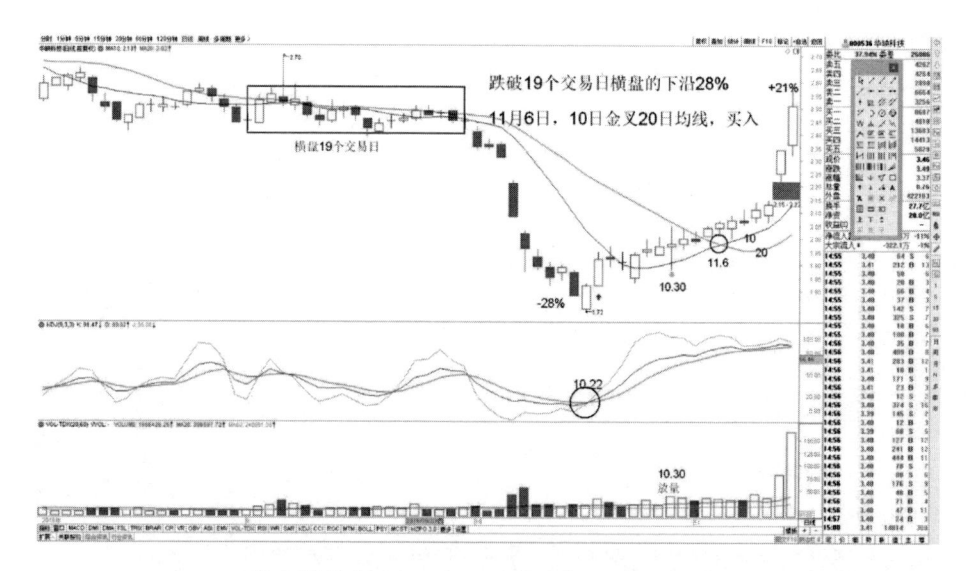

华映科技（000536）2018年11月6日的后市图

自11月6日起，经过6个交易日股价上涨21%。

小结：

实际上，华映科技从横盘向下挖坑28%已经是不浅了，从10月19日止跌时是低开2.81%，但是之后股价高走收出阳线，全天股价上涨2.25%来看，在下跌过程中有刻意打压嫌疑，现在是回笼筹码走势，因此当股价反弹到10日均线时，10日均线就由向下转为向上，而股价始终站在10日均线之上运行。

对于这样良性的走势，我们不能等到KDJ金叉时才介入，抓住机会提前介入。机会在哪里？就是在10日均线金叉20日均线之前，发现哪一天是放量走势，这就是启动前的信号，然后抓住回调介入。

例17，汇洁股份（002763）在最后的17个交易日的整理后，向下跌幅14%挖坑。随之10月19日KDJ金叉，此时可以轻仓介入，短线操作。11月6日，10日均线金叉20日均线，这是比较可靠的介入机会，见下图：

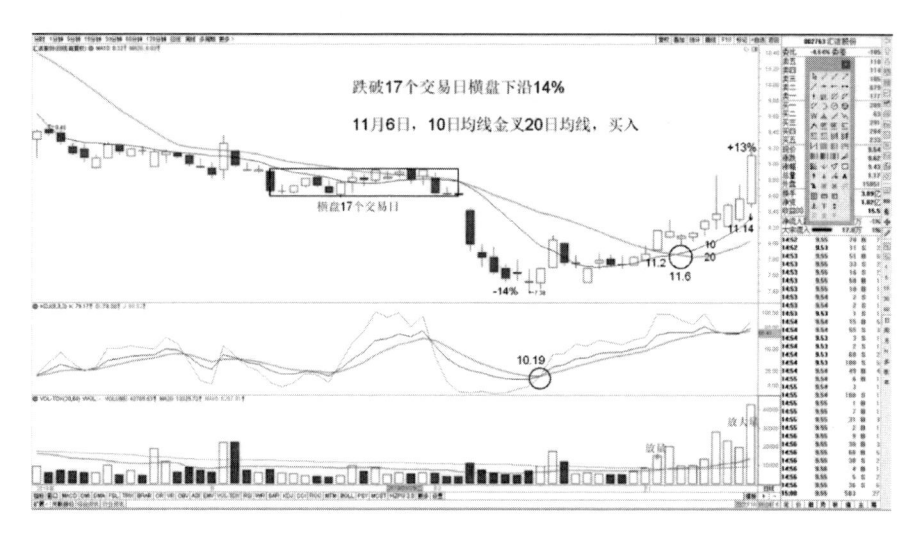

第8章　10日均线金叉20日均线可以买入的两种走势形态

汇洁股份（002763）2018年11月6日的后市图

汇洁股份在10月19日KDJ金叉时，激进投资者可以少量参与，因为10日均线还是向下走势，所以应该短线操作，当放量上攻10日均线后，应该不论获利多少都出局。

小结：

在发现股价依照10日均线震荡下行到拐弯上行，股价一直站在10日均线之上，顺势上行。11月2日股价放量上涨3.82%，站到20日均线之上，只有等待股价回调再买入，结果等到11月6日KDJ金叉时买入，此后经过6个交易日股价上涨13%。

为什么11月14日放量上涨6.31%出局呢？因为前三天股价收出长长的上影线，说明上方抛压比较严重，此后两天是缩量上攻，股价上涨乏力，11月14日突然放大量上涨，怀疑有刻意拉升派发嫌疑，所以应该出局避免风险。

第2节　双底形态与MACD成底背离，10日均线金叉20日均线买入

形态描述：

双底形态一般出现在下跌行情的末期，为重要的看涨反转形态。价格或指

219

数经过连续下跌之后在某一位置企稳，抄底买盘推动股价反弹上涨，但反弹到一定高度之后因获利盘打压再度回落至前期低点附近，空方力量衰竭，无力再创新低，从而再次掉头回升并突破上次反弹高点，双底形态形成。

根据作者经验总结的双底的一些操作特征，获胜的概率在80%以上，特征如下：

（1）在它形成第一个底部后反弹幅度一般在10%以内比较好。

（2）第一个低点与第二个低点之间，时间跨度在一个月左右，当然长一点比较好。如果时间太短，形成的双底可靠性不强，有可能是底部一个短线的震荡。

（3）双底形成时，MACD与股价一定出现底背离状况。

（4）等到10日均线金叉20日均线，股价突破颈线位时重仓买入。

（5）在双底形态的第一个低点处必须是下跌缩至地量水平，而第一波反弹上涨必须要放出成交量，且二次回调探底时必须要再次缩量，二次反弹上涨时必须要再次放量，总之，双底形态内的价格走势必须要得到对应的成交量的验证。这样的双底形态操作起来才会稳健安全，可靠性较高。

例1，新界泵业（002532，现天山铝业）在1月3日下跌9%后形成第一个底，反弹6%后于2月11日形成第二个底，两个底之间相隔22个交易日（一个多月），此时股价与MACD形成底背离，并且此时KDJ金叉。激进投资者可以轻仓买入。

等到2月19日，10日均线金叉20日均线，股价反弹早已突破颈线位，可以重仓买入，经过24个交易日股价上涨89%，见下图：

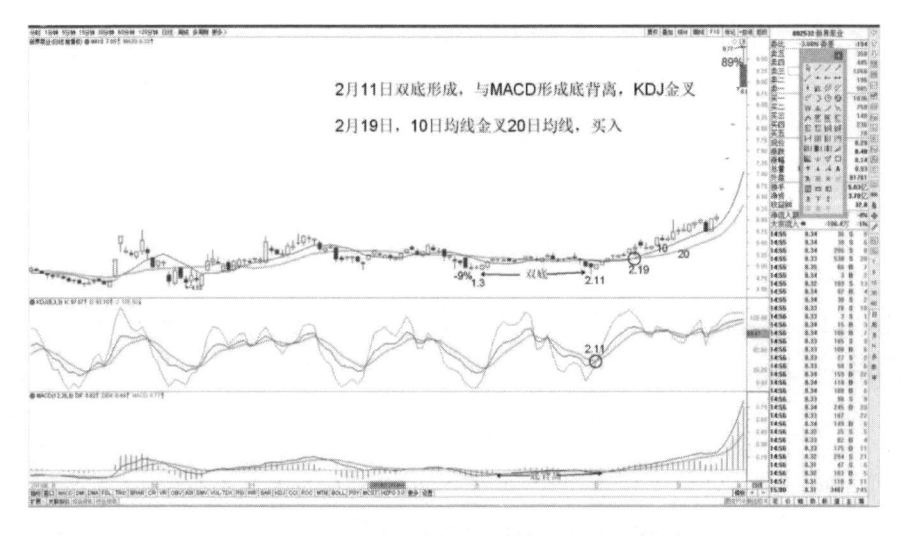

新界泵业（002532）2019年2月19日的后市图

第8章 10日均线金叉20日均线可以买入的两种走势形态

小结:

两底相隔一个月左右,底背离,KDJ金叉小心介入,10日均线金叉20日均线大胆买入,收益大于风险。

例2,重庆港九(600279)在1月2日下跌10%后形成第一个底,反弹7.5%后于2月11日形成第二个底,两个底之间相隔24个交易日(一个多月),此时股价与MACD形成底背离,并且此时KDJ金叉。激进投资者可以轻仓买入。

等到2月21日,10日均线金叉20日均线,股价反弹突破颈线,可以重仓买入,经过24个交易日股价上涨73%,见下图:

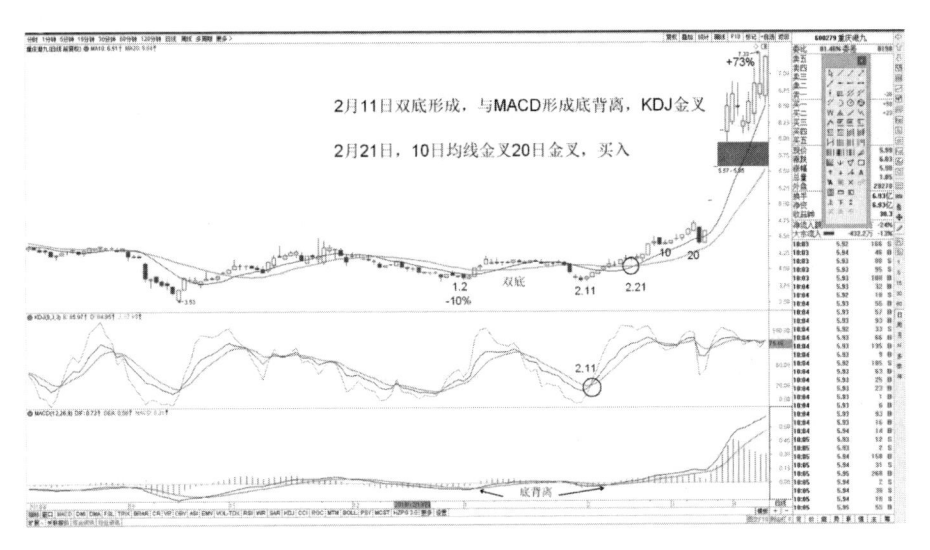

重庆港九(600279)2019年2月21日的后市图

小结:

两底相隔一个月左右,底背离,KDJ金叉小心介入,10日均线金叉20日均线大胆买入,收益大于风险。

例3,深科技(000021)在1月4日下跌10%后形成第一个底,反弹11%后于2月1日形成第二个底,两个底之间相隔20个交易日,此时股价与MACD形成底背离,并且此时KDJ金叉。激进投资者可以轻仓买入。

等到2月13日,10日均线金叉20日均线,股价反弹早已突破颈线位,可以重仓买入,经过29个交易日股价上涨70%,见下图:

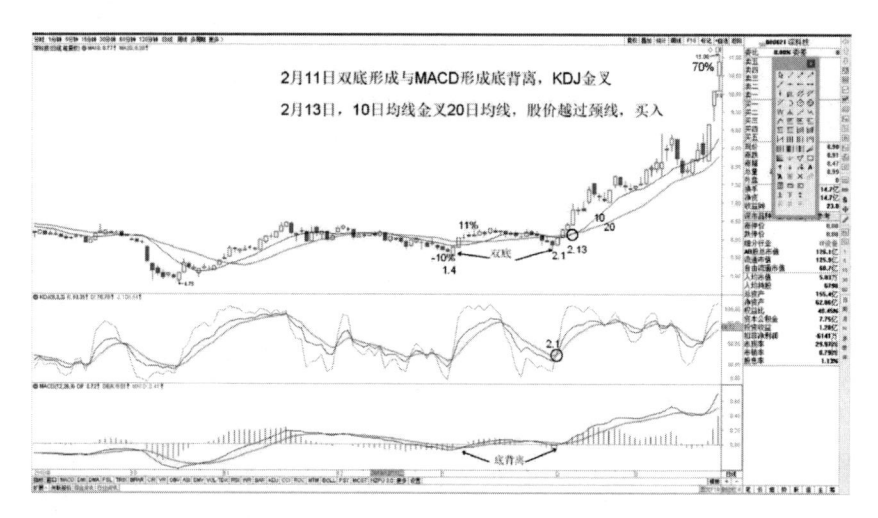

深科技（000021）2019年2月13日的后市图

小结：

两底相隔虽然不足一个月，已经成底背离，KDJ金叉轻仓介入，10日均线金叉20日均线股价突破颈线大胆重仓买入，收益大于风险。

例4，达刚路机（300103，现达刚控股）在1月2日下跌17%后形成第一个底，反弹10%后于2月1日形成第二个底，两个底之间相隔23个交易日（一个多月），此时股价与MACD形成底背离，并且此时KDJ金叉。激进投资者可以轻仓买入。

等到2月20日，10日均线金叉20日均线，股价反弹早已突破颈线位，可以重仓买入，经过20个交易日股价上涨56%，见下图：

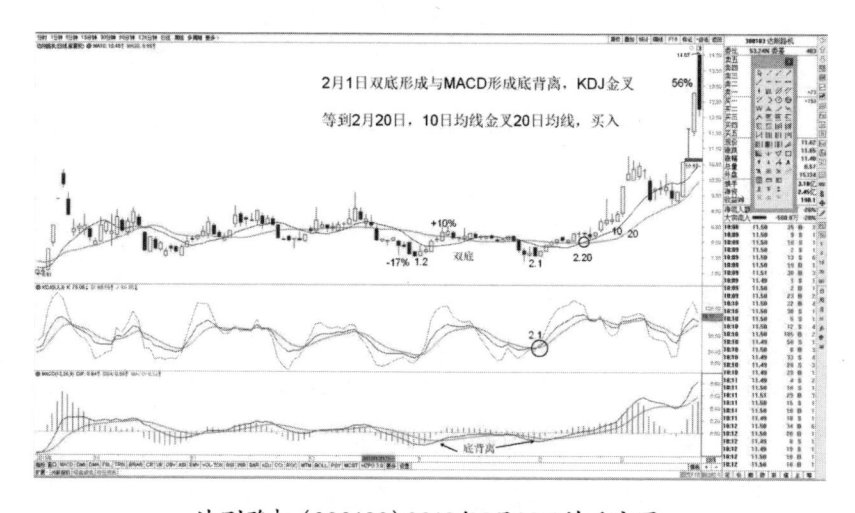

达刚路机（300103）2019年2月20日的后市图

第8章　10日均线金叉20日均线可以买入的两种走势形态

小结：

两底相隔一个月左右，股价与MACD底背离，KDJ金叉轻仓介入，当10日均线金叉20日均线，股价反弹早已突破颈线位，可以重仓大胆买入，收益大于风险。

例5，华贸物流（603128）在1月3日下跌12%后形成第一个底，反弹5%后于2月11日形成第二个底，两个底之间相隔23个交易日（一个多月），此时股价与MACD形成底背离，并且此时KDJ金叉。激进投资者可以轻仓买入。

等到2月20日，10日均线金叉20日均线，股价反弹早已突破颈线位，可以重仓买入，经过33个交易日股价上涨93%，见下图：

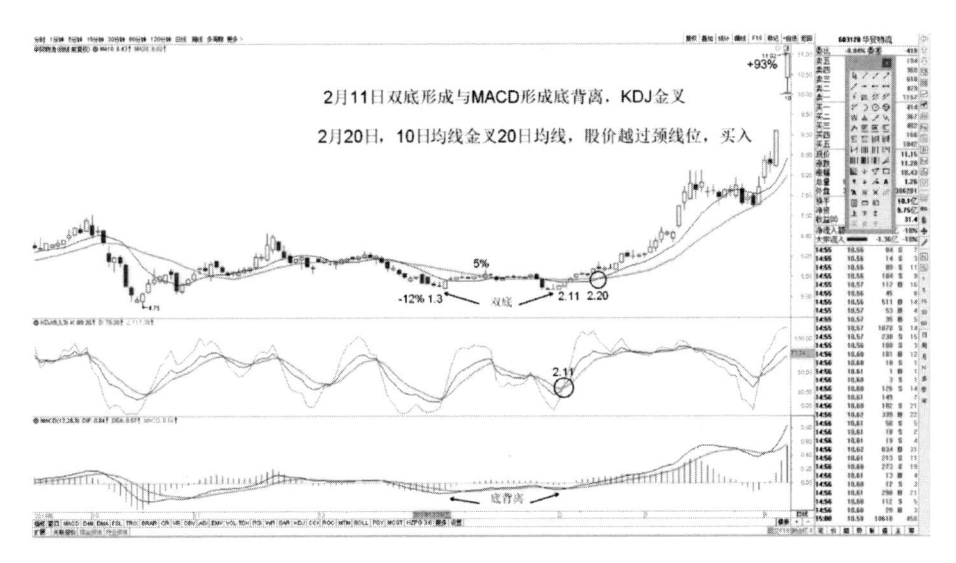

华贸物流（603128）2019年2月20日的后市图

小结：

两底相隔一个月左右，股价与MACD底背离，KDJ金叉轻仓介入，当10日均线金叉20日均线时，股价反弹早已突破颈线位，可以重仓大胆买入，收益大于风险。

例6，亚星客车（600213）在1月3日下跌8.5%后形成第一个底，反弹14%后于2月11日形成第二个底，两个底之间相隔22个交易日（一个多月），此时股价与MACD形成底背离，并且此时KDJ金叉。激进投资者可以轻仓买入。

等到2月21日，10日均线金叉20日均线，股价反弹几乎突破颈线位，可以重仓买入，经过46个交易日股价上涨102%，见下图：

223

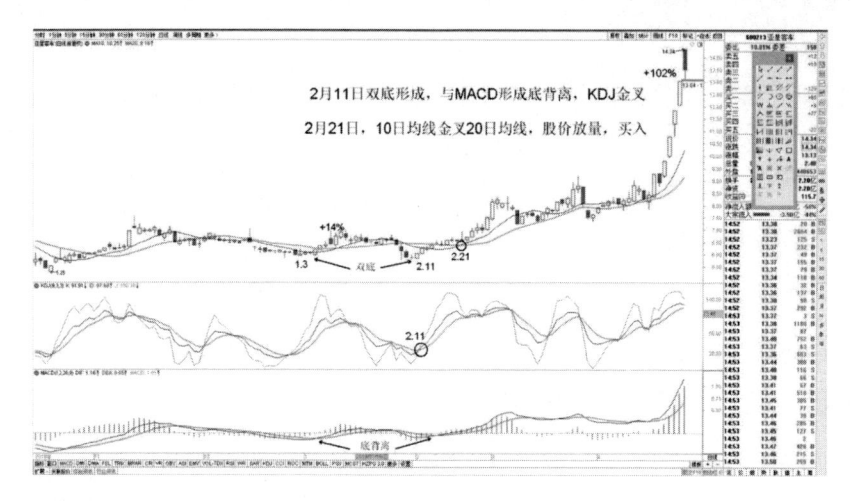

亚星客车(600213)2019年2月21日的后市图

小结：

两底相隔一个月左右，股价与MACD底背离，KDJ金叉轻仓介入，10日均线金叉20日均线，股价反弹几乎突破颈线位，可以大胆重仓买入，收益大于风险。

例7，德尔未来（002631）在1月3日下跌10%后形成第一个底，反弹9%后于2月11日形成第二个底，两个底之间相隔22个交易日（一个多月），此时股价与MACD形成底背离，并且此时KDJ金叉。激进投资者可以轻仓买入。

等到2月19日，10日均线金叉20日均线，股价反弹早已突破颈线位，可以重仓买入，经过46个交易日股价上涨63%，见下图：

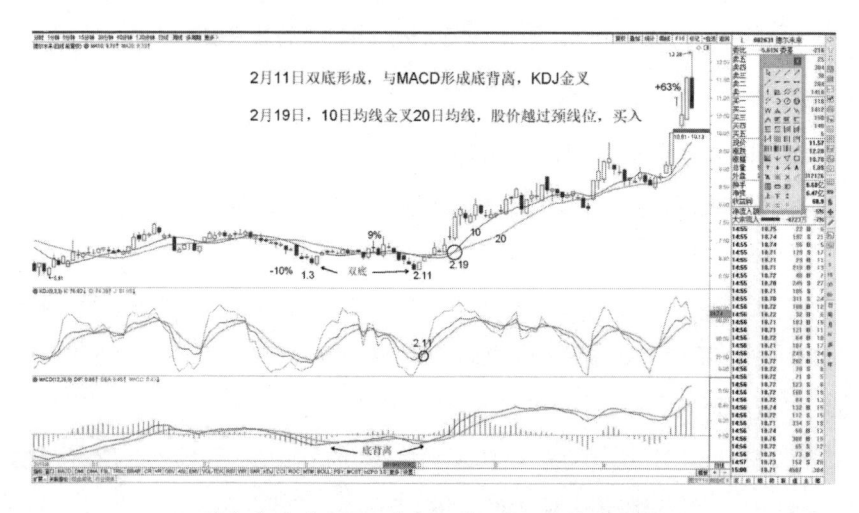

德尔未来（002631）2019年2月19日的后市图

第8章 10日均线金叉20日均线可以买入的两种走势形态

小结：

两底相隔一个月左右，股价与ＭＡＣＤ底背离，KDJ金叉轻仓介入，10日均线金叉20日均线，股价反弹早已突破颈线位，可以大胆重仓买入，收益大于风险。

例8，华北制药（600812）在2019年1月3日股价下跌12%后形成第一个底，此后反弹5%在2月11日形成第二个底，两底相距一个多月，双底形成却与ＭＡＣＤ形成底背离走势，恰好KDJ又金叉，激进投资者可以轻仓买入。

等到2月19日，10日均线金叉20日均线，股价突破颈线位，可以重仓买入，经过37个交易日股价上涨28%，见下图：

华北制药（600812）2019年2月19日的后市图

小结：

两底相隔一个月左右，股价与ＭＡＣＤ底背离，KDJ金叉轻仓介入，10日均线金叉20日均线，股价反弹已突破颈线位，可以大胆重仓买入，收益大于风险。

本节总结：

本节主要是抓双底形成的买入法，获利概率80%以上主要关注以下几点：

（1）股价与MACD成底背离；

（2）10日均线金叉20日均线，股价越过颈线位；

（3）大盘背景好。作者认为这一条是至关重要的，在所列举的8个例子当中，10日均线金叉20日均线大部分在2019年2月19、20、21日这三天，而上证指数在这些日子里，也是10日均线金叉20月均线，并且指数已经早早越过颈线位。作者在例3，举出深科技（000021）的10日均线金叉20日均线是在2月13日。实际上证指数在2月13日早已10日均线金叉20日均线，并且指数越过颈线位。

这就提醒读者，当大盘走出双底形态后与MACD形成底背离走势，等待10日均线金叉20日均线，在指数越过颈线位之后，寻找走势与此大致相同的个股，介入后获利的概率相当大。见下图：

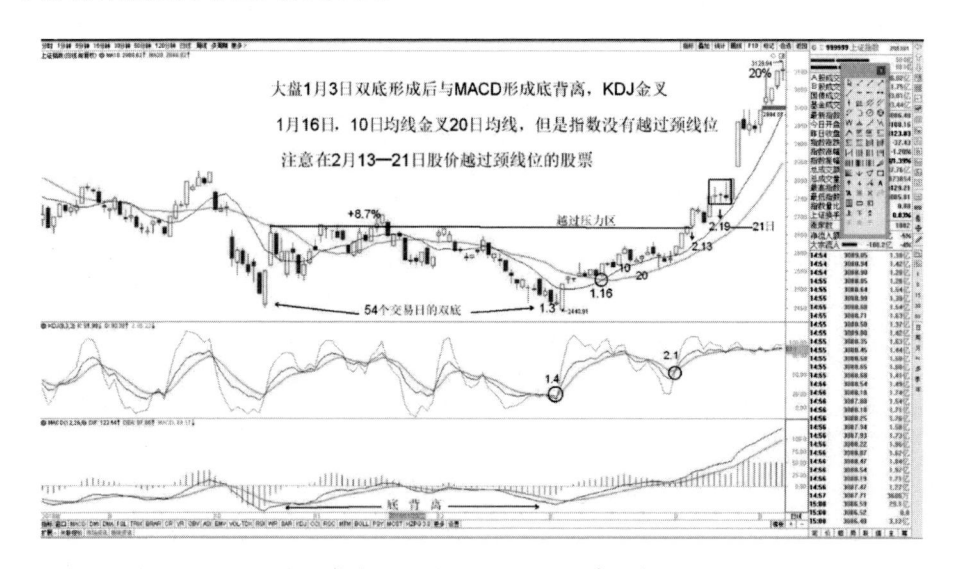

上证指数2019年2月13—21日的后市图